21 世纪高等学校旅游管理专业本科教材

旅游统计学

（第二版）

TOURISM STATISTICS

李享◎编著

中国旅游出版社

项目策划：段向民
责任编辑：张芸艳
封面设计：何　杰
责任印制：冯冬青

图书在版编目（CIP）数据

旅游统计学 / 李享编著 . --2 版 .-- 北京：中国旅游出版社，2016.10（2023.7 重印）

21 世纪高等学校旅游管理专业本科教材

ISBN 978-7-5032-5696-7

Ⅰ.①旅…　Ⅱ.①李…　Ⅲ.①旅游业－统计学－高等学校－教材　Ⅳ.① F590-32

中国版本图书馆 CIP 数据核字（2016）第 247993 号

书　　名：旅游统计学（第二版）

作　　者：李享编著
出版发行：中国旅游出版社
（北京静安东里 6 号　邮编：100028）
http://www.cttp.net.cn　E-mail: cttp@mct.gov.cn
营销中心电话：010-57377103，010-57377106
读者服务部电话：010-57377107
排　　版：北京中文天地文化艺术有限公司
经　　销：全国各地新华书店
印　　刷：三河市灵山芝兰印刷有限公司
版　　次：2016 年 10 月第 2 版　2023 年 7 月第 5 次印刷
开　　本：787 毫米 ×1092 毫米　1/16
印　　张：17.5
字　　数：340 千
定　　价：42.00 元
I S B N　978-7-5032-5696-7

第二版 前言

2017年即将到来，我也迎来从事旅游统计教学与科研工作的第30个年头。经过30年统计教学的普及与发展，以及大数据时代的到来，统计教学与科研工作的地位得到重视并快速提升，人们再也不会像30年前一样不明统计为何物、分不清统计与会计和数学的区别。于是，我教的旅游管理专业学生也陆续报考统计学研究生，更有优秀毕业生成为信息技术公司的数据可视化工程师……这次不再低调，而是由衷自豪，这是对那30年最好的纪念！30年前不会想到有今天，更不会想到还会遇见“大数据”……未来，你若不懂点儿统计学，你就“out”了。感谢在这条坚持与坚守的路上，一直有北京联合大学旅游学院最优秀的同事陪伴，时少华副教授修订了本书第五章、林峰副教授修订了本书第八章，在两位学者的鼎力支持下，我完成了其余各章的修订工作。

一本好书是由好读者、好编辑、好的合作者共同努力的结果。首先感谢您——本书的读者！我将积极聆听大家的声音，在书之外的网络上（lytlixiang@ buu. edu. cn）与您互动、沟通。特别感谢本书编辑段向民、谷轶波老师，他们睿智而高效的工作作风，给我留下了美好印象。

伴随着社会进步，公民的版权意识普遍得以提高；然而教材的盗版行为仍然存在，今日能迎来二版，一方面说明我们这本教材的实力，同时也深深惋惜……

李　享

2016年国庆节前夕于北京

前言

第一版 前言

使我们陷入麻烦的通常并非我们不知道的事情，而是那些我们知道得不确切的事情。

——美国作家 Artemus Ward

许多情况下，规律性现象的研究必然会涉及量化的问题，而统计学就是一个系统收集数据并基于这些数据进行研究和决策的过程。正是因为统计学的重要性，美国科幻作家 H. G. Wells 早在 19 世纪就预言："对于追求效率的公民而言，统计思维总有一天会和读写能力一样必要。"

在越来越多的中国老百姓注重旅游，并且以旅游来提升其生活品质与个人身心健康之时，在我国旅游产业高速发展的今天，旅游高等教学、科研也在不断地加快其国际化的进程。在国际上，无论是旅游科学研究，还是旅游管理教学，甚至是旅游企业的经营管理工作，旅游统计作为主要的研究方法和工具，都必须先行，并得到充分的重视。在经济理论日益公式化、经营管理强调定量化的今天，掌握旅游统计学的理论与方法，更能够科学、有效地指导旅游企业的经营活动，这一点已经成为我国旅游业界的共识。

《旅游统计学》一书是 2008 年出版的《旅游统计学原理与实务》的修订版。《旅游统计学原理与实务》出版后，被多地多所院校选作教材或教学参考书，受到多方面的好评。随着旅游业的发展，旅游统计学领域也有与时俱进的变化，顺应新发展，我们对《旅游统计学原理与实务》一书进行了修订。本书是作者 20 余年来旅游统计科研与教学实践的积累。从旅游院校统计课程教学的需要与教学对象出发，对与旅游统计相关的统计学原理进行了遴选，将统计资料的搜集、整理、显示与分析再到实践的过程由浅入深、通俗易懂地完整呈现，其中融入了作者许多独到的归纳总结。实务部分系统阐述了旅游接待业的统计指标体系与应用实践，书中采纳的旅游统计分析方法、使用的分析工具与国外同步。我们努力以创新性思维，从教学实际出发，吸收了国内外及作者本人最新的旅游统计研究成果，并形成了较为鲜明的特色。

本书第五章“抽样调查”由时少华博士撰写，第八章“旅游统计分析”由林峰副教授撰写；我的同事易瑾老师对目录、内容简介、第一章至第四章、第六章和第七章、第九章和第十章的“本章导读”进行了翻译，并对第五章、第八章的“本章导读”进行了校译；其他内容均由我本人撰写。感谢 Vicky 女士对“本章导读”和“内容简介”的最终校译工作；感谢沙媛敏、韩雪成、李晓铮、王亚慧等同学参与的写作资料整理工作。

感谢中国旅游出版社的付蓉老师、黄志远编辑为本书出版所倾注的热情与努力。一本好书是好的读者、好的编辑、好的合作者共同努力的结果。因而，在此感谢多年来一直使用我们《旅游统计学原理与实务》《旅游调查研究的方法与实践》进行教学、科研、经营和学习的读者、老师！感谢为其销售付出辛勤努力的中国旅游出版社发行部门的老师，以及其他发行渠道，包括网上书店的老师！我还将继续聆听大家的声音，在书之外的网络上与您互动、沟通（lytlixiang@buu. edu. cn）。

李　享

2012 年端午节于北京

目　录

CONTENTS

第一章

绪 论

【本章导读】

旅游统计学是统计学的重要组成部分。它既有与一般统计学共同的统计规律，也具有自身的行业特点。本章是全书的总论与导言，论述了旅游统计学的概念、任务和它的产生、发展及其特点；阐述了旅游统计的理论基础、基本环节与主要方法；特别是对旅游卫星账户的介绍，前瞻性地使读者了解到国际上先进的旅游统计核算体系的框架，该框架设置了一系列全球标准和定义来测量旅游对 GDP、就业、资本投资、税收等方面的贡献，以及旅游业在国家收支平衡中的重要作用。通过本章的学习，读者能够了解我国旅游统计及地方旅游卫星账户的实践与发展。根据双语教学的发展趋势，特别是使用英文原版 SPSS 等统计软件的需要，本章所涉及的基础概念加入了英语表述，这些概念也是贯穿全书的最基本和最常用的概念。绪论对后面章节的学习具有指导意义。

Being an important component of statistics, tourism statistics not only conforms to common statistical laws, but it also has its own industrial characteristics. As the introduction to the whole book, this chapter discusses the concepts and tasks of statistics and introduces its origin, development and characteristics; moreover, it also elaborates the theoretical basis, fundamental steps and principal methods of tourism statistics; in particular, the introduction to Tourism Satellite Account enables readers to understand the framework of international accounting system of tourism statistics which sets up a series of global standards and definitions to measure the contribution of tourism made to GDP, employment, capital investment, taxation, among others, as well as the importance of tourism in the national balance of payments. By studying this chapter, readers will be able to comprehend the practice and development of tourism statistics and local tourism satellite account in China. In response to the development trend of bilingual education, especially the needs of using statistical software in English such as the SPSS, the basic concepts covered in this chapter, which are also the most basic and commonly used ones throughout the whole book, are supplemented with English representations. The chapter of Introduction is of importance in guiding the learning of the later chapters.

第一节　旅游统计的含义

一、统计的含义

（一）统计的含义

“统计”一词在英语里为 Statistics，从字面上可以理解为统而计之，说明了它广泛的应用性。

“统计”最简单、最原始的意思就是“计数”。在人类社会生活与经济活动中，人们可以经常接触到“统计”，有时把它作为一种工作、一种职业；有时把它作为一种行为、一种动作；有时把它看成一种积累、概括与总结。

“统计”这个概念，完整而确切地说，它具有统计工作、统计资料（或称为统计数据）和统计学三方面的含义。

统计工作就是对统计数据进行搜集、整理和分析的过程，是指对社会经济现象进行数量方面的搜集、整理和分析研究等活动过程的总称。从事统计活动的人员称统计工作者；组织和领导这项工作的部门称统计机构或统计部门。我国在国务院设有国家统计局，各部、委、省、直辖市、自治区、市、县设有统计局（司）、处及科等。

统计资料是指反映或说明各种经济现象发展情况和过程的数字资料，也称为统计指标，是统计工作的成果之一。统计资料包括统计工作中所得到的原始数字资料和经过整理、分析研究的再生资料。一般统计资料有统计年鉴、统计手册、统计图表、统计资料汇编和统计分析报告等。然而简单的统计资料也可以是一句话，如：2016 年上半年，中国接待入境人数累计 6787 万人次。但无论统计资料丰富至统计年鉴，还是简单到一句话，都应包括时间、地点、指标名称、计算方法、指标数值和计量单位这六个方面。一份完整的统计资料，上述六个方面缺一不可。

统计学是统计工作实践的理论概括，是专门研究社会经济现象数量方面的一门社会科学。

统计工作、统计资料和统计学是三个不同的内容、不同的概念且又紧密联系、不可分割的统一体。正确而有价值的统计资料，必然是科学统计工作的结果；而科学的统计工作，又必然是在统计学理论的指导下完成的。三者联系起来才是“统计”的完整概念。

旅游统计学是统计学的一个重要分支，是社会统计学的重要组成部分，是专门研究旅游经济现象数量方面的一门学科。

（二）旅游统计的产生与发展

“统计”是随着社会进步、经济发展和国家管理的需要，逐步建立与发展起来的一门学科。原始社会末期，人们在打猎捕鱼时，结绳记事、简单数数，这就是统计的萌芽。在奴隶社会和封建社会，由于征兵、赋税，了解和掌握军队、农产品、世袭领地及国民财富等国情国力的需要，就产生了对人口、土地、粮食和财产等数量的调查统计。

随着资本主义的兴起和社会经济的不断发展，社会分工越来越细，社会生活日趋复杂，为了解国内外社会经济、企业生产情况和市场行情，分析研究国情国力，发展自身经济，必须进行分门别类的广泛调查统计，于是工业、农业、商业、银行、保险、金融、交通、邮电、海关、对外贸易等各方面的统计都相应产生并得到迅速发展。17 世纪 70 年代，英国古典政治经济学家威廉·配第写了一本《政治算术》，这里的“政治”是指政治经济学，“算术”是指统计方法。他把调查的实际资料，用数字、重量和尺度来分析、对比，阐述社会经济表现，为统计学的产生奠定了基础。威廉·配第被称为“政治经济学之父”“统计学的创始人”。

社会发展带动统计，统计促进社会发展。随着自然科学和社会科学的发展与专业分工，出现了数理统计和社会统计，数理统计并被运用到社会统计中。社会统计学随着专业分工，先后出现了工业统计学、农业统计学、商业统计学、交通运输统计学、基本建设统计学、人口统计学、医疗卫生统计学、物资供应统计学、外贸统计学以及旅游统计学等。19 世纪中叶，比利时著名数学家、统计学家凯特勒，提出了统计所研究的一切事物都受大数定律支配，不论研究社会现象还是研究自然现象，概率论都是基本的方法和理论依据。他把概率论和数理统计全面地引进了统计学，建立了数理统计学，因此他被欧美统计学界称为“近代统计学之父”。20 世纪以来，统计在应用数学方法，特别是在应用数理统计方法上取得了很大进展。进入 20 世纪 70 年代，随着科技的发展，生产管理与经济管理方法的现代化，各国统计界大量运用现代科学最新成就，如美国等国的统计部门利用各种经济数学模型和现代化计算工具；联合国粮农组织利用遥感技术和气象卫星，对世界农作物产量提供早期的预测和警报资料，把统计工作推进到一个更新、更广阔的现代化领域。

近年来，我国为适应发展社会主义市场经济的需要，统计部门实施新的国民经济核算体系，实施新的国家统计报表制度和新的统计指标体系，并且对统计数据处理模式进行了重大改革，在提高统计标准化、现代化以及与国际统计接轨方面迈出了重要的一步，统计工作又有了新的发展和提高。

随着我国旅游业的快速发展，统计工作已成为国民经济新的增长点。为适应旅游业发展的需求，必须根据我国国情开展旅游统计科学的研究，建立一套能全面反映我国旅游经济发展的指标体系，及时、全面、系统、准确地搜集、整理各项资料，加强综合分析，作出科学的预报和决策，以推动旅游业和国民经济的更快发展。为此，相关的统计部门及旅游部门都进行了有益的尝试。比如伴随着"黄金周"休假制度而产生的、富有中国特色的、已成功运行多年的旅游统计信息预报系统，以及在一些省市已经试行的，而国家有关部门正在积极规划的旅游卫星账户。

二、统计的特点与作用

社会经济统计是对社会经济现象之中的数量方面进行调查研究与认识的活动。统计是"社会认识的最有力的武器之一"，即统计是工具和手段。要了解认识、分析研究社会经济现象，就必须利用统计这个工具，揭示社会经济的现状、发展过程及趋势，以达到认识社会经济现象的本质及其规律性，为社会经济的发展服务的目的。

下面根据统计研究的目的和对象，分述统计的特点与作用。

（一）统计的特点

1. 数量性

统计的首要特点是从"数量"上反映和研究经济现象，包括数量多少、现象之间的数量关系、质与量互变的数量界限以及这三方面的现状和发展变化过程。数量表现能反映和研究社会经济现象在一定时间、地点和条件下的规模、水平、结构、速度、普通程度、比例关系及发展变化规律，但它不是纯粹的抽象数学表现，而是在社会经济现象的实际发展过程中的数量表现，也就是对事物或现象在定性的基础上研究社会经济的数量性。"9999.5"这个数字对普通人群来讲，它不过就是一个接近10000的数字；而对于在北京从事过导游行业的人，他们的第一反应——这是传说中故宫的房间数。统计学意义上的数是具体的数，区别于数学上抽象意义的数。如对全国旅游饭店基本情况的统计，必须先对饭店进行定性，才能准确进行数量登记。这种定性无非分分类，明确一下是按地区还是按城市划分，是按经济类型还是按规模或按星级划分等。

2. 总体性

统计学研究的对象是大量的社会经济现象的数量表现。要了解社会经济现象的总体情况及其发展变化规律，必须研究大量的社会经济现象，没有对大量的或全部的单位进行统计，就不可能得出社会经济现象的总体表现。个别单位、个别事物在一定的时间内的发展变化会受偶然因素影响，只有经过大量的观察和综合的分析，才能排除偶然因素的影响，正确反映社会经济现象的总体特征。如要反映全体旅游职工的收入水平和变化情况，尽管各企、事业单位职工收入差异较大，变化也不一样，但全体旅游业职工收入的变化是有一定规律性的。另外，也不排除在研究大量的社会经济现象的同时，还要研究先进的、后进的、个别的、典型的现象，使得出的结论很全面。只有把大量现象与个别现象结合起来，才会更有效地总结出普遍规律。

3. 具体性

统计学是研究具体地点、时间、条件下的社会经济现象的数量方面，这一特点是统计学与数学的根本区别：数学所研究的量是抽象的量，而统计学所研究的量是社会经济现象的具体的量。而且，统计学研究社会经济现象的量，并不是孤立地研究量，而总是与质紧密联系在一起的。

4. 质与量的辩证统一性

统计学在数量上的分析研究不是纯数量的抽象数字，而是在质与量的辩证统一中研究社会经济现象的数量方面。按照辩证唯物主义的观点，任何事物现象和过程，不仅有质的方面，而且有量的方面，质与量是辩证统一的，一定的质规定一定的量，一定的量也表现一定的质。质与量是密切联系、相互依存、不可分割的统一体。如果不确定质的方面，就不可能确定量的方面。只有确定现象的属性，查明这种现象与另一种现象的区别与关系，才能确定量的方面。所以，对社会经济现象的统计必须在质与量的辩证统一中进行。如按经济类型了解旅游饭店的基本情况，必须先确定是国有、合营、中外合资、中外合作还是外方独资等性质，然后才能进行有效的数量统计。又如，对旅游企业情况调查统计时，既要了解企业的规模、档次与水平，更要了解其收益与效率，看它们的主要经济指标情况，如企业发展指数、每年增长百分比、全员劳动生产率、平均收汇率、人均收汇率、平均利润率以及人均实现利税等，这均是在量与质的辩证统一中进行的。“60”是个极普通的数，但从在校学生们的角度看，这是一个非常关键的数——及格线；59 分与 60 分仅一分之差，但有质的区别，而得 61 分与 60 分没有什么区别。由此可见，一定量的积累，在60分这一点上达到了质变。

（二）统计的作用

1. 为管理工作提供准确可靠的依据

实事求是，一切从实际出发，按照客观实际情况办事是人们工作的准则。人们在社会上生活、工作，时时刻刻都要同社会交往与接触。如到了一座城市、一个旅游景点、一家饭店、一所旅游学校时，客观的实际情况会进入人们的大脑，仅说这座城市不小、景点不错、饭店还好、学校也可以，这些结论只给人一个模糊的概念，如果说该城市有500万人口，饭店有880间客房等，这才会给人一个实在的确切概念。有一个数量说明才能使人心中有“数”。当面对一群首次来京的香港游客时，如果我们向他们介绍北京的面积有16807.8平方公里，多数人是没有这个概念的，这16807.8平方公里到底有多大？但如果你告诉他们北京有15个香港那么大，他们立即会“哇”声一片……所以不仅要在旅游实践中使用数据，更应该用“活”数据。

2. 社会经济信息的主要来源渠道

及时了解信息、掌握市场行情是社会经济发展的命脉。《国务院关于加强统计工作的决定》中指出，统计信息所反映的是国民经济和社会发展的总体情况，是社会经济信息的主体。社会统计学是运用多种调查方式、方法，搜集到大量的反映客观社会经济现象的新情况、新特点和新问题，它反映了各行业发展的水平、结构、市场行情和供求的现状与变化。只有掌握大量的、准确的社会经济信息，才能分析认识社会发展水平及发展变化趋势；只有了解市场供求关系及变化，才能抓住机遇采取措施，提高经济效益与社会效益。

3. 探索社会经济变化过程中数量界限的手段

在人类社会生活和经济现象的发展过程中，量的变化达到一定的界限时，就会引起质的突变；在质的变化后，又会引起新的量变。这种变化关系反映客观事物或经济现象由低级向高级发展变化的过程和趋势，这是不以人们的意志为转移的客观规律。如果能认识与把握这种质变的数量界限和规律，准确地预测事物发展的态势，就能促进各行业的更大发展。量变到质变的现象很多，在自然现象中比较明显，在社会经济尤其是旅游经济现象中也不乏存在，如旅游行业及行业人员的结构比例，在生产与建设、积累与消费、收益与分配、饭店经济效益与床位数的确定等方面，都有一个临界状态和最佳界限的选择。作为一个管理者，都应该成为“明白人”，明白“自己”和“别人”，明白主要的百分比，明白统计指标及其联系，善于利用统计方法去发现问题、揭露矛盾、总结经验，掌握好界限与分寸，合理安排、科学决策，最大限度地发挥人力、物力和财力的作用。

总之，统计学主要是发挥其科学研究、宣传教育、监督管理等作用。如何充分有效地发挥好这几方面的作用，就是统计学研究的主要课题。

三、统计的基本任务

《中华人民共和国统计法》第二条规定，统计的基本任务是对经济社会发展情况进行统计调查、统计分析，提供统计资料和统计咨询意见，实行统计监督。根据统计法的规定和旅游统计的特点与作用，旅游统计的基本任务是：根据党和国家的政策与要求，准确、及时、全面、系统地搜集、整理旅游经济现象的资料并进行分析和预测，为制定旅游方针和政策、加强旅游监督检查与管理、发展旅游经济和加速现代化建设服务。

现将统计的基本任务分述如下。

（一）为党和政府制定旅游政策、计划提供依据

以旅游业为例。我国是一个人口众多、旅游资源十分丰富的国家。随着旅游业逐步成为国民经济的支柱产业和关联性极强的先导产业，要使旅游业快速、健康、规模化发展，必须同国民经济其他部门配合、平衡、协调发展。制定旅游政策与计划时，一方面要以党和国家的总路线、总政策、总任务为指导，另一方面还要以旅游业的实际情况（旅游统计资料）为依据。因此，提供准确、及时、全面、系统的旅游统计信息，会使国家制定的政策和计划更符合旅游发展的客观规律。

（二）为加强管理、开展评比与竞赛活动、推动社会经济发展服务

统计既是制定政策的依据，也是各级管理部门加强科学管理的重要工具。搞好统计工作是各级旅游统计部门向上统计汇报的义务和职责，同时为本部门制订计划、措施，进行科学管理提供依据。没有指标任务，没有评比条件与资料，就没法检查与管理。开展评比考核与竞赛活动，是加强管理的一种方法与手段，也是调动广大职工的积极性、促进社会经济发展的好措施。国家和有关管理部门，可以根据社会经济发展现状，制定评比考核项目、指标和条件，以旅游业为例，开展优秀旅游城市、先进旅游企业、旅游饭店的星级评审等全国性或地方性的评比活动，互相学习，互相促进，共同提高。各基层单位也可以制定一些指标与条件，开展评优创先活动。统计工作在考核评比竞赛活动中，按照目的要求建立统计指标，规定统计口径和统计方法，公布统计数字，使广大群众考有准绳，比有

条件，学有对象，赶有目标。

（三）为科学研究提供必要资料

理论来源于实践，实践是检验真理的唯一标准。通过大量的经济现象，可以找出内在的联系与规律，抽象出反映事物本质的原则、定理，总结出社会经济理论。统计能及时提供准确、全面、丰富地反映社会经济现象的资料，用这些资料进行整理分析研究，了解行业内部的关系与规律，归纳出切合实际的结论，再上升到科学理论，充实已有的统计理论，再用这些理论进一步指导统计工作实践。这样，从实践到理论，再由理论指导实践，不断完善提高，逐步从必然王国向自由王国迈进，为社会发展、人类进步作出贡献。

四、统计学的基本方法

统计学的研究方法，是从社会经济现象各种数量关系中总结出来的，是反映客观现象内在联系的一个重要方面，因此科学的统计方法必然以其指导理论为基础。下面从理论基础出发，进一步讲述统计的基本环节和统计的主要方法。

（一）统计学的理论基础

统计学作为认识社会经济现象的一门学科，必须以正确的理论和方法原则作指导。这些正确的理论和方法原则就是统计学的理论基础，它的理论基础就是哲学与政治经济学。

统计工作的整个过程，如统计指标、分组、计算方法等都必须以政治经济学所确定的经济范畴和经济理论为依据；统计分析也必须根据政治经济学所阐述的经济规律来确定现象与本质的联系，才能进一步分析现象的数量关系，可见政治经济学理论对旅游统计有重要的指导意义。

（二）统计的基本环节

统计是一项具有广泛群众性和高度集中性的工作，也是进行调查研究、认识事物本质及规律的工作。一项统计任务，通常需要许多部门、地区和单位密切协作、互相配合来共同完成。一次统计活动的完整过程有以下几个主要环节：统计设计、统计调查、统计整理、统计分析和统计运用；也有将其分为统计设计、统计调查、统计整理和统计分析四个环节的。其中最基本的是统计调查、统计整理和统计分析三个环节。

1. 统计调查

根据统计的目的任务设计调查提纲与指标体系，用科学的方法及时、全面地搜集被研究对象准确、可靠的资料，以获得丰富的感性认识。统计调查这一环节既是认识客观事物的起点，也为下一步的统计整理与统计分析打下基础。

2. 统计整理

对统计调查收集来的资料进行审核、分组，计算组值和统计数值，编制统计表，通过对资料的科学加工与汇总，使之条理化、系统化、规范化、科学化，成为能说明经济现象总体数量特征的综合资料。统计整理这一环节是统计研究的中心环节。

3. 统计分析

对统计整理的资料进一步深化，计算各种分析指标，运用各种统计分析方法，揭示被研究对象的发展变化趋势和规律性，作出科学的结论。统计分析这一环节是理性认识阶段，是统计研究的决定性环节。

上述三个环节是相互独立、相互联系、相互交叉进行的，三个环节缺一不可，没有前一个环节，不可能进行下一个环节。第一环节是基础，第二环节是中心，第三环节是结果。

（三）统计学的主要方法

在统计研究的整个过程的不同阶段中，可以运用各种不同的专门方法，如大量观察法、统计分组法、综合指标法、时间数列分析法（动态数量分析法）、指数法、抽样法、相关法和平衡法等。其中，统计分组法和综合指标法是建立在大量观察法的基础上，运用于统计全过程的两个基本方法，统计分组法又为综合指标法提供了分析的前提。

1. 大量观察法

对社会经济现象中的全部或足够多的单位进行观察，称为大量观察法。这种方法要求搜集资料必须从整体考虑，搜集全部或大量单位的资料。因此，要对总体所有单位进行全面调查，同时也要对足以表现本质与规律的部分单位进行重点调查、抽样调查、典型调查等非全面调查。

统计为什么需要大量观察呢？因为社会经济现象是复杂多变而又互相联系的，如果只对个别的或少量的现象进行观察和研究，很可能由于特殊或偶然因素的影响而掩盖了真相与本质，总结不出一般规律。所以，只有对总体或大量的单位进行观察并加以综合，才能使某些个别现象的特殊或偶然因素互相抵消（或忽略不计），这样才能确切地反映经济现象的本质特征与规律，才能得出符合经济现象表现的正确结论。

任何经济现象都具有历史性，它以时间、地点和条件变化为转移，我们既不能对它进行实验，也不能用仪器、仪表反复测量。唯一的办法就是对大量的事物进行观察，搜集资料，再加以综合分析，最后得出正确的结论。

2. 统计分组法

根据社会经济现象的内在特点和统计研究的任务，将社会经济现象划分为不同类型和不同性别的组，称统计分组（定性分类）。由于社会经济的广泛性与复杂性，在调查之前，对调查对象按不同的类型分组，以确定调查范围和对象；在调查中，按分组类型搜集材料；取得调查材料后，仍用分组的方法进行加工整理，为统计分析提供依据。可见，统计分组法是统计研究的基本方法，它贯穿于统计的全过程。

3. 综合指标法

综合指标法是运用各种综合指标对大量的社会经济现象的数量方面进行综合分析、研究，概括地表明一般的方法。它通过对各种综合指标运算和分析，来综合反映社会经济现象的规模、水平、结构、比例关系和发展速度等，是从个别到一般综合概括的方法。综合指标分析是从各个不同点切入，使其相互配合、相互补充，达到深入、细微与全面。通过综合指标的汇总运算，可以排除个别的、次要的和偶然因素的影响，显示出普遍的、主要的、决定性因素所产生作用的结果，这就是通过偶然看必然、通过现象看本质的分析过程。

综合指标法是统计分析的主要方法，但也要具体情况具体分析。而把综合指标分析和具体情况具体分析结合起来，对全面认识、分析问题是十分必要的。

第二节　相关基本概念阐述

统计学中概念较多，涉及的专业名词和术语也不少，现介绍几个常用的基本概念，深刻理解它们的准确含义，有利于本书以后各章的学习。

一、统计总体与总体单位

凡由许多相同性质的事物或单位组成的整体称统计总体，简称“总体”。构成统计总体的个别事物或单位称总体单位，简称“单位”，有的书上也称“个体”。如饭店是一个统计总体，每个饭店则是总体单位。又如，把某时期来华旅游入境外国人数视为统计总体，则来华旅游入境的每位外国人就是总体单位。

总体可分为无限总体和有限总体。一个总体所包括的事物或单位数是无限的，称无限总体。如事物或单位是有限的，称有限总体。如在连续不断生产某种产品时，总产量是无限的，统计总体是无限总体。对无限总体不能进行全面调查，只能调查其中的一部分单位以推及总体。在社会经济现象中，总体大多数是有限的，如旅游人数统计、旅游企业统计、旅游外汇收入统计等都是有限总体。对有限总体既可以全面调查，也可以调查其中的一部分，即以局部推及全体。

总体与总体单位概念是相对的，不是固定不变的，它是根据统计研究的目的、范围不同而变化的。同一事物或单位可以是总体，也可以是总体单位。如某旅游饭店，在研究所有旅游饭店时，它是总体单位；若研究某旅游饭店内部结构（职工人数、有关设施等）时，它就是统计总体了。

二、标志与指标

表明总体单位所具有的属性或特征称“标志”。标志又分数量标志和品质标志，数量标志表示总体单位量的特征，它是用数值来表示的，如职工年龄、收入等；品质标志表示总体单位质的特征，它不能用数值表示，只能用文字表明其属性，如职工性别、工种、文化程度等。判别品质标志与数量标志的关键，是看标志名称之后所表明的属性或数值。如饭店某职工，性别：女，年龄：35岁，民族：汉，工种：餐厅服务员，工龄：10年，工资：1800元，等等。这里的“女”“汉”“餐厅服务员”不是用数值表示的，而是用文字表明的品质标志名称“性别”“民族”“工种”的属性。这里的“年龄”“工龄”“工资”显然就是数量标志名称，而“35岁”“10年”“1800元”是数量标志的数值表现。

统计指标是描述总体特征量的科学概念，它是统计认识的工具与手段，也是统计学中极为重要的概念。社会经济现象要靠指标来反映。对指标有两种理解：一是指数量特征，即指标名称，如旅游饭店数目、来华旅游人数、旅游外汇收入等。二是特征加数值，即特征概念与具体表现数值（指标数值）结合在一起，如2016年上半年实现旅游总收入2.25万亿元。这两种都是正确的。一个完整的统计指标应包括指标名称和指标数值，指标名称反映一定的社会经济范畴，指标数值反映一定的时间、地点和条件下达到的规模和水平，两者既有联系又有区别。在通常情况下，反映某种现象的统计指标只有一个，而它的指标数值可以有若干个。指标需要由数值来表示，而数值离开指标也就没有意义了。

单个指标只能说明某种现象，要全面说明现象的数量关系，需要用一套指标——指标体系。指标体系是指由全面说明社会经济现象数量关系具有内在联系的一系列指标所构成的整体。通过指标体系可以完整地反映社会经济现象发展过程的因果、依存和平衡关系。

关于指标的种类及其表现形式、表达方式、计算方法和具体运用等将在以后的章节中研究。

在实际工作中，常出现把指标与标志混同的现象，必须看到两者既有密切的联系，又有明显的区别。主要区别在于：指标是描述总体特征量的，标志则是描述总体单位的特征或属性的；指标都是用数值来表示的，没有不能用数值表示的指标，而标志有用数值表示的，也有不能用数值表示的。它们的联系主要表现在：一是有许多统计指标的数值是从总体单位的数量标志值汇总而来的，如一个旅游服务总公司的职工人数是由所属各分公司职工人数汇总来的，它既包括总体单位数目总和，也涵盖标志的总和。二是指标与数量标志存在着变换关系，即研究目的不同时，其条件、范围发生了变化，指标与标志的关系也随之发生了变化，如原来的总体变成了总体单位，那么相应的指标也就变成了标志（图 1－1）。

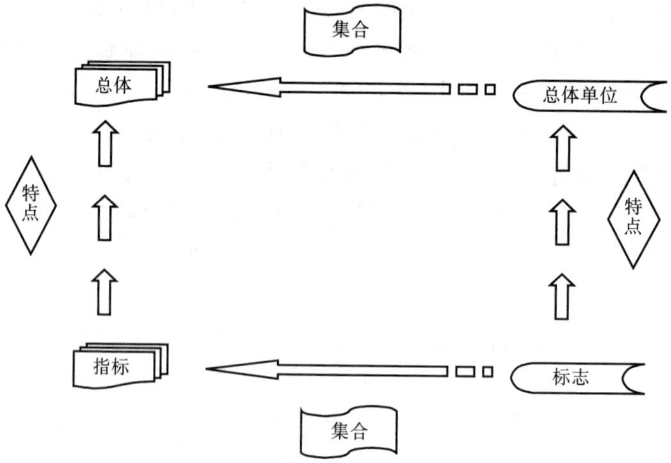

图 1－1　标志与指标的区别与联系

总体单位集合而形成总体，标志是反映总体单位特征的，其中的数量标志集合而形成指标，故指标是反映总体特征的。

三、变异与变量

统计中的标志和指标是可变的，其表现也不同，如性别标志表现为男、女；

年龄标志表现为20岁、25岁、30岁等；来华旅游人数的多少与外汇收入的高低表现不同，这种标志上的差异称“变异”。这种变异是普遍存在的，这也是统计存在的前提条件。

在变异中，有品质变异，也有数量变异，可能出现的不同变异有几种，就可以认为是有几个变量。但一般都把数量变异称为变量。变量的数值表现即变量值。变量与变量值是两个不同的概念，同数学上的函数与函数值一样，函数 $y=f(x)$ 是一个变量，$y_0=f(x_0)$ 是函数 y 在 $x=x_0$ 时的函数值。如“工资”是个变量，工资数860元、920元、1060元、1200元是工资变量的四个变量值，若求这四个的平均工资，不能说是求四个变量的平均数，而是求工资四个变量值的平均数。

变量按变量值的连续性可以分为连续变量与离散变量。连续变量是指变量值连续而不间断，相邻量是指可无限分割，如动、植物生长与气温的升降等。离散变量是指变量值以整数位断开，如职工人数和旅游产品件数等，只能按整数计算，不可能有小数。变量按性质分有确定性变量与随机变量两种，前者值的大小是沿着一定方向呈上升或下降趋势变动；后者值的大小没有一定的方向与趋势，带有偶然性而不易测定。

四、统计总体的基本特征

前面讲述了统计总体、总体单位和标志等基本概念，现把它们联系起来，概括成为统计总体的三点基本特征。

（一）大量性

形成统计总体的总体单位数要足够多，必须是大量的而不是单一的、个别的或少量的。

（二）同质性

形成统计总体的总体单位都必须具有某一共同的品质标志属性或数量标志数值。

（三）变异性

形成统计总体的总体单位除具有某一共同标志表现外，必须具有一个或若干个可变的品质标志或数量标志。

以上三个特征是形成统计总体的必要条件，三者缺一不可。有了具备三个特征的总体，才能进行一系列的统计计算和统计分析研究。

第三节　旅游统计与旅游卫星账户

一、旅游统计

（一）统计视角下旅游的基本定义

世界旅游组织将旅游定义为：人们为了休闲、商务或其他原因，离开他们的惯常环境并在那里停留不超过一年的时间所进行的活动。从这个定义我们不难看出，旅游活动，绝不仅是人们平常概念的观光度假活动，它包括很多种类型的活动。从旅游目的来看，我们将旅游划分为娱乐休闲度假、探亲访友、商务会议和文体交流、健康医疗保健、宗教朝拜及其他六种。根据国家统计局和国家旅游局联合制定的《旅游统计调查制度》，游客（在统计操作层面上）的定义是：任何为休闲、娱乐、观光、度假、探亲访友、就医疗养、购物、参加会议或从事经济、文化、体育、宗教活动，离开常住国（或常住地）到其他国家（或地方），其连续停留时间不超过12个月，并且在其他国家（或其他地方）的主要目的不是通过所从事的活动获取报酬的人。

（二）旅游统计的特点

旅游是一个综合性很强的经济产业，从旅游供给方来看，涉及国民经济众多产业；从旅游需求方来看，则比较单一——只是游客。由于旅游供给涉及众多产业，因此，旅游统计是从需求方开展的统计，是通过对游客旅游花费支出进行的调查和统计。这也是传统的国民经济核算体系没有也不可能将旅游业作为一个单列产业的原因所在，因为在国民经济核算体系中，产业是建立在它们的产出基础上，而非它们的消费对象的基础上。尽管旅游业是从需求方定义的，不存在单一的产品供给或产业与之对应，但旅游业在国民经济中并非不存在。事实上，旅游经济活动隐藏在运输、住宿、餐饮消费、娱乐、旅行代理等经济活动中，有关旅游经济活动的流量实际上已隐藏于一国的国民经济核算体系，或隐藏于现有的不同宏观经济变量中。也正是由于旅游统计是通过需求方开展的，旅游需求、游客消费、旅游生产活动的实际规模和产出水平在以供给方定义的国民经济核算及投入产出表中得不到真实反映。也正是这个问题的存在，才产生了旅游卫星账户。

二、旅游卫星账户

(一) 旅游卫星账户的由来

20 世纪 90 年代初，世界贸易组织（WTO）和世界经济开发合作组织（OECD）就旅游业对社会经济的重要性做了大量的研究工作，着力解决了如何描述旅游经济以及如何测度旅游对经济的影响等难题，这对后来旅游卫星账户的设立起了重要的作用。

1993 年，联合国首先提出用于计算旅游业对国民经济贡献的“旅游卫星账户”（TSA）统计系统，之后，世界旅游组织便采用了该方法。1999 年 6 月，世界旅游组织在法国召开了“旅游影响经济的度量方法”世界大会，大会达成共识：应该按照现有的国民经济核算体系，设计一套辅助账户——旅游卫星账户，来对旅游业的各类产出进行计算。2000 年，世界贸易组织、世界经济开发合作组织、欧共体统计局（Eurostat）和联合国统计司合作进行编制“旅游卫星账户：推荐方法框架”（Tourism Satellite Account：Recommended Methodological Framework，TSA：RMF）。统计委员会同意此框架，并于 2000 年 3 月批准采纳，旅游业由此成为世界经济领域首先拥有由联合国通过国际标准的行业。世界已有多个国家建立了或正在建立旅游卫星账户，其中加拿大和挪威还率先建立了区域旅游卫星账户。

旅游卫星账户为政策制定者提供了对旅游部门的概览，以及与其他经济部门的比较。上述“框架”遵守国民核算原则，设置了一系列全球标准和定义来测量旅游业对 GDP、就业、资本投资、税收等方面的贡献，以及旅游业在国家收支平衡中的重要作用。

目前，加拿大、挪威、澳大利亚、西班牙、法国、新西兰、瑞士、波兰、美国等国家相继进行了旅游卫星账户编制的实践。它们大部分以上述“框架”为基础，并根据本国的实际情况进行了一定补充。

(二) 旅游卫星账户的作用

应用旅游卫星账户作为分析工具，可实现在国民经济核算体系中客观、全面、定量地描述旅游产业对社会经济的影响，反映旅游业在创汇、增加政府税收、创造就业、提供投资和商业机会、带动相关产业发展等方面的社会经济效应，测算旅游业对国民经济的贡献率；测算旅游业对税收、居民收入和国民收支平衡等方面的影响，使旅游产业对社会经济影响的测量结果具有与其他行业的可比性和国际可比性。

（三）编制旅游卫星账户 TSA 的数据来源

制表需要的数据来源于国家统计局的国内、国际旅游服务方面的资料。旅游供给、旅游业增加值和旅游就业岗位是通过投入产出账户、商业调查和生产账户取得；旅游需求是通过国内旅游调查、国际旅游调查和家庭消费调查取得。

（四）加拿大投入产出表编制及在旅游业的运用

在所有编制了旅游卫星账户的国家中，加拿大的工作表现得最为突出。1994年7月，加拿大统计部门发布了第一份 CTSA（Canada TSA）研究报告，第一次揭示了旅游经济活动的范围和结构，并最终确定了旅游业作为一个经济产业在加拿大国民经济中的重要地位。该项研究表明，旅游业在国民经济中所占的份额要高于以前的估计，旅游已成为加拿大的重要出口部门，而且旅游业对就业的影响要高于其在国内生产总值中的比例。研究还表明，长期以来，在政府和私人部门决策者所使用的经济数据中，加拿大旅游业的总量被低估了。此后，加拿大还编制了多个年度的旅游卫星账户报告。

加拿大的安大略省从1978年开始通过投入产出表评估旅游业，从1996年开始每年编制省级投入产出表。依据投入产出表中的工资资料可以了解就业情况；依据税收资料可以判断旅游对经济的作用；依据对旅游商品、服务的消费可以推算旅游对能源、环境的影响。此外凭借投入产出表还能掌握旅游业对本地及其他区域经济、对当地投资以及企业经营的影响。运用投入产出模型能够模拟实施有关的经济政策可能带来的后果和影响，为制定可行性政策提供信息。

加拿大投入产出技术在旅游业的应用即旅游卫星账户的编制和使用，从一个侧面反映了加拿大投入产出技术应用的深度和广度。就旅游卫星账户的编制来说，我们认为国际上成功的旅游卫星账户理论与实践，不仅表明了旅游统计与科学核算的水平，也说明旅游卫星账户已成为一种国际化标准和一个新的研究与开发方向。创建符合我国实际情况、具有国际可比性和可操作性强的旅游卫星账户编制方法，不仅具有理论上的创新意义，更具有鲜明的实践性和时间上的紧迫性。

（五）我国旅游卫星账户的建设

我国从20世纪90年代初就陆续参加了多次有关旅游卫星账户研究方面的国际会议。随着世界旅游组织对此项工作的大力推进，以及世界很多国家都已经建立或正在建立本国的旅游卫星账户。2001 年，我国决定在统计基础和旅游统计基础都很强的江苏省搞一个试点。2004 年 9 月，经过 3 年多的努力，江苏的试点已经获得了成功，并通过了由国家旅游局和国家统计局联合组织的验收评审。江苏省在编制“江苏旅游卫星账户（JSTSA－2002）”过程中，严格按照世界旅游组织推荐的方法框架要求，结合我国国民经济核算的实际，将地区旅游业发展状况纳入了国民经济核算体系之中，从需求和供给两方面进行研究，对编制区域性 TSA，进行了有效的全新尝试，也为建立国家 TSA 积累了宝贵经验。江苏编制的旅游卫星账户科学地反映了江苏旅游业的规模、产出水平，并通过旅游业增加值、旅游就业等数据反映出旅游业与其他经济产业的联系及其对经济社会发展的贡献。

【思考题】

1. 统计有几种含义？它们之间的关系如何？
2. 统计是怎样产生与发展起来的？
3. 简述旅游统计的特点与作用。
4. 旅游统计的基本任务是什么？
5. 试述旅游统计的基本环节与主要方法。
6. 举例说明统计总体与总体单位、统计指标与统计标志、变异与变量的含义及关系。
7. 旅游卫星账户的作用有哪些？加拿大旅游卫星账户的应用特点是什么？

第二章

旅游统计资料的搜集

【本章导读】

旅游统计资料的搜集是进行统计的首要环节。本章从调查的任务、要求与分类讲起，进而论述了旅游市场调查的方式、方法，介绍了调查方案的设计和独具特色的我国旅游统计信息预报系统与旅游统计调查制度。本章内容为统计资料整理与分析提供了可靠依据。在调查中，我们搜集到的统计资料的质量，比如其及时性、准确性和完整性等，都会直接影响到统计资料整理与分析的质量。通过学习可以提高旅游统计资料搜集的质量与效率。此外，本章还介绍了基于网络等现代信息技术的旅游统计调查新方法。

Data collection serves as the first step of the tourism statistical work. This chapter begins with the mission, requirement and classification of a survey, discusses the approaches and methods used in tourism market survey and introduces the design of the survey program and the unique information forecasting and survey system of China's tourism statistics, thus providing reliable basis for the sorting and analysis of statistical data. The quality of the statistical data we collected in the survey, such as the timeliness, accuracy and completeness, will directly influence the quality of statistical data sorting and analysis. By studying this chapter, readers can improve the quality and efficiency of the data collection. Besides, this chapter also introduces some new survey methods based on the Internet and other modern information technologies.

第一节　统计调查的意义

一、统计调查的意义

统计作为认识事物数量方面的一门科学，它对社会经济现象进行研究时，首先对所研究的社会经济现象进行统计调查，搜集反映社会经济现象的原始统计资料是统计工作的开始。

当一位饭店经理提出的问题从“多少”转变为“为什么”或“怎么样”以及“在哪里”时，他的眼界就打开了。为什么他的客房租不出去？为什么人们喜欢住A饭店而不喜欢住B饭店？诸如此类的问题需要询问，而这正是旅游市场调查所能回答的内容。要做到这一点，就必须接近旅游者，并寻求他们的合作。

人们的认识过程是从感性认识到理性认识的过程。人们认识世界，首先要接触外界事物，取得感性材料，然后对这些材料进行加工、整理、综合，最后才能得出正确的推理、判断和概念。统计作为人们认识社会的有力工具，要认识社会经济现象的数量关系和数量特征，必须先取得感性材料。自然科学认识自然现象的规律时，可以通过实验的方法取得数据，而统计主要是研究社会经济现象的，它受社会因素影响很大，无法用实验的方法取得准确数字资料，只能通过科学的统计调查的方法搜集。

什么是统计调查呢？简单地讲，统计调查是指根据统计目的取得相应数据的统计资料搜集活动。进行这个活动首先要确立反映社会经济整体的统计指标和指标体系，在确立了统计指标和指标体系后，接下来的工作就是搜集丰富和合乎实际的统计资料，这种具体的搜集统计资料的工作过程就叫统计调查。统计调查就是要把社会经济现象作为一个整体，按照预定的要求和科学的方法，对反映这个整体的各个相关标志的数值，有计划地、系统地、科学地进行登记，取得真实可靠的原始资料。所谓原始资料，是指向调查单位搜集的尚待汇总整理、需要由个体过渡到总体的统计资料。

统计调查的整体是由每一次具体的单项调查，如人口统计调查、旅游统计调查等组成的；而在旅游统计调查中又有反映其经济现象的不同侧面，或者是满足不同调查要求的如旅游者人数调查、饭店客房出租率调查、旅游汽车公司接待能力的调查等。

统计调查是计算统计指标、统计分析、统计预测和统计决策等一系列统计活动的基础。按照国际通行的做法，有相当一部分社会、经济统计资料并非按特定目的专门收集的，而是由政府、社会活动部门在其活动中附带收集的。如我们可以通过海关部门了解旅游者的出入境情况。据调查，2016 年上半年我国出入境旅游人数达 1.27 亿人次；2016 年上半年中国公民出境旅游人数达 5903 万人次。以上这些资料均可以由海关部门附带取得。这些活动也属于统计调查活动的范畴之内。

在统计调查中还会涉及对次级资料的收集，而且在某种情况下，对次级资料的收集就其意义而言不低于对原始资料的获取。所谓次级资料是指已经经过加工整理，由个体过渡到总体并能在一定程度上说明总体现象特征的统计资料。由此我们不难看出，一切次级资料的取得都是从原始资料的搜集开始的，是从原始资料过渡而来的。

统计调查阶段的工作非常重要，占有材料是统计工作的基础。取得的材料完整与否、准确与否，都会直接影响到以后各阶段工作的质量，所以一定要注意杜绝在调查阶段出现差错，或者力求及时发现调查中出现的差错，并将其消灭在调查阶段。

二、统计调查的任务与要求

统计调查的基本任务是要根据统计指标体系，通过每一项的具体调查取得反映社会经济总体现象及各个部分间互相联系的原始统计资料。一切统计调查都是围绕这一基本任务进行的。

统计工作是为社会发展服务的，是为国家的经济建设服务的，更直接的是为市场服务的。为了确保统计工作的顺利进行，对统计调查资料的基本要求是准确性、及时性、全面性和系统性。只有这样，统计资料才能作为制定政策、编制计划及监督和检查政策、计划贯彻执行情况的依据。下面重点介绍统计调查的准确性和及时性要求。

首先，统计调查准确性的要求，就是提供的统计资料必须符合社会经济客观的实际情况，不受任何主观偏见所干扰。只有这样，才能从调查的资料中做出正确的判断，得出科学的结论，提供给各级领导和经营管理者真实的情况，从而正确地指导工作。统计调查资料的准确性是搞好统计工作的关键，如果调查资料不符合客观实际，就会使人的认识产生偏差，甚至得出与实际情况相反的结论。《中华人民共和国统计法》第七条规定：“国家机关、企业事业单位和其他组织以及个体工商户和个人等统计调查对象，必须依照本法和国家规定，真实、准确、完整、及时地提供统计调查所需的资料，不得提供不真实或者不完整的统计资料，不得迟报、拒报统计资料。”统计资料的准确性既是技术问题，也是原则问题，所以我们说实事求是是统计工作的灵魂，数据资料的真实性是统计工作的生命。

其次，统计调查及时性的要求，就是统计资料要及时满足各级决策者的需要并及时完成各项调查资料的上报。各项调查资料不但要求准确，而且需要及时，因为过时的资料会失去其时效性。同时，统计调查的及时性还关系到整个统计工作的进程，因为统计调查是整个统计工作的最初阶段，调查任务要由许多调查单位共同完成，如果个别单位不能按时上报调查资料，就会影响到总体资料的汇总和分析，进而影响到统计资料作用的发挥，也就难以保证调查资料的时效性。

最后，统计调查中的准确性和及时性的要求是相互结合在一起的，因而在每项调查实践中，要根据具体情况正确处理好准确与及时的关系。统计调查得来的资料如果不准确、不及时、不全面、不系统，就会影响整个统计工作，使其不能很好地发挥认识社会的作用，甚至给国家、企业的管理带来不利的影响。

三、统计调查的种类

（一）全面调查与非全面调查

统计调查的种类很多，按调查对象包含的被调查单位数的多少不同，可以分为全面调查和非全面调查。全面调查就是对调查对象中的全部单位逐一加以调查的调查方式。全面调查是以取得有关总体的总量资料为目的，其取得的一定是全面资料。统计报表和普查均属于全面调查，如了解全国人口情况的人口普查等。非全面调查指就调查对象中的一部分单位进行的调查。重点调查、典型调查、抽样调查都属于非全面调查。

重点调查是按照一定研究目的对总体中重点单位的某种数量特征进行的调查，是一种非全面调查。所谓重点单位，就是在总体中虽然为数不多，但这些单位的被研究标志总量却占整个总体标志总量的绝大部分，这些调查单位的该种数量特征能对总体做出综合说明，通过对这些单位的调查可以得到表明总体基本情况的资料。如要想综合了解全国旅游外联、城市接待、创汇等主要旅游经济指标，只要对全国的60个主要旅游城市（包括北京、上海、广州、桂林、西安、苏州、杭州等）进行重点调查，就可以基本掌握全国的大体情况。

通常根据调查的任务不同，重点单位可能是一些企业或行业，也可能是一些地区、城市。能否采用重点调查，是由调查的任务和研究对象的特点决定的。重点调查并不是要用重点单位的指标来推算整个总体指标，而只是通过重点单位本身的指标来说明总体在该数量特征方面的基本状况。一般说来，当调查任务只要求掌握基本情况，而部分单位又能够比较集中地反映所研究的问题时，宜采用重点调查。由于重点调查中被调查的单位数少，可以用较少的人力、物力、财力和时间获得反映总体基本情况的资料，调查的指标项目可以多一些、细一些，具有搜集资料快和代表性强的特点，有助于对问题的深入研究，所以重点调查在我国的统计工作中经常被采用。

重点调查的具体做法可以灵活运用，可以在某个时期专门组织一次调查，也可以对重点单位布置报表。

典型调查是在被研究对象中有意识地选择若干有代表性的单位进行调查研究。从统计调查的角度来看，典型调查也是统计工作搜集资料的重要方法，是一种按照调查的预定目的而专门组织的非全面调查。典型调查的范围小，调查单位数少，因而指标可以多一些，可以用来研究某些比较复杂的专门问题，所以说典型调查是一种深入、细致的调查方式。典型调查的单位是根据调查的目的和任务，在对调查总体进行全面分析的基础上有意识地选择出来的。

正确选择典型单位，保证典型有充分的代表性，是搞好典型调查的关键。典型调查可以分为两种：一种是作为个别单位的典型调查，另一种是具有统计特点的典型调查。对个别单位的典型调查是一种解剖式的调查方式，这种典型调查的典型单位就是在其全部单位中有代表性的单位，尽管单位数很少却可以达到其调查目的，通过这种调查来说明总体的基本情况及其变动的规律性。对个别单位的典型调查又分为两种情况：一种是选出的单位对总体具有代表性，可以大致反映总体的情况；另一种是选出的单位只是同类现象中的突出者，比如是突出好的，或是特别差的等。总之，这种调查的目的就是要摸清一般情况，从中找出经验、教训及事物发展变化的规律。要想把典型单位选好，具有真正的代表性，就要事先广泛地了解情况。值得注意的是，不能用个别典型单位的数量或指标去推算全体的指标，因为个别单位受偶然因素的影响较大。关于具有统计特点的典型调查，其典型单位不是个别单位而是一个部分，或是几十个单位组成为一个小总体，即典型总体，这依然是大量的调查单位。这样做的目的就是要用这部分典型单位的结果从数量上推断总体的结果。为了保证调查结果尽可能地精确，通常采用“划类选典”的方法，以缩小与总体间的差别。这种“选典”是有意识进行的，典型单位的代表性与选择者对客观现象的认识程度密切相关，并且直接受其影响。

在一定条件下，典型调查可以验证全面调查数字的真实性，补充全面调查的缺口，搜集不需要或不可能通过全面调查和其他非全面调查取得的统计资料。对于从全面调查中发现的一些不够清晰的问题，可以深入若干典型单位进行统计调查，取得有关的统计数字，具体地分析具体问题。典型调查还可以反映社会现象的一般规律和基本趋势，对研究新事物，了解新情况、新问题的数量表现尤其具有重要意义。

按照国际惯例，非全面调查主要是指各种抽样调查方法。世界上大多数国家的统计调查都是以抽样调查为主的资料搜集方法，如旅游统计调查，国际上均以抽样调查的方法进行；我国的旅游统计调查也越来越多地采用抽样调查方法。

统计调查分为全面调查或非全面调查，是以调查对象所包含的单位数是否完全、有无遗漏来衡量的，并不是以最后取得的是否为全面资料来确定的。因为有些非全面调查的目的也是取得反映整个总体的资料，如抽样调查是非全面调查，但它最终可以推算总体资料。为了取得全面的资料，在选择调查方法时，主要取决于研究问题的目的和可能性。如果为了定期取得系统而全面的资料，就可以采用全面调查，如统计报表。如果为了研究某项专题，或是为了节省人力、物力、财力，则最好采用非全面调查。有些特殊情况，根本不可能采用全面调查的方式，就只能进行非全面调查，如酒店对食品进行质量检验时，检验过的食品尽管是合格的，但其本身已经被破坏掉了，所以不能用于销售，遇到类似的情况只能采用抽样调查的方法。

（二）统计报表与专门调查

按照搜集资料的组织形式不同，统计调查又可以分为统计报表和专门调查。统计报表是以原始记录为依据，采用经常性的定期调查，按一定表格形式和时间程序形成制度，自下而上系统地向各级领导部门提供基本的统计资料，这种方式在我国的统计工作中占据主要地位。专门调查则是为研究某些专门问题，由进行调查的单位专门组织的调查，这种调查大多属于一次性调查，如普查、抽样调查等。

普查是为了满足某种专门需要组织的一种一时性调查，一般是对全国某一社会经济领域进行的大规模的国情调查，如我国曾经几次进行过的工业普查和人口普查等。普查是一种一时性调查，所取得的资料主要是某种现象在一定时点上的总量资料，属于全面调查的范畴，且调查项目详细，资料丰富而全面。通常情况下，普查的组织方式有两种：一种是自上而下组织专门机构从事这一工作，由专门的人员进行调查，但同时也要利用一些平时的原始记录资料。另一种组织方式是没有专门组织机构，也无专门的调查人员，而是利用被调查单位本身的组织机构进行调查，综合本单位的日常管理工作，把平时的资料充分利用起来加以整理。此外，还有一种快速普查，主要是为了适应特殊时期的特殊要求，一般调查项目都是最基本的，也不搞逐层调查，而是由基层单位直接上报到最高统计机构。

普查所反映的是某种现象在一定时点上的总量资料，因此正确选择普查时间就显得十分重要了。普查的登记时间也叫登记期限，是登记普查项目的时间，即为一个时间段，一般不能太长，通常在半个月。普查的标准时间是指登记调查单位时所依据的统一调查时点，即一瞬间。规定普查标准时间的目的在于避免登记的重复或遗漏，因为普查的登记时间不是一个时点，而是一个时间期限。确定普查的标准时间，最好应是被调查对象的变动为最小时。与普查的时间有关联的还有普查的间隔期，普查耗费较多的人力、物力和财力，因此一般不可能在相对较短的时期内进行多次普查。然而普查的间隔期应是有规律性的，两次普查的间隔不宜过长，否则普查资料的时效性和实际作用会降低。一般来讲，进行各类普查都应有固定而且相等的间隔期，但间隔期长短则应根据本国的国情和被调查现象的特点来确定。

尽管通过普查可以取得全面、详细且丰富的统计资料，但是它涉及面广，所用时间太长，人力、物力、财力消耗大，因此不能轻易进行，要做好充分的准备工作，建立普查机构，拟订调查方案，培训调查人员，并通过试点工作改进调查方案的设计，还要对所需要的原始资料进行整理和补充。另外，还应注意同类普查的内容和时间在历次普查时应尽量保持一致，以便于比较分析。

任何统计调查都会出现一些误差，普查也不例外。如普查的登记差错、资料搜集误差和资料整理时出现的误差，以及由于资料内容涉及被调查对象本身的特殊利益而提供的是虚假数据等。为了使误差降到普查数据基本可靠的限度之内，应在普查的各个阶段采取相应的预防措施，强化宣传，鼓励填报，确保秘密，并在普查之后再进行一次抽样复查，以校正普查中出现的误差。

抽样调查是专门组织的一种非全面调查，是一种非常具有代表性的调查方法。它是按照随机的原则从总体全部单位中抽取一部分单位作为样本进行观察，根据对这部分单位的调查结果，通过科学计算来推断总体，并有效控制抽样误差的一种统计调查方法。随着现代统计随机抽样理论和方法的不断完善，抽样调查已在世界各国得到了广泛的运用。许多统计调查活动在公众舆论、市场研究、医药、卫生、科学等方面都采用了这一方法，特别是在旅游业的调查实践中，由于其具有涉及面广、调查范围大、被调查者的流动性强等特点，我国近年来也越来越多地采用抽样调查的方法来搜集有关旅游经济现象的数据资料。

（三）经常性调查与一时性调查

按被调查对象在登记时间上连续性的不同，统计调查可以分为经常性调查和一时性调查。经常性调查包括连续性调查和周期性调查，它是随着被研究对象的变化进行登记的，主要用于连续或周期性观察一定时期内事物发展的过程，可以获得时间数列，如某年的旅游外汇收入，是该年中每个月的旅游外汇收入连续累计的结果。一时性调查是不连续调查和非周期性调查，是为了某一调查目的而进行的一次性调查。

经常性调查和一时性调查虽然是以调查时间登记的连续性不同来划分的，但实际上调查的连续与否要取决于现象本身的特性。一种是时期现象，它随时间的推移而连续不断地发生变化，如调查一定时期的入境旅游者人数。所谓经常性调查就是指对时期现象所进行的调查，它随着现象的不断变化而连续不断地进行登记。经常性调查必须以健全的、系统登记的原始材料为基础。另一种是时点现象，这种现象表现为一定时点上的状态，如全国共有旅行社 2000 年年底为 8993 家，而 2014 年年底为 26650 家，这些数字反映了现象在一定时点上的状态。所谓一时性调查大多是对时点现象进行的调查。

除了以上三种我国通行的统计调查方式的分类以外，按照国际惯例的通常分类法，还可以从调查目的上将统计调查分为一般调查和专项调查。一般调查是为了取得用于多种目的的统计资料，而专项调查则是为了取得用于研究、分析某些专门问题的统计资料。前面所讲过的统计报表就是属于一般调查当中的一种，而这里所说的专项调查基本上相当于前面所讲的专门调查。

应该指出，以上各种分类是互不排斥的，它们只是从不同的角度对同一调查进行的不同分类，统计人员应根据调查对象的特点和调查目的要求加以选择和运用。

第二节 旅游市场统计调查的基本方法

一、直接观察法

直接观察法是由调查人员亲自到现场，或运用各种现代化手段，对调查对象进行观察和计量以取得资料的一种调查方法。它可以保证调查资料的准确性，但需要大量的人力、物力、财力和时间，因此在应用时受到很大限制，特别是对历史资料的搜集来讲，根本不可能采用这一方法。

二、报告法

报告法是利用各种原始记录和核算资料作为报告资料的来源，向有关单位提供统计资料的方法。我国现在各机关、各企事业单位所填写的统计报表，多采用这种调查方法。报告法有统一的要求，以原始记录凭证为依据，能够提供比较精确的数字，可以同时进行大量的调查。如果报告系统健全，原始记录和核算工作比较完备，就可以保证所提供的资料具有可靠性。然而，报告法同样需要花费大量的人力、物力和财力，因而它只适用于国民经济基本资料的统计。需要指出的是，这种调查是各地方、各部门、各单位按照有关法规的规定必须对国家履行的一种义务。

三、采访法

采访法是由调查人员对被调查者逐一采访，向他们提出所要了解的问题，借以搜集资料，又称为“口头询问法”。也可以由调查人员以座谈会的形式召集一些了解情况的人员，按调查提纲展开讨论式的研究，以搜集各项资料和情况，即通常所说的开调查会的方法。采访法能使调查者与被调查者直接接触，逐项询问调查，所以能够对实际了解得比较深入，以保证调查资料的准确程度。这种方法还适用于对缺少历史资料的数据的估计推算。然而，这种调查方法需要较多的时间和调查人员，因此不宜于进行全面调查。

目前，采访法除了当面进行之外，更多的是进行电话采访，既方便快捷又经济。通常有随机对象的电话采访和相对固定调查对象群的电话采访两种方式，这两种方式也可以结合运用。

四、自填法

自填法是调查人员将调查表送交被调查者，并说明填表的要求、方法和注意事项，由被调查者根据实际情况自己填写，然后交调查人员审核。采用这一方法要对被调查者讲明调查的意义和用途，以解除其思想顾虑。同采访法比较，它更节省人力和时间，但要求被调查者必须具有相当的责任心与文化水平，才能保证资料的准确性。

五、通信调查法

通信调查法就是把要调查的问题书面寄给被调查者，请其填好后再寄回。西方许多国家往往采用这一方法，我国现在也开始逐渐使用这种方法。一些公司、企业有时在没有工作人员调查或不愿雇用外单位人员来进行调查的情况下，使用这一方法就很便捷。用这种方法可以和许多调查者同时联络，但不能保证都得到答复。只要被调查者人数不多，要了解的问题不复杂，就可以采用这种调查方法，但对回答的结果应仔细审查。如果调查表答复不理想，就有必要打电话或写信查询，甚至派人继续调查。

通信调查法存在的一个最大问题就是“不答复”。种种原因，答复很少能达到百分之百，还有的回答因为基于某一种或另一种利害关系，如一些公司、企业或个人的隐私，在这种情况下取得的资料将会出现某种方向的偏差，调查结果将是没有用的。通信调查法要想取得较好的效果，就要使被调查者了解调查意图，提出的问题应当易于被调查者回答，调查者应对被调查者所提供的一些不愿意向别人透露的情况予以保密。

随着互联网的迅速发展，网上通信调查成为可能，它的覆盖面之广、传递速度之快，是其他方式所无法相比的。如可以通过某一网站发表调查问卷及调查表，也可以有目的地通过 E-mail 去调查特定的调查对象。

六、德尔菲法

德尔菲法也叫专家调查法，采取的是不具名和反复的方式进行调查。首先调查人草拟提纲并提供背景资料，再征询不同专家的意见，最后汇总调查后的预测结果，往返四五轮，直到意见基本一致为止。通常选择 10 ~ 20 位专家，为避免相互干扰，专家之间没有任何联系。

第一轮调查首先明确调查目标，并向专家提供相关资料和所要求使用的方法。专家接到通知后，提出自己的分析见解。主办单位根据专家们的分析意见归纳整理，对不同数值分别说明其依据，然后再寄给各位专家，同时要求他们参考这些意见和数值，进一步修改原来的分析报告，专家们还可以再提出些要求或疑问。待专家们再次接到主办单位的反馈信时，就各种意见及其依据和理由进行分析，提出自己的分析意见和数值及其依据和理由。如此反复往返征询、归纳、修改，直到意见基本一致为止。反复的轮次应根据需要决定。

这是一种有控制的反馈过程。专家们是“背对背”的，即他们之间是互不相知的，因而个人思维不受干扰。最后通过对各位专家所提供的数值，采用平均指标进行计算而得出量化结论。此方法适用于旅游市场趋势的预测。

七、集中意见法

集中意见法是一种“面对面”的调查方法。企业内部的相关职能部门及业务部门的人员集中起来，根据相关统计数据交换意见，相互启发、补充，共同讨论有关问题，提出一种或多种分析方案，然后将这些方案提供给企业的最高决策者，从而选择和决定一种最优方案。采用这种方法时，应选择富有经验的、对本企业经营情况比较熟悉的人员，如销售、外联、计划、财务、统计等部门的人员进行调查。这是一种较为简单的调查方法，具有一定的局限性，可以用于旅游市场趋势的预测。

第三节　旅游市场统计调查的方案设计

若想了解旅游者对旅游服务质量的满意度、对旅游接待设施的偏好、对旅游价格的评价、对旅游资源的兴趣所在，以及他们喜欢什么样的旅游商品，这些都需要对旅游市场进行深入调查。旅游市场统计调查通常涉及面广、工作量大，且参与调查的人员较多，是一项复杂的、严谨的科学工作。设计一个科学、完备、可行的调查方案，这是调查工作取得成功的基础。一个完整的统计调查方案应包括以下几方面的内容：

一、调查的目的

在进行调查之前，首先应该明确调查要解决什么问题，因为调查目的决定着调查的对象、内容和方法。调查任务和调查目的不同，调查的内容和范围也就不同。任何社会现象和过程都可以从不同方面来搜集资料，如我们研究旅游者的情况，可以有各种目的，一种目的可能是要研究旅游者所来自的国家或地区，也就是我们进行旅游销售的客源国。通过研究我们可以进一步修改和制订销售计划，改进促销手段，改善旅游服务与环境，更好地满足旅游消费需求。也可以从另一个角度来研究旅游者人数，如我们研究旅游者的行程状况可以发现：在 2014 年抽样调查的入境旅游者中，仍以短程为主，游览的城市以 1 ~ 3 座居多，占被调查者的 89. 4% ；团体旅游者的平均行程普遍长于散客；男性旅游者的平均行程比女性旅游者稍短；65 岁及以上年龄段的游客的平均行程最长；以观光游览为目的的游客的平均行程要长于其他旅游目的的游客。

由此可见，调查的目的要具体明确，突出1~2个中心问题，避免面面俱到。调查目的不明、调查任务不清就无法确定向谁调查和调查什么，就不能进行有效的调查。

二、调查对象和调查单位

明确了调查的任务和目的以后，就可以进一步根据调查目的来确定调查对象和调查单位，即向谁调查，由谁来提供具体资料。目的越明确、越具体，调查对象和调查单位的确定就越容易，能否正确确定调查对象和调查单位，直接关系到调查材料的准确性和完整性。

所谓调查对象，就是要进行调查的客观事物的总体，是由在某一方面具有共同性质的许多个体组成的。如我们要了解2014年全国星级饭店的经营状况，那么，2014年全国的12803家星级饭店就是调查对象，其中的每一家企业就是一个调查单位。

社会生活中许多现象之间既相互联系又互有交叉，所以在确定调查对象时，不仅要指明它是什么，而且必须掌握其主要特点，这样才能把调查对象同与其有联系的或相似的现象区别开来。如前面讲到的旅游企业，只明确所有旅游企业是调查对象还是很不够的，还必须根据其特点，使其与工业企业或者旅游事业单位等区分开来，也就是要有明确的界限范围，才能划出这12803家星级饭店就是我们所要求的调查对象。只有正确地、科学地确定了调查对象，才能划清统计研究的总体界限，弄清什么事物或现象包括在规定的调查范围之内，避免因总体界限不清而影响调查登记资料的准确性。调查对象的确定只是从大的方面把某项调查的范围或统计的界限明确了，而能不能按照已定的对象进行统计，还需要正确解决调查单位的问题，否则就不能真正按照已定的调查对象进行统计，结果仍然不能保证统计资料的准确性。

所谓调查单位是构成调查对象的每一个单位，是进行登记的标志承担者，也就是在调查对象中所需要调查的具体单位。例如，要了解我国旅游高等教育的发展状况，根据相关数据，截至2014年年末，全国共有高等旅游院校及开设旅游系（专业）的普通高等院校1122所，那么所有这些从事旅游高等教育的院校就是调查对象，而1122所当中的每一所院校就是一个调查单位。调查对象不同，调查单位也就不同。如调查对象是这1122所院校，则每一所院校就是一个调查单位；调查对象是这1122所院校的学生，则调查单位便是这些院校当中的每一位学生。确定调查单位，目的在于明确向谁做调查，采用什么标志，即从哪些方面去搜集所要登记的情况和资料。

从统计范围来说，既然能够符合调查对象特点，包括在调查对象中的单位就应该看作调查单位，否则就不应列入。调查单位是调查标志的承担者，包括在调查对象中的每一个单位都可以符合这一要求。在大多数情况下，包括在调查对象中的单位都有可能被确定为要实际进行调查的单位。全面调查当然没有疑问，每个单位都无一例外地要进行调查。对抽样调查来说，也可以做这种理解，因为在抽样调查中，调查对象中的每一个单位都有被抽中的可能，哪些单位被抽中，哪些单位不被抽中，事先是无法断定的。典型调查也相类似，虽然典型单位是客观存在的，但那也需经过选典过程才能确定。只有重点调查才有可能事先就确定它所要调查的重点单位是哪些。为了保证调查资料的准确性，必须正确地确定调查单位。

调查单位与填报单位是两个不同的概念，调查单位是调查所登记项目的承担者，而填报单位是负责向上级报告调查内容的单位。调查单位和填报单位有时一致，有时不一致。如调查旅游企业的经营状况时，每一个旅游企业既是调查单位又是填报单位。如果调查这些旅游企业设备的规格、性能等情况，调查单位就是每台设备，而填报单位则是每一个旅游企业。再有，调查全国国际旅行社招徕的入境旅游者的情况时，调查单位应该是每一位旅游者，填报单位也应该是每一位旅游者，但在实际运作时，是由旅行社根据旅游者曾经提供的资料代为填报的，因此填报单位就有可能是每一家旅行社，而非旅行者本人。只有在调查单位向调查机构提供自身资料的情况下，调查单位与填报单位才是一致的，否则就不一致。

三、调查内容

（一）拟定调查项目

所谓调查项目是指调查时所要登记的调查单位的特征，或叫“标志”，是需要向调查单位调查的内容。调查项目包括需要向调查单位了解的有关品质标志，如调查旅游者的性别、国籍、年龄、旅游花费等项目时，其中性别、国籍为品质标志项目，而年龄与旅游花费则为数量标志项目。选择品质标志还是选择数量标志，选择哪几个标志，需要根据调查目的和被研究现象自身的特点来确定。统计调查所要搜集的是大量调查单位的个体量，并不需要了解调查单位在所有标志下表现的个体量，只是需要根据统计研究的目的，选择那些与调查目的有直接关系的标志进行调查，也就是要对调查单位本身固有的标志进行取舍。调查项目中，对于那些没有用的，或是可有可无的标志应予以删除，以免分散调查力量，降低调查质量，耗费更多的时间、人力、物力。拟定调查项目应本着需要与可能的原则，要求列出的项目应是那些能够得出确切答案的项目，并且提法要明确、具体；此次的调查项目要能与以往的同类调查项目相衔接、相对应，以便研究现象本身随时间变化而发生的改变。另外，确定的调查项目之间还应尽可能地互相有联系，以便于核对其答案的准确性。

（二）起草调查提纲

统计调查提纲是指打算调查的内容，包括掌握基本的统计数字和对情况的基本了解。当调查项目确定之后，应加以科学的分类、排列，构成调查提纲（又称调查纲要）。在调查开始前，要对调查项目进行仔细检查，并对提出的问题的次序认真研究。一般起草调查提纲时，必须记住是为了得到回答，因此提出的问题要尽可能地简单明了，前后次序要合乎逻辑。

（三）编制调查问卷

1. 问题的产生

问卷的核心是“问题”。编制问卷首先需要确定问题，即在问卷中提出哪些需要被调查者回答的项目。问题的形成一般要经过分析、提出假设等步骤，使概念具体化，寻找变项；再确定指标，并为测定已经确定的指标编制直接或间接的问题。

2. 问题的提出

问题的提出要具有合理性。判断所提问题是否合理，首先要看全部问题是否都是特定研究课题及其理论假设所必须了解的问题，同时确定每一问题将来搜集资料后进行分析的方法。其次还要注意问题对于全部被调查者是否普遍适用，关于这一标准特别是在调查旅游者时应予以注意。提问的形式和措辞要适当，以利于被调查者与主办单位的合作。提问的标准应是单一性的，即一个问题中只包括一个调查指标，只询问一件事情。此外，标准还应该是中性的，即问题不带有倾向性，不具有诱导性。提问必须具备明确的含义，科学使用明确的语言，只有明确才能准确与精确。

3. 问卷的基本结构

前言是调查者向被调查者说明调查目的与要求的一个简单说明，一般包括调查的目的与意义、关于匿名的保证、对被调查者回答问题的要求、调查者的个人身份或组织名称等。前言之后是问卷的主体——问题表，它包括从研究课题与理论假设中引申出来的问题、回答方式和编码，以及对回答的指导说明。最后还要有一段短语作为结束语，以表达对被调查者的感谢，以及关于复核与避免漏填的请求，开放式地提出一个本次调查研究中的重要问题。

（四）设计调查表

无论是调查项目还是调查提纲，最后都要反映在调查表中。调查表是统计调查方案的重要内容，是统计工作中搜集原始资料的基本工具，可以把要了解的项目列在调查表中，以便于填写、整理、综合。为了避免调查表内的项目太多，不列入调查表的内容可以另列文字提纲。调查表的内容一般由表头、表体和表脚三部分组成。表头是用来表明调查表的名称和填报单位的名称、性质、隶属关系等，可以用来核实和复查。表体也叫表身，是调查表的主体，包括统计调查所要说明的社会经济现象的原则、栏号和计算单位。表脚主要包括填报人的签名和调查日期，以便于查询。

调查表的格式一般有单一表和一览表两种形式。单一表又称卡片式，是将一个调查单位的调查内容登列在一份表上或一张卡片上的表式（表 2－1）。单一表可以容纳较多的项目，而且便于整理和分类。一份表格并不限于一张表，可以视调查项目内容的多少由若干个调查单位填写，即一览表（表 2－2）。一览表较单一表节省人力和物力，但当调查项目较多时不宜采用。一般说来，调查项目较多时，可以采用单一表；而调查项目较少时，则可以采用一览表。

为了使填报者正确填写表中内容，还应编制填表说明和指标解释。填表说明的内容应包括填写的方法和注意事项；指标解释则是为了说明调查表中每一个指标的含义、范围和计算方法等。此外，在设计调查表时还应注意其表的内容必须满足汇总表的要求。对于设计者来说，应先制定汇总表，它的内容直接反映了该项调查的目的和要求。调查内容有些有固定答案而又不复杂的可列出答案，由被调查者画记号以方便填表者。

表 2－1　CP 旅游公司散客部游客意见征询卡

团　号 Gr. No.		人　数 PAX No.		国　籍 Nation		陪　同 Guide	
评定等级 Comments		优 Excellent	良 Good	一　般 Fair	差 Poor	备　注 Other Comments	
日程安排 Itinerary							
住房情况 Hotel							
用餐情况 Meals							
陪同仪表 Appearance							
陪同服务 Service							
陪同讲解 Explanation							
司机服务 Driving Service							
车辆情况 Tour Coach							

建议：
Suggestions：

客人签名：
Signature：

说明：意见请用“√”表示　　　　____年____月____日
Notes：Tick “√” in corresponding blanks please

谢谢合作！
Thanks！

表 2－2　预期到达

日期：
DATE：

姓　名 NAME	航班号 FLT NO.	预达时间 ETA	房间类型 RMTYPE	房　价 RATE	备　注 REMARKS	房　号 ROOM

四、调查时间与地点

（一）关于统计调查时间与地点的一般概念

旅游调查的时间涉及调查时机、调查时点、调查耗时与调查期限四项内容（图2－1）。调查时间是指调查资料所属的时间，如果调查的是时期现象时，就要明确规定资料所反映的是调查单位从某年某月某日起到某年某月某日止的资料，是一个累计数。

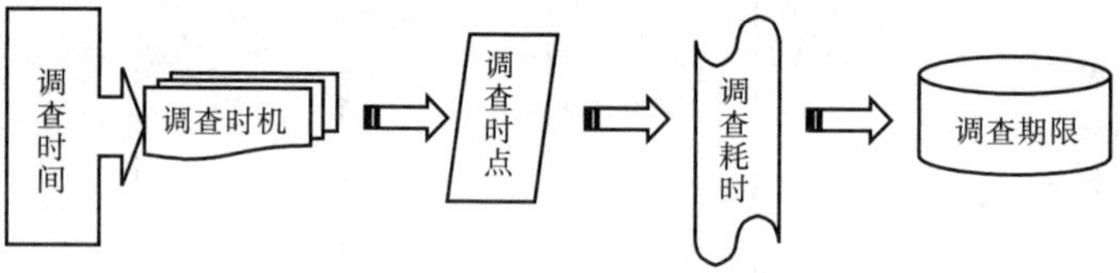

图2－1　调查时间设计流程

调查时机是指选择一个最有利于调查工作开展的时间或时间段，选择被调查现象的最稳定时期等。

调查时点单指被调查现象是时点现象时，需要在调查工作正式开始之前确定一个统一的时点，在多数情况下，调查是去追述这一时点的状态。选择什么时点调查最好，要取决于调查对象的特点，如近年的人口普查，其调查时点均规定在某年的11月1日零时，其目的也就是要尽量选择一个人口状况变动最小的时点作为调查时点。

调查耗时是指无论是对时期现象还是对时点现象，在进行旅游调查时都要耗费一定的工时，或与被调查现象同步，或滞后于被调查现象。

调查期限则是指为完成某一调查项目的时间范围，即调查工作进行的起止时间，也就是登记调查项目的时间，一般这一期限不宜过长，以保证调查资料的时效性。

调查地点是指登记资料的地点，在一般情况下调查单位所在地与调查地点是一致的。比如在酒店调查旅游者的情况，调查地点就是酒店。但如果要调查旅行社接待的旅游者的情况，就可能找到旅游者所在的旅游景点或住宿的酒店去调查，也可能直接让旅行社提供调查资料。

（二）关于旅游市场统计调查的时间与地点

旅游市场统计所采用的调查的时间和地点，应适合于旅游市场的特点。旅游市场统计调查的时间可以是旅游者到达或离开某一旅游目的地的时间，但这一时间一般比较短，只能搜集一些人数资料。在旅游者停留在旅游城市的时间内，也可以搜集一些资料，因为这一时间相对较长些，可以在旅游者的住宿地、游览地等处进行调查。此外，旅游者在乘坐交通工具的时候，有足够的空闲时间来回答问题或填写表格。旅行社的导游员一般都是在旅游者游览完该市，坐在开往机场的旅游车上时，发给旅游者“游客意见征询卡”，这时旅游者既有时间也有心情填写这些表格，回收率很高。

调查地点是和调查时间密切联系在一起的，通常在调查地点确定后，调查时间也就随之确定了。作为旅游统计的调查地点，经常采用的有以下几种。

1. 在海关调查

海关一般设在一个国家与其邻国的陆路边境线上、沿海一带、首都及一些大城市。在海关主要是调查一些与国际旅游有关的统计资料，其中包括外国公民的入境旅游资料及本国公民的出境旅游资料。目前世界上许多国家都要求所有出入境者填写出入境登记表，登记内容包括姓名、国籍、性别、年龄、常住地址、到离时间等。

2. 在酒店调查

在酒店调查是指在接待旅游者的酒店、宾馆、旅馆和招待所等住宿设施内进行的调查。在这一调查地点，一般旅游者停留的时间相对较长，并且在住宿地或多或少地留有一些记录资料。单就酒店调查，不能包括全部的旅游者，因为有些旅游者住亲朋好友家，还有当日往返而不住宿的旅游者等。

3. 在交通枢纽地调查

此类包括飞机场、港口码头、火车站和汽车站等。对于多数旅游者来说，都要经过交通枢纽地进入某一旅游城市或地区，但是也会遗漏一些没有途经交通枢纽地而直接进入该旅游城市或地区的旅游者。

4. 在旅游参观购物场所调查

这些场所均属旅游者必到之处，但在这些场所进行调查，因旅游者的流动性大，且又打扰旅游者的游览参观和购物，所以搜集资料会受到很大限制。

5. 在与旅游有关的部门调查

这些部门主要包括旅游企事业单位，如车船公司、餐馆、银行、园林文物单位等。这些部门一般都存有一些直接或间接地反映旅游市场经济情况的较为丰富的资料，是主要的旅游市场统计调查地点。

五、统计调查的组织实施工作

在统计调查的组织实施方面，应先制订周密可行的计划，以明确调查机构、调查时间、调查步骤，明确由哪些机关、部门组织领导调查工作和调查人员，以及调查经费的预算和来源。在调查的前期准备工作中，应做好试点调查以取得经验，做好宣传、培训、文件印制等工作，明确调查成果的公布时间和调查工作的规则。一项统计调查工作，特别是大规模的调查，只有严密细致地组织才能保证其顺利进行。

第四节　旅游统计信息预报系统及旅游统计调查制度

一、旅游统计信息预报系统

（一）旅游统计信息预报系统的产生

旅游统计信息预报系统是旅游市场统计调查活动的一个创新之举。1999 年我国休假制度进行重大改革，每年的“五一”“十一”和春节 3 个假日由此成为旅游“黄金周”。1999 年“十一”期间，旅游消费实力“井喷”式地释放，这无疑对以往的旅游市场统计调查工作是一个挑战，无论是旅游者还是旅游业的管理者、经营者都希望能更详细、及时、全方位地了解具有权威性的假日期间旅游市场动态，于是旅游统计预报系统就在这种形势下产生了，并于 2000 年“十一”前夕正式开始对全社会发布旅游统计预报信息。

（二）旅游统计信息预报系统的实施

国家旅游局现行的假日旅游统计预报系统是按照城市、省级、国家“三级监测，城市为主，分工协作，分级负责”的原则组织实施的。数据采自北京、上海、桂林等第一批纳入全国假日旅游预报系统的 21 个重点城市和黄山等 10 个著名旅游景区，所采集的数据包括旅游住宿设施、旅行社、商业、餐饮业、主要旅游景区（点）、民航、铁路、水运、汽车、市内交通运输等各个相关门类，假日旅游中所涉及的各相关接待元素都包括在内，即旅游统计预报所需信息采集范围是全面的。

除了信息采集范围的全面性以外，还应重视信息采集的深度与真实性。如对景区的统计，其门票统计可以为旅游信息统计提供最为准确的数据，而旅游交通统计调查就相对复杂些了，民航、铁路客运、水运的旅客数据采集基本准确，而公路交通的统计数据因为有大量的私家车、自驾车的旅游者，这一部分数据带有部分测算的成分。因此，假日旅游市场统计工作中，吃、住、行、游、购、娱旅游六要素，能够提供精确数据的部门都应参与其中。

关于预报的数据源采集，现在这一预报系统的采集范围是较为全面的，但能够提供精确数据的部门则不够全面。作为全国性的旅游统计预报，其准确度如何，一方面，在于信息采集的精确度与全面性、所采用方法的科学与合理性；另一方面，数据的时间性、动态变化制约了预报的精确度，或者说影响预报精确性的变量较多。因为旅游统计预报系统是一个开放式的动态信息系统，旅游市场的参与各方都是有自主行为能力的、活生生的行为主体。旅游统计信息预报系统是具有中国特色的，也是成功的，特别是在“黄金周”期间为避免全国各地旅游市场的无序状态作出了重大贡献。

随着2008年重新调整后的黄金周休假制度的实施，元旦、“五一”、中秋、清明、端午这五个1天的法定假日，都可以和一个周末倒休，从而形成五个3天的假期；同时职工带薪休假制度的落实，绝大多数职工都将拥有每年至少5天的带薪假期，那么可以和任意一个周末组合形成7天假期，等于又是一个黄金周。显然，旅游统计信息预报系统也应与之进行相匹配的调整，以满足新的休假制度对旅游统计信息预报的需求。

二、旅游统计调查制度

（一）意义

为了有效地、科学地组织全国旅游统计工作，了解和掌握我国旅游业的基本情况，保证旅游统计资料的准确性、及时性和全面性，为各级政府制定政策和进行宏观经济管理提供依据，根据《中华人民共和国统计法》及其实施细则和《旅游统计管理办法》的有关规定，国家旅游局制定了《旅游统计调查制度》。现行的制度是于2015年12月制定，2016年1月起开始实施的。该调查制度是国家统计调查的一个组成部分，是我国国民经济与社会发展统计体系的一部分，也是政府综合统计对国务院有关部门和各省、自治区、直辖市旅游局的综合要求。有关部门和各省、自治区、直辖市旅游局应按照其统计范围、统计方法、统计口径认真组织实施并按时报送。

（二）基本内容

旅游统计调查制度由基层统计报表、部门统计报表、专业统计报表、旅游抽样调查和附录五部分组成。基层统计报表主要包括：旅游单位基本情况、旅行社外联接待入境旅游情况、旅行社组织接待国内旅游情况、旅行社组织出境旅游情况、旅行社财务状况、星级饭店住宿接待情况、样本星级饭店财务状况、非星级旅游住宿样本单位接待情况、旅游景区接待情况、旅游景区（企业单位）财务状况、旅游景区（事业单位）财务状况等。部门统计报表主要包括：入境游客情况、入境外国游客情况、中国（大陆）公民出境情况、入境过夜游客花费构成情况和入境一日游游客花费构成情况等。专业统计报表主要包括：全国旅游院校基本情况和旅游系统职工教育培训情况等。旅游抽样调查主要包括：入境游客在中国（大陆）花费抽样调查、地方接待国内游客抽样调查等。

（三）资料来源和报送方式

基层统计报表由星级饭店、旅行社和旅游景区，根据各省、自治区、直辖市旅游行政管理部门的统一要求，将报告期内本单位的有关情况报送指定的旅游行政主管部门，各省、自治区、直辖市旅游行政主管部门对辖区内的旅游单位上报的统计资料进行收集、审核、汇总后，利用网络传输的方式上报国家旅游局。部门统计报表中，来华旅游人员入境情况、中国公民出境情况等资料来源于公安部。专业统计报表中，旅游院校和旅游行业职工情况，由各省、自治区、直辖市旅游行政主管部门人事教育部门负责收集、审核、汇总后，报国家旅游局人事司。旅游抽样调查包括入境游客在中国（大陆）花费抽样调查，每年由国家旅游局统一组织，报送方式和时间详见具体方案。地方接待国内游客抽样调查，由各省、自治区、直销市旅游行政主管部门根据制度中的统一方案组织实施，并将结果上报国家旅游局。

第五节　基于现代信息技术的旅游统计调查

根据中国互联网络信息中心（CNNIC）的数据，截至 2015 年 12 月，中国网民规模达 6.88 亿，互联网普及率为 50.3%。近年来，越来越多的人通过网络搜索选择旅游目的地，这种与互联网结合的搜索行为（searching behavior）与旅游选择密切相关；此外将手机移动数据作为新数据源会使针对旅游者的调查更加精准。因此，现代信息技术不断地被应用于旅游调查之中。有学者研究认为，问卷调查属于被引导的意愿表达，基于游客投诉的调查比如公开的旅游投诉平台、315 网站、各级电台电视台投诉情况等，属于被动意愿表达，而基于网络资源的调查则属于主动意愿表达。

一、基于用户创建信息 UGC（User Generated Content）的旅游者调查

从种类来看，主要包括：社交网络，如 facebook；即时通信，如微信、QQ 等；博客，如旅游博客等；微博；论坛与社区；照片及视频共享，如 Flicker、优酷等；Wiki，如百度百科、Wikipedia；点评，如大众点评网等；自愿地理信息，如 VGI（Volunteered Geographic Information）、WikiGIS，Google Earth，Open street map 等。

从特点来看，UGC 提供了数量空前的信息，UGC 信息已形成知识海洋，其类型越来越多，并且这些信息在不断增加。UGC 使调查者能足不出户接触世界各地的人群，对他们进行调查。UGC 信息包括历史的数据，可以形成对某问题的动态跟踪研究。UGC 可能改变科学研究格局，在某些领域，民间的、草根的调查将更多地出现，甚至挑战传统的权威。

从调查数据质量来看，基于互联网的调查，虽然使信息更加公开、透明，且正常情况下属于主动意愿表达、自然流露，但诸如对其调查数据的真实性、有效性的把控方面则存在难度。

黄潇婷等学者以 2010 年 12 月在北京颐和园完成的 GPS 调查数据和日志调查数据为基础，研究旅游者在景区空间尺度内的活动过程、节奏和规律。GPS 追踪数据真实准确地记录了旅游者活动过程，为研究者更好地理解和分析旅游者活动节奏和规律提供了数据基础。基于 GPS 数据的旅游者活动节律研究结果能够为旅游者行为质量评价、旅游者行为修正与优化和旅游景区动态管理等提供理论指导。此外，她还研究了将手机移动数据作为新数据源可能对旅游者研究带来的影响，以及对旅游者空间移动和目的地选择行为的研究。

无独有偶，2011 年杨晓光等学者也以颐和园为例，基于百度指数——百度网页搜索和百度新闻搜索的海量数据，来描述一段时间内指定关键词的搜索量指数，对潜在旅游者的出行前行为进行了研究。由于关键词搜索是网民的主动搜索表达，既不会掩饰自己的真实意图，也不会受第三方的引导和干预，这样使得这些搜索指数数据具有更强的真实性，使得对现实的预测更加精准。

随着互联网的发展与普及，越来越多的人旅游出行前先上网搜索与旅游相关

的食、住、行、游、购、娱等信息。以颐和园为例，选择“颐和园”“颐和园门票”“颐和园门票价格”几个关键词可作出百度指数曲线图（图2－2）。由图可以直观感觉，这些曲线能比较好地反映出节假日著名景点旅游高峰时的情况，因此可以用来进行旅游景点客流量的预测与预警。

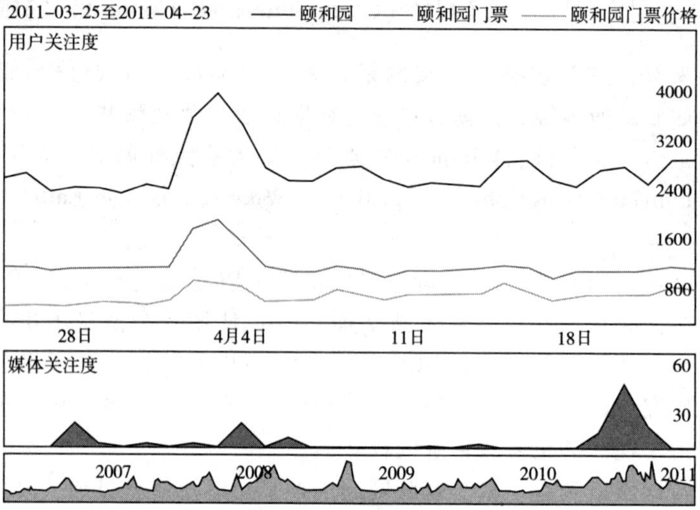

图2－2　颐和园当月关键词搜索指数曲线

二、运用多种现代技术的旅游吸引物空间统计调查

甘肃省基础地理信息中心苗天宝等学者于2009年完成的国家科技成果“现代测绘技术在长城资源调查中的应用技术研究”就是运用了多种现代技术对旅游吸引物进行的空间统计调查。通过这一方式可以获取旅游吸引物的数量、位置、长度等相关数据信息。他们利用“3S”技术和全数字摄影测量技术进行线性文化遗产调查中的应用技术研究，形成现代测绘技术在线性文化遗产调查应用的技术方案。开展了甘肃明长城资源调查和测量，建设甘肃省明长城资源调查信息数据库。中国5000年文化孕育了丝绸之路、大运河、茶马古道等数量众多的线性文化遗产。明长城资源调查的顺利开展，为“3S”等现代测绘技术在线性文物保护领域的应用积累了宝贵经验。相关技术还可以应用在河流、道路调查等方面，并为其他相关新技术在文物保护领域的应用拓宽了道路。

【思考题】

1. 什么是统计调查？为什么说统计调查在整个统计工作中占有特别重要的地位？
2. 如何设计一套完整的统计调查方案？
3. 什么是普查？关于普查的时间是如何规定的？
4. 如何区别并运用重点调查、典型调查和抽样调查？

第三章

旅游统计资料整理与显示

【本章导读】

即使是对所搜集的统计资料进行最为初步的使用，也要先经过统计资料整理的过程，将我们所搜集到的那些杂乱无章的资料，按照我们的需要，分别以统计表、统计图或文字报告等形式呈现出来。旅游统计资料整理与显示是统计的中心环节。本章首先从如何进行统计分组入手，概述了统计资料整理的概念、内容和程序；然后完整讲解了统计表的编制过程与统计图的设计与制作。本章还图文并茂地从统计图的不同分类出发，介绍了不同统计图的不同功用，以及不同的统计需求可以选择哪些类型的图形来表达，从而澄清了人们在使用统计图时普遍存在的一些误区。掌握好本章内容是进行统计分析的前提。此外，伴随云技术、地理信息技术的发展与应用，本章还介绍了如何运用这些现代信息技术将旅游统计数据可视化。

Even for the most basic use, the statistical data collected should be sorted first. In this process, the disorganized data we collected is presented in forms of statistical tables, charts, text reports or other forms as we need. Sorting and presentation are the key step of the tourism statistical work. This chapter begins with how to group statistical data and presents an overview of the concept, content and procedures of statistical data sorting; then it explains in details how to prepare statistical tables and how to design and make statistical charts; this chapter also, by means of pictures and words, introduces the different uses of statistical charts according to the different classification and what kinds of graphics can be used to meet different statistical needs, thus defecating some general cognitional errors which appear when people use statistical graphics. Good comprehension of the contents of this chapter is the premise of conducting statistical analysis. In addition, considering the development and application of cloud computing and geographic information technology, this chapter also introduces the way to make use of these modern information technologies to visualize the tourism statistical data.

第一节 统计分组

一、统计分组的概念

统计分组是统计资料整理的前提和途径，只有对所取得的统计资料先进行统计分组，才可以进行统计表的编制，并且成为统计表的重要组成部分，进而再根据统计表绘制统计图。

统计分组是指对定性资料依据其属性的不同将数据划分为若干部分，而对定量资料依据其数值的不同将其数据划分为若干部分的过程。

二、统计分组的意义

运用科学的方法进行的统计分组，是前期调查工作的延续与总结，也是后期进行各项统计分析工作的前提，它起到了承上启下的作用。通过统计分组可以区分事物的质，反映总体内部的构成状况，揭示现象间的依存关系，还能够发现事物发展变化的脉络及其发展变化规律。

三、分组标志的选择

（一）分组标志选择的依据

1. 依据研究问题的目的

通常，我们研究旅游者的情况，无论从哪个角度去切入，其最终的目的都是关注其由此而带来的收益，因此对旅游者的消费能力的了解是研究问题的目的。那么，能够影响旅游者消费能力的因素有很多，比如旅游者的年龄、性别、收入状况等，都会在不同程度上影响着他们的旅游消费支出。

2. 选择最能反映事物本质特征的分组

如果年龄能够影响旅游者的消费支出的话，我们不妨用年龄作为分组标志。但是，我们必须考虑到，对年龄标志的分组，不同人可以有不同的分法，会分出很多种可能的情况，如图 3－1、图 3－2 和图 3－3 等。其中图 3－2 的分组，是将人群按是否成年来划分的，并不能准确地区分不同年龄层之间及其旅游消费能力的差别。图 3－3 的分组是人口普查时使用的年龄分组，体现了不同年龄段之间的生活需求差别，同样是不能区分不同年龄层之间及其旅游消费能力的差别。

而只有图 3－1 的分组才能够准确地区分旅游者在不同年龄层之间及其旅游消费支付能力的差别，这也是目前我国国家旅游局对旅游者的年龄分组。

- 14 岁及以下
- 15～24 岁
- 25～44 岁
- 45～64 岁
- 65 岁及以上

图 3－1 目前我国国家旅游局对旅游者的年龄分组

- 18 岁以下
- 18 岁及以上

图 3－2 反映是否成年的年龄分组

- 0～5 岁
- 6～10 岁
- 11～15 岁
- ……

图 3－3 我国人口普查的年龄分组

（二）简单分组与复合分组

1. 简单分组

如图 3－1、图 3－2 和图 3－3 都是依一个分组标志——年龄而进行的分组，即为简单分组。故简单分组是指只依一个分组标志而进行的分组。

2. 复合分组

复合分组则是同时以两个或两个以上的分组标志而进行的分组。如图3－4，就是同时以 3 个标志进行的分组。

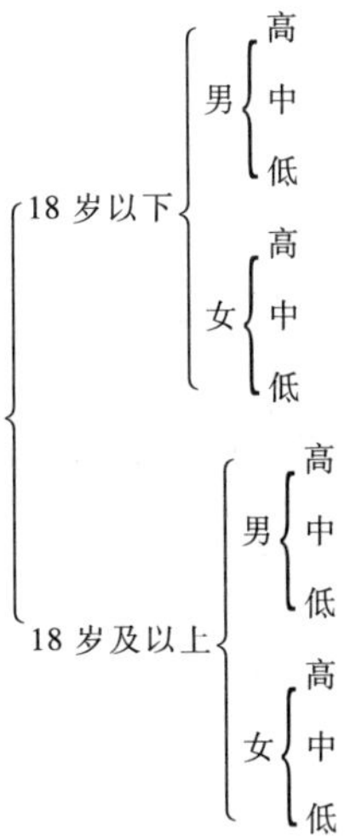

图 3－4　同时以 3 个标志进行的分组

（三）按品质标志分组

当所选择的分组标志为品质标志时即为按品质标志分组。如表 3－1 中的按洲际分组即为按品质标志分组。

表 3－1　北京市某年 10 月主要客源国（地区）情况

按洲际分组	国家或地区数(个)	来京人数(人次)	同比增长(%)
亚　洲	16	175256	3.24
欧　洲	8	112599	17.53
美　洲	2	89353	29.42
大洋洲	2	17957	24.98
合　计	28	395165	—

（四）按数量标志分组

如果在分组时，所选择的分组标志为可数的数量标志时，即为按数量标志分组。如图 3－1 是旅游者按可数的年龄标志进行的分组，即为按数量标志分组。

四、分组的两种基本形式

（一）单项式分组

在分组时，每组只有一个变量时，即为单项式分组。当变量值少、变量值的变动幅度小时，通常适用于单项式数列。如图 3－5 所示出游次数的分组，即为单项式分组。多数的按品质标志分组均可采用单项式分组，如表 3－1 中的分组；相反，多数的按数量标志分组则不适合采用单项式分组。

出游次数
- 1 次
- 2 次
- 3 次
- 4 次
- 5 次
- 6 次
- 7 次
- 8 次
- 9 次
- 10 次

图 3－5　出游次数分组

（二）组距式分组

在分组时，如果变量值较多、变量值的变动幅度较大时，若还每组只有一个变量，显然是不现实的，而应以邻近的若干个变量合并为一组，使每组均为一段变量值的取值范围，即为组距式分组。多数的按数量标志分组适合采用组距式分组，如图 3－1中对旅游者的年龄分组；相反，通常按品质标志分组均不可采用组距式分组。

五、变量数列

（一）变量数列的概念

总体中标志值有序化地排列（升序或降序）而形成变量数列。

例 3－1　某旅行团成员共 20 人的年龄情况：26，53，20，15，9，46，39，20，41，52，63，32，20，41，45，51，60，63，9，27。

根据题目所给资料而形成的变量数列为：某旅行团成员共20人的年龄情况：9，9，15，20，20，20，26，27，32，39，41，41，45，46，51，52，53，60，63，63。

（二）全距

总体中最大值与最小值之差，即变量值的取值范围。

根据例3－1资料，则其全距计算为：全距＝63－9＝54。

（三）组限

组与组之间的界限即为组限。通常情况下，每组应有两个组限，其中的较大值为上限，较小值为下限。组限的确定应遵循穷尽和互斥的原则，即一个数据必须能分配进入一个特定的组，并且一个数据只能分配进入一个特定的组。如图3－3分组中的5、10、15均为其各自组中的上限，而0、6、11均为其各自组中的下限。

我们发现，在图3－6的分组与图3－7的分组中，其组限值的表达是有所区别的，究其原因在于，连续变量数列与离散变量数列的组限值之区别。为了便于分组，而在样本归组时避免出现混乱，那么，当分组变量为离散变量时，其组限值的确定应遵循上、下限只衔接、不重叠的原则，如图3－1、图3－7和图3－8所示，分别是不同形式的离散变量数列的分组形式；而当分组变量为连续变量时，其组限值的确定应遵循上、下限重叠，且“上限不在内”的原则，即如图3－6所示，当某一被调查者的收入刚好是200元时，则不应计入其作为上限的第一组，而应计入第二组。

100～200元
200～300元
300～400元

图3－6　收入分组

101～200人
201～300人
301～400人

图3－7　人数分组

酒店规模
- 500间以上
- 499～300间
- 299～200间
- 199～100间
- 99间以下

图3－8　我国目前对酒店规模的分组

酒店规模
- 500间以上
- 300～499间
- 200～299间
- 100～199间
- 99间以下

图3－9　对降序排列分组的纠错案例

此外，还有一个与之相关的常见问题值得我们注意。观察比较图 3－8 与图 3－9，不难发现它们是有区别的，这就提示我们要注意，在进行分组时，如果采用的是升序排列，则其组间及各组内部都应遵从升序排列；反之，在进行分组时，如果采用的是降序排列，则其组间及各组内部也同样都要遵从降序排列。这一点，在进行升序排列分组时，是基本不会出现问题的；但在进行降序排列分组时，就会很容易犯类似图 3－9 这样的错误。这样的例子在统计实践中是不难发现的。

（四）组距

是指各组的取值范围，即每组的上下限之差。如图 3－6 的分组中，其组距均为 100。像图 3－6 这样的、每组组距都相等的分组，称为等组距分组。显然，等组距分组比较好分，便于计算、对比和使用等，通常应尽量选择等组距分组。但在有些情况下，如果一味地追求等组距分组，就会模糊了数据间的质的界限，从而使分组失去了本来的意义。因此，在这样的情况下应根据数据资料所固有的客观数量界限而进行不等距分组。如图 3－1 的分组采用的就是不等距分组，只有这样，才能将旅游者的不同年龄阶段及对其消费能力的影响体现出来。

在图 3－1 中我们还注意到，其第一组和最后一组都是“以上”或“以下”组，即该组缺少上限或下限，我们可以称其为开口组；而其他各组以及图3－6 中的各组均为上、下限俱全的闭口组。在使用中，如果需要计算组距时，则开口组就会遇到问题，所以在分组时应尽量选择闭口组的设计，这样不仅使分组看起来整齐、完整，同时也会避免给以后的计算带来麻烦。当然，开口组是有其存在的必要性的。以图 3－1 中的最后一组最具典型意义，即我们无法知道旅游者年龄的“顶”在哪里，即使我们可以了解到现今世界上最长寿人的年龄，但其未必一定在这一年龄进行旅游活动；即使我们能够了解到现在世界上最年长的旅游者的年龄，但我们并不知道未来这一指标的变化数据。很显然，这是一个动态的数据，从理论上讲，应该是瞬时变化的。

（五）组数

分组的组数没有严格的规定，主要取决于观测数据的多少。若观测数据较多时，则分的组数亦相应多些。同时，还与数据分布的形态有关。若数据的集中趋势明显，则分的组数可相应少些。一般情况下，组数的确定还需要经验的积累和反复试作。

通常情况下，在同一总体中，若进行的是等组距分组，则全距是其组距与组数的乘积，其变形如公式 3－1。

$$组数=\frac{全距}{组距} \quad （公式 3－1）$$

（六）全距取整

我们通常看到的分组都是较为整齐的，即其各组的组限值都是类似于 5、10 或其倍数的、较为整齐的数。但这并不意味着我们调查的总体，其变量值就都是整齐的。显然，这是我们在进行分组实践中，对被调查总体变量值进行加工的结果，即经过了全距取整的过程。所谓全距取整，是将我们调查的总体变量的取值范围根据分组的需要，进行适当修改的过程。即对原有的总体变量取值范围进行扩大、缩小或同时进行扩大和缩小的处理。

根据例 3－1 资料，我们可以在其变量数列的基础上，对其总体变量的取值范围进行扩大处理：5←9～63→65 或 0←9～63→70；或进行缩小取值范围的处理：10→9～63←60；或进行一端扩大，同时另一端缩小取值范围的处理：0←9～63←60。通过上述处理后，便可较为容易地分出整齐的组。具体到采用哪种取整方式，要视具体资料的情况而定。不过，尽管理论上讲是可以缩小取值范围的，但在统计实践中还是应谨慎采用，因为这样做可能会造成样本量的损失与成本的浪费。再有，就是扩大或缩小取值范围的幅度问题，同样要根据具体情况、操作者的经验，在满足分得整齐组限的前提下，使这一幅度尽量小。

第二节　统计表对旅游统计资料的整理与显示

一、统计表的概念

统计表作为描述性统计方法，是表现统计资料整理结果的基本形式，在统计实践中应用最为广泛。特别是广泛应用于市场调查报告中，起到清楚、形象、直观和吸引人的作用。统计表是报告中非常生动的一部分，应当受到特别的重视。它是以纵横交叉的线条结合形成表格，用以表现统计资料的。从广义上讲，统计工作各个阶段中所用的一切表格都称为统计表，如调查表、汇总或整理表、统计分析表、时间数列表等。

二、统计表的优势

其一，统计表是统计资料整理结果的最好表现形式，能够对统计资料加以合理组织和安排，使之系统化、条理化，而这正是统计资料整理工作的任务。

其二，使用统计表表现统计资料简明易懂，使人一目了然，从而节省篇幅。

其三，用统计表表现统计资料整理的结果，可以对社会经济现象从各方面进行比较，便于了解现象或过程的内在联系。

其四，利用统计表易于检查资料的完整性。

三、统计表的构成

从统计表的形式上看，统计表是由横行、纵栏、标题和数据构成的，其中标题又分为总标题、横行标题、纵栏标题。总标题即统计表的名称，应简明扼要地说明表的内容，一般写在表的上端中部。横行标题是横行的名称，用以表示各组的名称，代表统计表所要说明的对象，一般写在表的左侧。

指标数值写在各横行标题与各纵栏标题的交叉处，其数据内容受横行标题与各纵栏标题的共同限定。此外，必要时还需在统计表的下方增列补充资料、注释、资料来源、计算方法及填表单位（人员）、填表日期等。

从统计表的内容上看，分为主词和宾词。主词指统计表所要说明的总体，它通常表现为各个总体单位的名称，总体的各个组成或者是总体单位的全部。宾词则是指说明总体的统计指标，包括指标名称和指标数值（表 3－2）。

表 3－2　某年怀柔区怀北镇景区收入及接待情况

旅游景区	接待人数（万人次）	旅游收入（万元）	收入比重（%）	人均消费（元）
雁栖湖	30.50	1727	47.07	56.62
青龙峡	36.00	1173	31.97	32.58
幽谷神潭	11.16	277.9	7.57	24.90
紫云山	1.20	20.7	0.56	17.25
天池峡谷	1.92	41.06	1.12	21.38
滑雪场	3.55	357	9.73	100.56
百泉山	7.69	41.8	1.14	5.34
石门山	1.50	30.2	0.82	20.13
合　计	93.52	3668.66	100.00	—

资料来源：怀柔区怀北镇旅游中心

纵栏标题→　横行标题→　←总标题　←上基线　←指标数值　←下基线

四、调查表、整理或汇总表和分析计算表

统计表按其作用的不同可分为调查表、整理或汇总表和分析计算表。

调查表，是指统计调查中用于登记、搜集原始材料的表格。

整理或汇总表，是指统计整理或汇总过程中使用的表格，以及用于表现统计整理或汇总结果的表格，是一种标准的统计表。

分析计算表，是指在统计分析中，用于对整理所得的资料进行定量分析、计算的表格，有时它也与整理表结合在一起成为整理表的延续。

五、统计表的设计规则

其一，统计表各项标题应该简明确切，总标题要概括反映表中的基本内容，表明资料所属的时间和地区范围。有时也可酌情省略。

其二，统计表的内容应力求简明扼要、一目了然，便于比较和分析。

其三，要根据研究目的及统计表的内容通盘考虑表的布局，使主词、宾词的安排主次分明、重点突出并逻辑清楚。表的主词、宾词皆可因其需要简单分组、复合分组，或平行排列或层叠排列。

其四，表中的主词各行和宾词各行，可以是合计或总计在前、项目在后，便于首先获得一个总体概念；也可以倒置，即项目在前、合计或总计在后。

其五，统计表的各栏通常要编号。

其六，左右敞开，上下封住。即表的左右两端没有墙线，横行之间、纵列之间，只要留有充足的距离都可不画分隔线；但表的上下两端和纵横标题、分类与数字资料之间应画粗线或双线，以示醒目。

其七，表内必须注明计量单位。全表只有一个计量单位的，通常在表头的右上方统一标明。有两个以上计量单位的，应在项目和指标的下面注明。

其八，统计表中填写的数字位置要对齐。数字为0时，用“—”表示；缺项等情况用“——”或“……”表示。

其九，必要时在表的下面还要注明资料来源、制表日期，并有制表人以及统计负责人等的签署。如果表中的数据是二手数据，应当注明资料来源。

其十，项目的顺序可适当排列，一般应将最显著的放在前面。如果强调的是时间，则按时间排列；如果强调的是数量大小，就按数量大小排列。当然也可以是按其他的顺序排列。

其十一，线条尽量少用，斜线、竖线、数之间的横线均可省去，以空白来分隔各项数据。

其十二，层次不宜过多，变量较多时，可酌情列数表。

其十三，分组要适当，不可过细，以免冗繁，而且小格中的频数太少也难以说明问题；也不可过粗，以免有掩盖差别的可能。

其十四，小数点、个位数、十位数等应上下对齐。一般应尽量有合计。

其十五，给出必要的说明和标注。

第三节　统计图对旅游统计资料的整理与显示

一、统计图的概念

（一）统计图的概念

统计图，是用各种图形表现统计资料的一种形式。它是根据统计资料借助于几何线、形、事物的形象和地图等形式，显示社会经济现象的数量方面表现其规模、水平、构成、相互关系、发展变化趋势和分布状况。它与表现统计资料的另外两种形式——统计表和文字报告比较起来，其显著优点是：简明具体、形象生动、通俗易懂，给人以明确而深刻的印象。图形也广泛应用于旅游市场调查报告当中，它以其形象、直观、富有美感和吸引人的特点受到了特别的重视。一般说来，只要有可能，就应尽量用图形来帮助理解报告的内容。

（二）统计图的作用

一般来说，只要有可能，就应尽量采用图形来帮助理解调查的结果。一张精心设计的图形有可能抵得上或胜过 1000 字的说明。可以起到宣传、鼓动作用，管理作用，统计分析作用等。

二、统计图的种类

（一）按图形的形式分类及其案例统计图

详见图 3－10。

- 按图形的形式分类
  - 几何图
    - 条形图
    - 面积图
      - 饼图
      - 雷达图
    - 立体图——三维图
    - 线图
      - 曲线图
      - 折线图
    - 线柱图
  - 象形图
  - 统计地图

图 3-10　按图形的形式分类

几何图——条形图（图 3-11）。

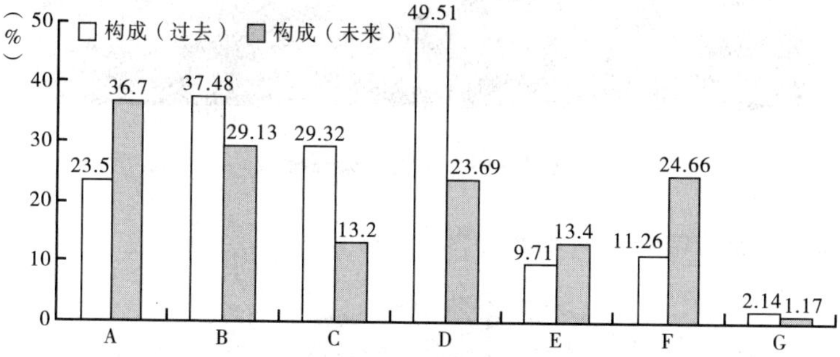

图 3-11　旅游订购方式构成分析

几何图——面积图——饼图（图 3-12）。

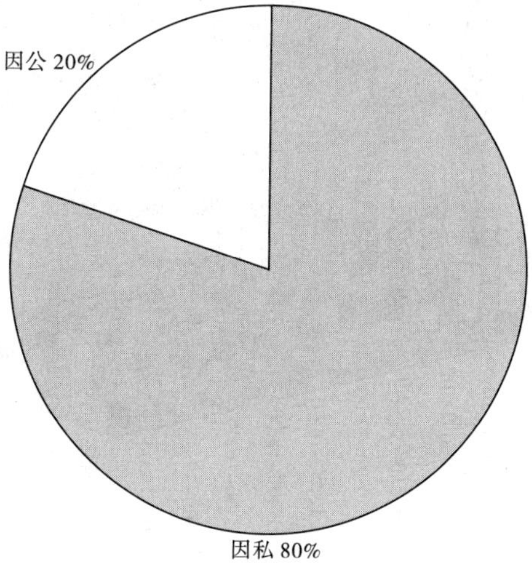

图 3-12　2004 年我国出境游客构成

几何图——面积图——雷达图（图3-13）。

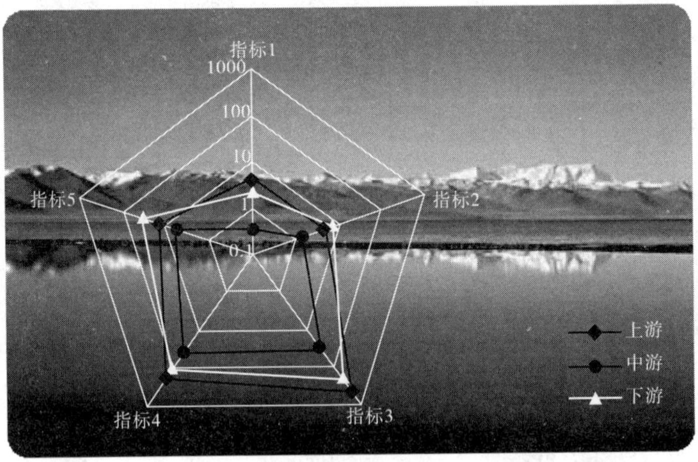

图3-13 河流污染指标

几何图——立体图——三维图（图3-14）。

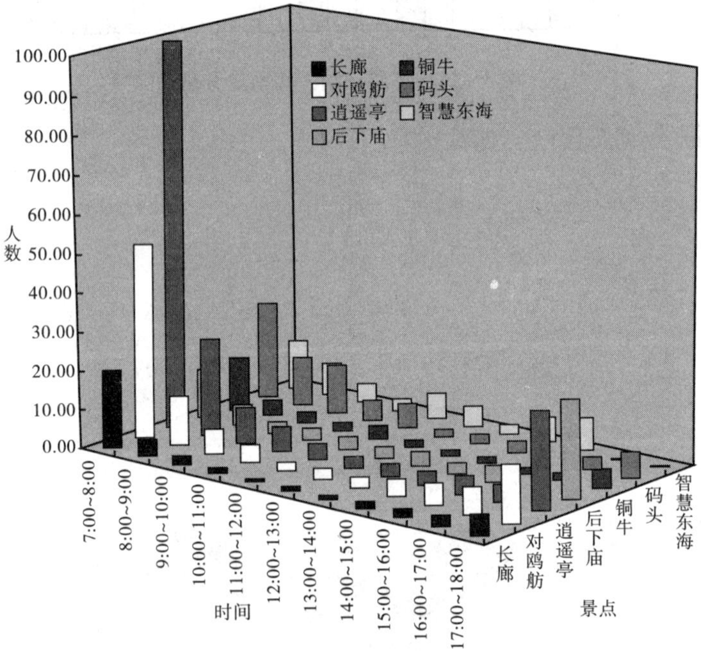

图3-14 颐和园不同景点分时段旅游密度

几何图——线图——曲线图（图 3－15）。

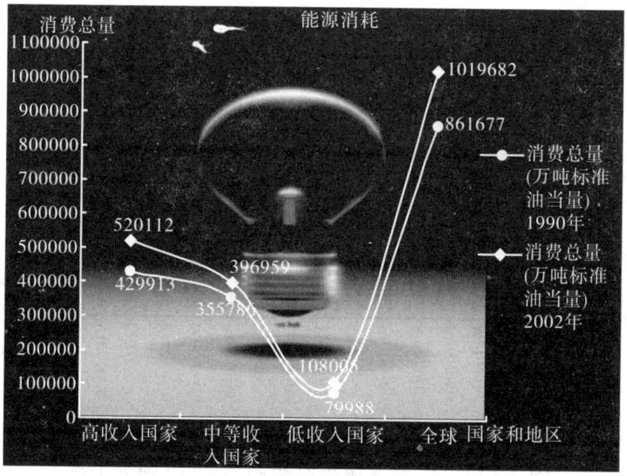

图 3－15　能源消耗对比

几何图——线图——折线图（图 3－16）。

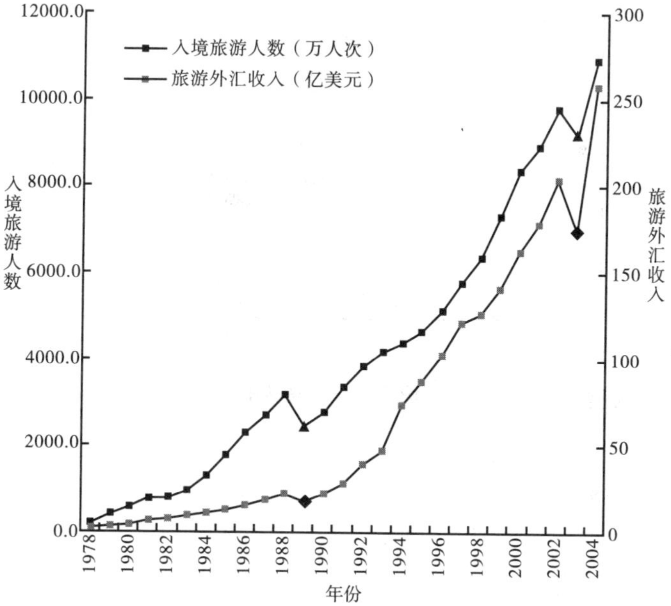

图 3－16　1978～2004 年中国入境旅游波动状况

几何图——线柱图（图 3－17）。

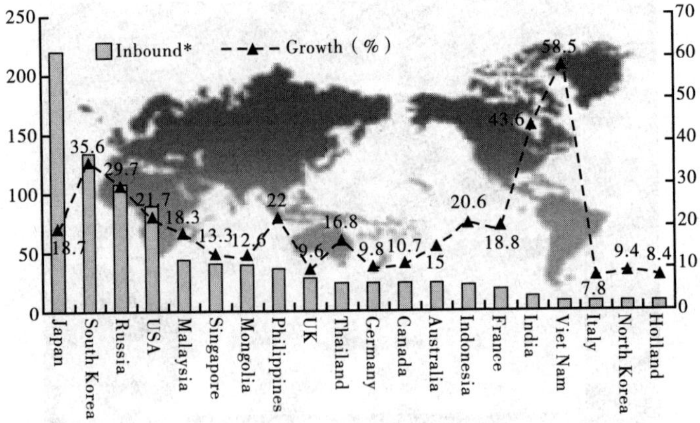

图 3－17　中国入境旅游排名前 20 位国家情况

象形图（图 3－18）。

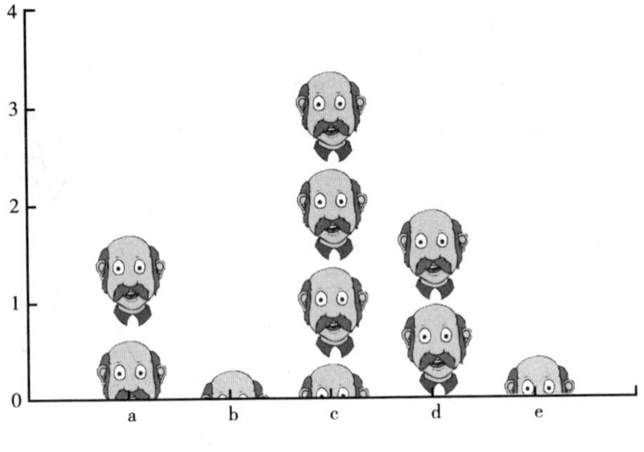

图 3－18　象形图

统计地图（图 3－19）。

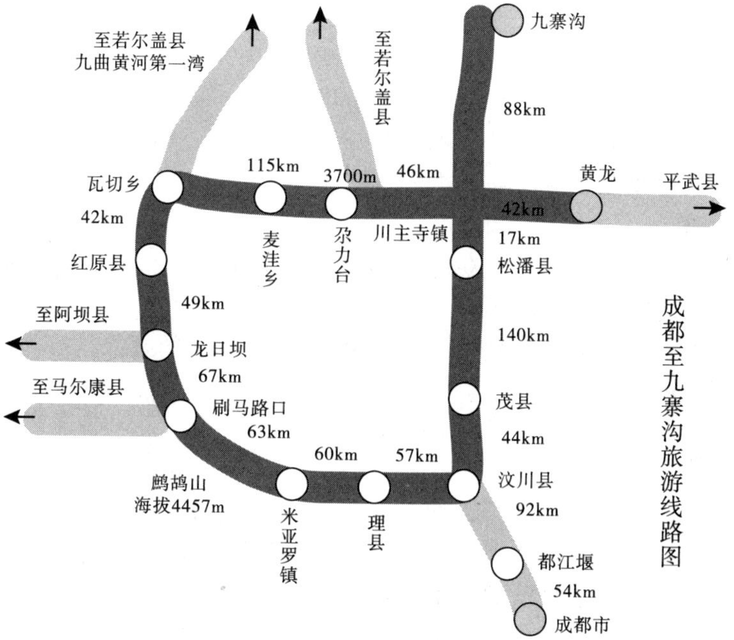

图 3－19 统计地图

（二）按图示的资料性质不同分类及其案例统计图

详见图 3－20。

按图示的资料性质分类：
- 比较图
- 结构图
- 动态图
- 依存关系图
- 分配数列图
- 计划执行图
- 统计地图

图 3－20 按图示的资料性质分类

1. 比较图

比较图用于描述两项事物之间的比较，可适用于条形图、面积图、立体图、线图、象形图。

2. 结构图

结构图用于反映总体中各部分与总体的结构关系，可适用于饼图和条形图。饼图只适用于单选问题，整张圆饼总计 100%，每一部分的面积就表示了某个变量对应取值的百分数，即比重。饼图可以是平面的，也可以是立体的。最好将每一部分的说明尽可能直接地记在饼图内。

3. 动态图

动态图用于描述与时间相关的事物随时间变化而变化的状况，主要适用于条形图（图 3－21）、立体图和线图。

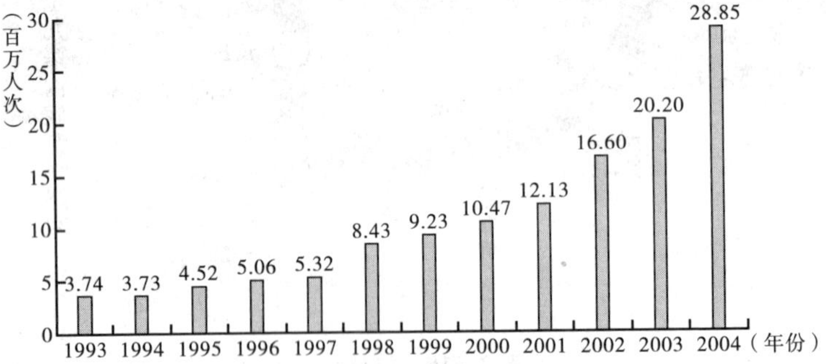

图 3－21　中国出境旅游发展情况

4. 依存关系图

依存关系图用于描述两项事物之间的依存变化关系，主要适用于线图（图 3－22）。

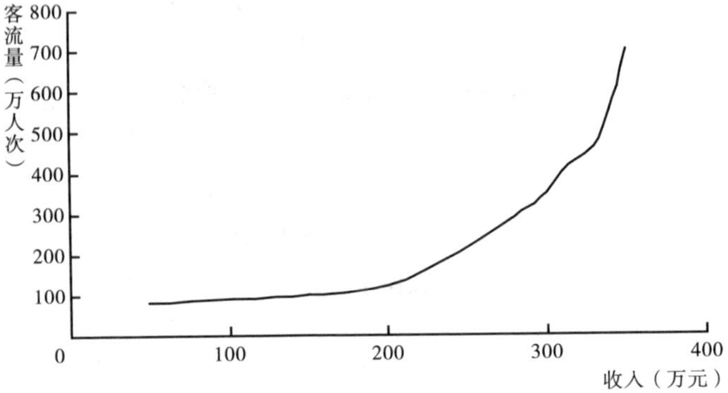

图 3－22　风景区客流量与收入发展依存变化

5. 分配数列图

分配数列图用于反映某一事物在不同阶段上的变动趋势及分布状态。主要适用于条形图（图3－23）、立体图和线图。

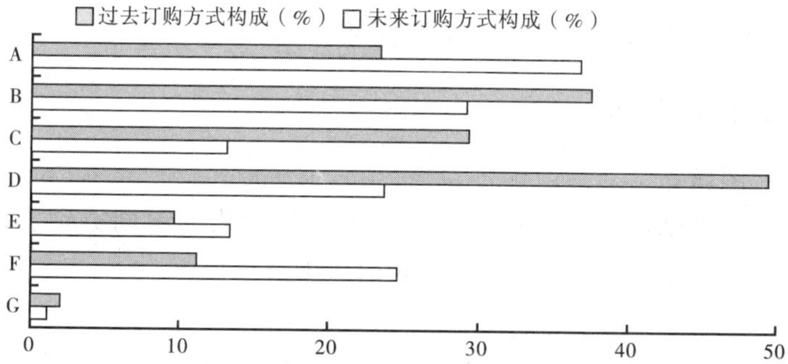

图3－23 不同旅游订购方式构成变化比较分析图

6. 计划执行图

计划执行图用于描述计划与实际两种状态之间的对比，可适用于条形图、立体图、线图（图3－24）。

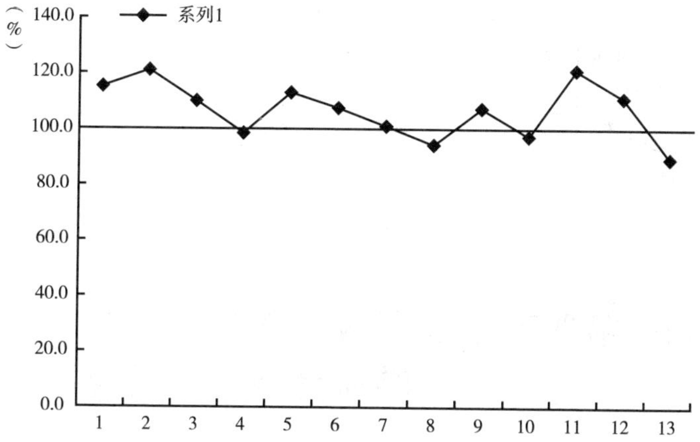

图3－24 饭店集团下属13个饭店营业收入

7. 统计地图

统计地图依托地图，用以说明某一事物的地区分布、线路分布等状况。比如旅行社产品、自驾车旅游及旅游交通企业产品的相关信息资料的表达就最适合于使用统计地图。

（三）组织结构图

利用点、线、形等手段，表现某一组织或某一事物内部各层次之间、各部门（或各部分）之间的层次、从属、并列等关系。

三、统计图的构成

- 图号、图题；
- 图目：在纵轴的侧面和横轴的下面所标注的表明不同类别、地点、时间等的文字或数字，说明纵轴、横轴所代表的事项及单位；
- 图线；
- 图尺：尺度线（网络线）或点、尺度数及尺度单位；
- 图形；
- 图注：包括图例、说明、资料来源等；
- 其他：装饰、图片等。

四、制图规则

- 图题要说明资料所属的内容、地点和时间；
- 量度单位的选择要适当，使得图形的表现均衡；
- 注明资料来源；
- 项目较多时最好按大小顺序排列，以使结果一目了然；
- 其他规则，已设置在电脑制图功能当中，且在使用电脑制图时，自动服从这些规则。

第四节　基于现代信息技术的旅游统计数据可视化

基于现代信息技术的旅游统计可视化研究，多以地理信息系统相关软件为基础进行。其中，尤以亢大麟、张君等学者基于网格 GIS 的旅游统计数据可视化研究为代表。他们主要探讨了采用网格 GIS 技术对现有统计数据在空间上的细化并展示的方法，并以 2010 年陕西省入境游客人数为例进行实证性验证。

网格 GIS 技术用于统计数据的可视化，就是将统计年鉴中按行政单元提供的各类统计数据，分别按其在行政单元内匀质性将其在地图上表达出来，若视为均匀，则直接将该类数据赋值为行政单元的属性后图形化表达，若视为不匀质，即该类数据在行政单元空间上分布不均匀，则按一定的规则或要求，将行政单元细分为更小的单元，即网格，然后综合权衡该类数据空间分布特征，将该类数据分配到各网格里，置于格子中心位置，代表该格子的数值所进行的处理，即为网格化数据，从而为后续的多领域研究提供数据基础。当前，这一技术在地理学、统计学、管理学等领域广为应用，如城市网格化管理。

统计数据在空间上的可视化包括细化和融合两个方面。细化是指按照研究需要，将统计数据按照某种划分方法进行更为细致的分配，从而得到较小尺度下的同种统计数据，以反映不同空间统计单元内部的细微差异，属于微观研究；融合是指按照研究需要，将统计数据分区域合并为较大尺度下的同种统计数据，或将细化后的统计数据重新归并，以反映较大范围下或区域重新划分后的统计数据差异，属于宏观研究。融合相对细化而言，在技术实现上要简单得多。细化的核心是将一个较大空间区域的统计指标值（统计数据）按照一定的规则在空间尺度上进一步缩小，分解成更小空间区域的统计指标值（统计数据），用于揭示统计数据在特定区域中的内部差异。因此，如何使统计数据在统计单元中细化并使细化后的数据更贴近实际，是该技术研究的重点和难点。已有专家学者分别从基于面积比例分割法、借助土地利用数据分割法、借助遥感数据分割法等进行了探索和尝试。这一思路是在对区域进行网格化处理的基础上，采用相关指标空间加权比例分配法将区域统计指标细分为每个网格的统计数据，从而实现区域统计数据的细化。

旅游统计数据作为统计数据的一种，亢大麟、张君等学者针对旅游统计数据，以入境游客接待人数为例，提出依据旅游资源等级高低对各旅游资源进行赋权，并以该权重比例在标准网格间分配游客接待人数的综合权重比例分配法。第一步，通过专项调查建立某一行政区域的旅游资源数据库。旅游资源是指自然界和人类社会凡能对旅游者产生吸引力，可以为旅游业开发利用，并可产生经济效益、社会效益和环境效益的各种事物和因素的总和。在掌握这些旅游资源的空间位置分布特征的同时对各旅游资源以国家标准《旅游资源分类、调查与评价》（GB/T 18972—2003）为依据进行分级并按级别高低进行赋权。第二步，按照可视化的要求，借助 GIS 软件生成该行政区域的规则网格并将旅游资源点分布与该网格进行叠加形成旅游资源网格分布图，同时对各网格内旅游资源的权值求和，得到各网格内旅游资源的综合得分。第三步，计算这一得分与该行政区域内所有网格旅游资源综合得分之和的比例。第四步，按此比例将该行政区域旅游接待游客人数逐一分配在每个网格内，最终获得各网格内接待的游客人数、旅游收入等相关指标值。

基于GIS技术的统计数据的可视化方法，科学性更强，能有效地缩小研究的空间尺度，在对旅游统计数据的空间表达效果上可以实现比传统可视化方法更细腻的可视化表达，这是传统方法所无法比拟的；有助于数据的进一步分析利用，实现数据挖掘。

【思考题】

1. 统计分组的含义是什么？统计分组与统计资料整理之间的关系如何？
2. 在进行统计分组时应注意哪些方面？
3. 统计表有哪些优势？它又是怎样分类的？
4. 统计图的作用发挥与其图形之间应该怎样匹配？

第四章

综合指标的测度

【本章导读】

综合指标是统计分析的基本指标，包括总量指标、相对指标和平均指标，它们分别反映了经济现象的规律、水平、结构、比率与集中趋势等数量特征。通过对总量指标的学习，要重点掌握它的时间性质及其判断；通过对相对指标的学习，了解其分类与用途；通过对平均指标的学习，要进一步更新“平均”的概念，提升对“平均”的认识程度；通过对标志变异指标的学习，为后面抽样调查及旅游统计分析等章节打下良好的基础。

As the basic indicator of statistical analysis, the composite indicators are composed of total amount index, relative index and average index, which respectively reflect the quantitative characteristics such as the laws, level, structure, ratio and central tendency of the economical phenomena. In the process of learning the total amount index, readers should focus on its time characteristics and the judgment; by learning the relative index, readers could understand its classification and use; by learning the average index, readers could update the concept of average and deepen the understanding of it; by learning the signal variation index, readers could lay a good foundation for the later study of sample survey and tourism statistical analysis.

第一节　总量指标

一、综合指标

综合指标包括总量指标、相对指标和平均指标三部分（图 4 - 1）。其中，总量指标也叫作绝对指标。综合指标法是指运用各种综合指标对社会经济现象的数量方面进行概括、分析以说明总体特征的方法。它可概括反映总体的数量规模、结构比例、平均水平、动态变化以及集中或分散的趋势。我们在讲统计制图中，两轴线柱形图的用途就是可以用于总量指标与相对指标的对比分析，即制图的时候，总量指标用柱来表示，相对指标用线来表示。绝对指标的数值用绝对数来表示，同样，相对指标的数值用相对数表示，平均指标的数值用平均数表示。要注意的一点是，不管是相对指标还是平均指标，都以绝对指标作为基础。

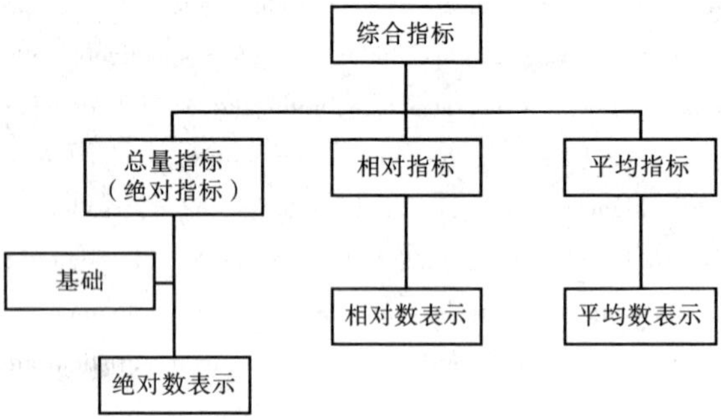

图 4 - 1　综合指标的构成

二、总量指标

（一）总量指标的概念

总量指标是反映事物的总规模、总水平的指标。总量指标又称为绝对指标，是由绝对数来表示的。例如，外汇收入总额就是一个总量指标。总量指标是对社会经济现象总体认识的起点，是编制计划、实现经济管理的重要依据，是计算其他一切统计指标的基础。因为总量指标是将总体单位相加或总体单位标志值相加，而得以说明现象总体的总规模与总水平的。

总量指标在统计时要求对总量指标的实质，包括其含义、范围做严格的确定。计算实物总量指标时，要注意现象的同类性。此外，在统计总量指标时还要有统一的计量单位。

（二）总量指标的时间性质

按时间性质的不同，我们把总量指标分为时期指标和时点指标。绝对指标的时间性质具体体现在如下例事件中：一次会议，9 点钟的时候总共有 60 人到场，在 10 点钟的时候有 90 人到场，能不能说到场的人有（60 + 90）150 人呢？再者，如果 8 点钟有 10 个人到酒店前台办理入住，9 点钟又有 20 人到这同一家酒店办理入住，那么可以得到酒店接待的总人数是 30 人。旅游者的人数相加是有意义的，考勤的人数相加是没有意义的。还有，饭店一天的客房收入是 24 小时累计的结果，一年的客房收入是 365 天累计的结果；而饭店这个月的平均房价就不能是每一天的平均房价的累计。同样是钱，有的可以累计，有的就不能累计。究其原因，都是由于上述这些指标所反映的时间性质不同。

对于不同时间性质的绝对指标，我们采取的计算方式也是有所区别的。所以，在实施计算之前，一定要先判断清楚其指标所属的时间性质。

在经济统计中，时期指标和时点指标往往用流量和存量来表示。时期指标表明总体在一段时间内累积的总量，表明社会经济现象总体在某一段时期内发展过程的总结果，并且是加总的结果。其指标数值随时期的长短而变化，时期越长，则累计的数值越大，故需采用连续性的经常调查而取得观测值，如客房收入、接待旅游者人数、国内生产总值、工资总额以及人口出生数等。时点指标表明社会经济现象总体在某一时刻的数量状态，是一瞬间的发生量，其数值不能相加，即加总没有意义。其指标数值大小与时间间隔长短无直接关系，故只需采用一时性调查就可以取得某一时点上的观测值，如房价、职工人数、旅行社数、资金占用余额、库存量以及人口数等。对时期指标与时点指标的特点逐项进行对比，可以有效地区分指标的时期性与时点性（表 4－1）。

表 4－1　时期指标与时点指标之特点对比

时期指标的特点	时点指标的特点
1. 反映现象在某一段时期内发展过程的总量	1. 反映现象在某一时点上的数量
2. 各指标数值可以相加	2. 各指标数值不能相加
3. 指标数值的大小与时期长短有关，即时期越长，指标数值越大	3. 指标数值的大小与时间的间隔长短没有直接关系
4. 指标数值是通过连续不断登记取得的，因而采用经常性调查	4. 指标数值是通过一次性登记取得的，一般采用一时性调查

通过这样的对比，我们很容易分清楚时期指标和时点指标。如客房收入是时期指标，而房价就是时点指标；接待旅游者人数是时期指标，而职工人数就是时点指标；人口出生数是时期指标，而人口数就是时点指标。在实际工作中，这两种绝对数在对比分析、平均分析时计算处理的方法是有所不同的，所以必须加以区分。时期指标与时点指标最主要的区别就在于是否具有可加性：不同时期的时期数相加后有意义，表示更长时期内的总量；不同时点的时点数相加后的总量没有意义。

（三）变量总值与单位总数

总量指标按其反映的总体内容不同，分为变量总值和单位总数两类。变量总值是指某变量各观察值之和，表明总体在一定时间、地点等条件下达到的总水平。单位总数即观察值的个数，表明总体在一定时间、地点等条件下达到的总规模。

需要注意的是，总量指标都应具有计量单位，常用的计量单位有实物量单位和价值量单位两大类，不同价值量的总量指标是可以加总的，而不同实物量的总量指标是不能加总的，因为其加总后的总量没有意义。

第二节　相对指标

一、相对指标的概念和表现形式

简单地说，相对指标是对比的结果。两个事物在不同状态下对比的结果就形成了各种相对指标。

相对指标是社会经济现象中两个相互联系的指标进行对比后形成的统计指标，用以表现现象之间以及现象内部的数量对比关系，并揭示社会经济现象之间以及社会经济现象内部各因素的联系和制约关系。通常表示为百分数（%）、千分数（‰）、系数或倍数。

相对指标又称统计相对数。它是两个有联系的现象数值的比率，用以反映现象的发展程度、结构、强度、普遍程度或比例关系。在统计分析中运用相对指标，可以使我们能够更清楚地认识现象之间的关系，可以使不能直接对比的现象找到可以对比的基础。相对指标就是应用对比的方法，来反映社会经济现象中某些相关事物间数量联系程度的综合指标，其表现形式为相对数。相对指标可以反映现象之间的相互联系程度，说明总体现象的质量、经济效益和经济实力情况，利用相对指标可使原来不能直接对比的数量关系变为可比，有利于对所研究的事物进行比较分析。

因为相对指标是运用对比的方法揭示现象之间的联系程度，用以反映现象之间的差异程度，所以，计算相对指标时，分子、分母指标是否具有可比性，是计算结果能否正确反映现象之间数量关系的重要条件。分子分母指标的可比性主要包括：指标内容是否相适应；总体范围是否一致；计算方法是否相同；计量单位是否统一。

二、相对指标在统计分析中的作用

若要考察不同类型企业生产经营情况，由于条件不同、产品不同，一般不能用总量指标直接对比，但如果以计算相应的相对指标为对比依据，消除由于基数不同而带来的差别则可以进行比较，从而能正确评价企业的经营管理状况。如果仅根据总量指标的大小来做出评价，就容易错误地评价两个企业的经营状况。因为两个企业总量的基数不同，没有对比的基础。但在此基础上计算一系列相对指标，则可以对两个企业的情况做出正确的评价。

相对指标能明确反映社会经济现象间的联系及各种数量对比关系，为正确评价社会经济活动的经济效益和经营管理提供客观的依据。

计算相对指标可以为某些不能直接进行对比的数量找到对比的基础，为考核企业的经营管理提供更为有效的方法。

三、相对指标的分类

（一）按总体的从属性分类

见图 4－2。

- 相对指标
  - 属于同一总体内部对比
    - 计划相对指标
    - 结构相对指标
    - 比例相对指标
    - 动态相对指标
  - 属于两个总体之间对比
    - 比较相对指标
    - 强度相对指标

图 4 - 2　相对指标按总体从属关系分类

（二）按对比指标的不同分类

见图 4 - 3。

- 相对指标
  - 同一指标在不同条件下的对比
    - 计划相对指标
    - 结构相对指标
    - 比较相对指标
    - 比例相对指标
    - 动态相对指标
  - 不同指标间的对比⇒强度相对指标

图 4 - 3　相对指标按对比指标的不同分类

四、相对指标的计算

（一）计划完成程度相对指标

1. 计划完成程度相对指标的概念与计算

计划完成程度相对指标是用来检查、监督计划执行情况的相对指标。它以现象在某一段时间内的实际完成数与计划数对比，来观察计划完成程度。计划完成程度相对指标是实际状态与计划状态相对比的结果，是在同一总体内部、同一指标在不同状态下——实际与计划状态的对比。在许多旅游企业中，其计划执行得是不均衡的，受季节性因素影响较大。所以，报告期实际完成数据，除了和当期的计划作对比以外，还可以和全年的计划作对比，以反映进度状况。

$$\text{计划完成程度相对指标} = \frac{\text{报告期实际完成数}}{\text{同期计划数}} \times 100\% \qquad \text{（公式 4 - 1）}$$

$$\text{计划完成进度相对指标} = \frac{\text{累计至报告期实际完成数}}{\text{全期计划数}} \times 100\% \qquad \text{（公式 4 - 2）}$$

2. 相对数形式的计划任务

当计划任务以相对数的形式下达时，检查计划完成程度就用相对数的形式检查。

$$计划完成程度相对指标(\%)=\frac{实际完成程度(\%)}{计划规定的完成程度(\%)} \quad （公式4-3）$$

例4-1 永盛饭店劳动生产率计划2007年比2006年提高5%，实际提高8.5%，则：

$$计划完成程度相对指标=\frac{100\%+8.5\%}{100\%+5\%}=103.3\%$$

若8.5% -5% =3.5%，表示实际比计划多提高3.5个百分点。

计划完成程度相对指标，根据下达计划任务时期的长短和计划任务数值的表现形式不同，而有多种计算方法，实际应用时需注意区别。

（二）结构相对指标

1. 结构相对指标的概念与计算

结构相对指标，也叫作比重指标，是总体当中部分与总体的对比，是在同一总体内部、同一指标不同部分——某一部分与总体的比较。同一总体各组的结构相对指标数值之和构成这一总体。比如在评价城市化水平的指标体系中，其主要指标之一就是城市人口比重。结构相对指标通常根据总量指标来计算，分子和分母可以是总体单位总量，也可以是总体标志总量，不外乎是表明总体单位数的结构或总体标志值的结构，计算结果用百分数或成数表示，各组比重总和等于100%或1。通过计算结构相对指标，能够反映总体内部结构和现象的类型特征。

需要注意的是，比重和比例是不同的两个词，更是不同的两个概念而不可通用。

$$结构相对指标=\frac{各组(或部分)总量}{总体总量}\times100\% \quad （公式4-4）$$

例4-2 两餐厅菜肴成本对比，资料请见表4-2，单位成本没变而总成本降低1元的原因何在？

表 4-2　两餐厅菜肴成本对比资料

	1月		2月	
	单位成本(元)	数量(盘)	单位成本(元)	数量(盘)
Ⅰ号餐厅	40	240	40	480
Ⅱ号餐厅	45	360	45	320
Σ	43	600	42	800

表 4-3　两餐厅菜肴成本对比计算

	1月			2月		
	单位成本(元)	数量(盘)	结构相对数(%)	单位成本(元)	数量(盘)	结构相对数(%)
Ⅰ号餐厅	40	240	40	40	480	60
Ⅱ号餐厅	45	360	60	45	320	40
Σ	43	600	100	42	800	100

先分别计算它们菜品销售数量的结构变化情况，通过表 4-3 的计算发现，1 月份Ⅰ号餐厅单位成本较低，且销售量较少；而Ⅱ号餐厅单位成本较高，且销售量较大。到 2 月份后，单位成本较低的Ⅰ号餐厅，其销售量上涨，从 1 月份占总体的 40% 增加至 60%；相反，单位成本较高的Ⅱ号餐厅，其销售量下降，从 1 月份占总体的 60% 减少至 40%。故总成本的变动是由于销售结构变动的结果。

2. 结构相对指标的作用

其一，通过结构相对指标可以反映总体的内部结构，说明事物的基本特征。

其二，通过不同时期结构相对指标的变化，可以看出事物的发展变化过程及发展趋势。

（三）比例相对指标

比例相对指标是总体中不同部分数量对比的相对指标，用以分析总体范围内各个局部、各个分组之间的比例关系和协调平衡状况。比例相对指标是在同一总体内部、同一指标不同部分之间的对比。

$$比例相对指标=\frac{总体中某一部分数值}{总体中另一部分数值} \quad （公式 4-5）$$

比例相对指标计算结果通常以百分比来表示，还有用比较基数单位为 1、

100、1000 时被比较单位数是多少的形式来表示。比如，2014 年我国经旅行社接待的入境游客为 2002.56 万人次，经旅行社接待的国内过夜游客为 14457.77 万人次，后者是前者的 7.22 倍，或者表示为 1∶7.22。

（四）动态相对指标

动态相对指标又称发展速度，表示同类事物在不同时期的数量对比。说明现象的发展变化情况。动态相对指标是在同一总体内部、同一指标在不同时间条件下——报告期值与基期值的对比。如，某年的外汇收入与其前一年的外汇收入的对比。

$$动态相对指标 = \frac{报告期指标数值}{基期指标数值} \times 100\% \qquad （公式 4-6）$$

（五）比较相对指标

比较相对指标是根据不同单位的同类现象数量对比而确定的相对指标，用以说明某一同类现象，在同一时间内各单位发展的不平衡程度，以表明同类事物在不同条件下的数量对比关系。它是在两个不同总体之间、同一指标在不同空间状态下——A 地（或单位）值与 B 地（或单位）值的对比。比如 2006 年国际旅游外汇收入，北京是广州的 1.44 倍。计算比较相对指标时，分子、分母指标的含义、口径、计算范围和计量单位必须一致，其数值通常用百分数或倍数表示。

$$比较相对指标 = \frac{A\ 地（或单位）指标值}{B\ 地（或单位）同指标值} \qquad （公式 4-7）$$

在实际应用中，要注意区别比例相对指标和比较相对指标。首先，子项与母项的内容不同，比例相对指标是同一总体内不同组成部分的指标数值的对比，比较相对指标是同一时间同类指标在空间上的对比。其次，说明问题不同，比例相对指标说明总体内部的比例关系，比较相对指标说明现象发展的不均衡程度。

此外，我们还要注意区别结构相对指标、比例相对指标和比较相对指标的不同特点。结构相对指标是以总体总量为比较标准，计算各组总量占总体总量的比重，来反映总体内部组成的综合情况的综合指标，如各部门的职工人数占全饭店职工总数的比重。比例相对指标是总体不同部分数量对比的相对数，用以分析总体范围内各个局部之间比例关系和协调平衡状况，如在饭店企业定价中要考虑的餐饮与住宿价格之比例。比较相对指标是不同单位的同类指标对比而确定的相对数，用以说明同类现象在同一时期内各单位发展的不平衡程度，如2010年我国接待的入境旅游者中，来自韩国的游客几乎是来自法国的游客的8倍。

（六）强度相对指标

1. 强度相对指标的概念

强度相对指标是两个性质不同而有联系的总量指标之间的对比，用来表明某一现象在另一现象中的强度、密度和普遍程度。强度相对指标是两个相关联的不同指标所作的对比，是在两个不同总体之间、不同指标之间的比较。

$$\text{强度相对指标}=\frac{\text{某种现象总量指标}}{\text{另一有联系而性质不同的总量指标}} \qquad \text{（公式 4-8）}$$

在关于城市化水平的监测中，常用一系列的强度相对指标来反映服务城市化水平，比如每万人拥有医生数。它和其他相对指标根本不同的特点，就在于它不是同类现象指标的对比。强度相对指标是一种特殊形式的相对指标，以双重计量单位表示，是一种复名数。

2. 强度相对指标的特点与计算

由于强度相对指标是反映两个性质不同指标间的对比关系，所以通常情况下，强度相对指标分子与分母可以互相转换，有正、逆指标之分。它若从正方向对比，就叫作正指标，其比值大小与其所反映的强度、密度和普及程度成正比；强度相对指标还可以反着比，叫作逆指标，其比值大小与其所反映的强度、密度和普及程度成反比。有些强度相对指标将其比式的分子、分母互换，就可以从正指标变为逆指标，或者由逆指标变为正指标，其评价判别的意义相同。

正指标与逆指标的判别技巧。可以看指标的单位，如果指标主要说明的内容在分数线之上，就是正指标，反之就是逆指标。如商业网点密度，每千人拥有的零售商业机构个数，可转换为每个商业机构所服务的人数，前者为正指标，后者为逆指标。

最常见的强度相对指标如人口密度，还有旅游密度、接待强度、商业网点密度。在计算的时候，需要注意调整好单位，其单位要合理；对于一些不能有小数的指标，需要四舍五入为整数。

3. 强度相对指标与其他相对指标的区别

其一，其他各种相对指标都属于同一总体的数量进行的对比，而强度相对指标除此之外，也可以是两种性质不同但又有联系的属于不同总体的总量指标之间的对比。

其二，计算结果表现形式不同。其他相对指标用无名数表示，而强度相对指标主要是用有名数表示。

其三，当计算强度相对指标的分子、分母的位置互换后，会产生正指标和逆指标，而其他相对指标不存在正、逆指标之分。

五、计算和运用相对指标应注意的问题

其一，相对比的指标要具有可比性，这是计算和运用相对指标的前提与基础。所谓指标的可比性，就是所对比的两个指标是否符合所研究任务的要求，对比的结果要能反映我们所要说明的问题。

其二，相对指标要与绝对指标结合运用，才能够较为全面地说明问题。

第三节　平均指标

一、平均指标的概念

如果要用一句话来概括什么是“平均”，多数人会说“是 n 个数相加除以 n”。那么，我们什么时候需要使用“平均”的概念呢？不妨从使用的角度出发去思考。当需要给总体找一个代表的时候，人们很自然地会使用“平均”的概念；也就是说，“平均”的含义可以代表总体。所以简单地讲，平均就是给总体选一个代表值。那么，取得代表值的方式是不是只有“n 个数相加除以 n”这一种呢？显然这只是取得总体代表值的方式之一，人们还可以通过位置来取得总体代表值。比如有以取最多数为代表值的，还有以选择中间值作为代表值的，等等。所以，平均数就是总体的一个代表值，只要可以代表总体就是平均指标，取得的方式则有很多种。

归纳起来讲，平均指标是用以反映社会经济现象总体各单位某一数量标志，在一定时间、地点条件下所达到的一般水平。

二、平均指标的作用

其一，反映总体各单位变量分布的集中趋势。平均指标本身就是一种集中趋势的体现。

其二，比较同类现象在不同单位的发展水平，用来说明生产水平、经济效益

或服务工作质量的差距。

其三，通过不同种类平均指标之间的对比，还可以分析现象之间的依存关系。

三、平均指标的特点

其一，平均数是总体的一个代表值，代表总体单位标志值的一般水平。通常情况下，不等于总体中的任何一个标志值。

其二，使用平均指标，把总体各单位标志值的差异抽象化了。

四、平均指标的计算特征

其一，单向式数列计算的平均数是准确的。即单项式数列计算的平均数是在确切了解每一标志值数量的基础之上计算的，没有理论误差。

其二，组中值的含义与使用。在组距式数列中，其各组的上、下限之间的中点数值称之为组中值。组中值的计算很简单。

$$组中值=\frac{上限+下限}{2} \quad （公式4-9）$$

在对组距式数列进行平均数计算时，如果不查看原始数据的话，无法了解在某一分组中的数据值到底是如何分布的，我们不清楚那些数据是均匀分布在整个区间中，还是集中在某一数值（比如下限、组中值或是上限等）的附近。这时我们只能假定数据在各组中的分布是均匀的或是对称的，并且用组中值作为这组的代表值。实际工作中，数据的分布往往不能满足上述假设条件，组中值只能作为这组近似的代表性数值。

其三，组距式数列计算的平均数是近似的。在进行组距式分组之后，已经模糊了每一标志值的具体数值，取而代之的是各组的数量段。所以在对组距式数列计算加权算数平均数时，是以各组的组中值来代表各组的标志值进行计算的。在进行各组组中值的计算时，就已经进行了首次平均。那么，最终取得的平均数已经过了两次平均。

其四，由于开口组的组距具有假定性，组中值也就具有假定性，进而会影响到其平均数的准确性。

因为在缺上限或缺下限的开口组中，无法实施组中值的计算，则通常我们是以其邻组的组距为其组距，虚拟地找到其所缺的上限值或下限值，而得以计算这组的组距。比如一个升序排列的组距式数列，如果其第一组和最后一组都是开口组，就是我们经常见到的“以上”组和“以下”组，那么第一组所缺的下限，就可以其相邻的第二组组距虚拟地作为第一组组距，从而找到其下限，并计算出这组的组中值；最后一组所缺的上限，就可以其相邻的倒数第二组组距虚拟地作为最后一组组距，从而找到其上限，并计算出这组的组中值。

其五，平均数容易受到总体中极端值的影响，而得到的平均数并不能代表一般水平。极端值是指远离总体一般水平的数值，由于极端值的存在，会改变总体的平均数水平。因此，在条件允许的情况下，应去掉极端值后，再计算平均数。

需要指出的一点是，在目前的一些文艺或体育比赛的主观评分中，比如跳水和体操等比赛，采用去掉最高分和最低分再计算平均得分的做法，就是把最高分和最低分当成极端值来处理了。在这里，由于竞争激烈，选手之间的得分差距并不大，被去掉的分值与其他分值都相差无几，所以他们只是使用了极端值的概念与做法，但被去掉的分值，基本都构不成统计学意义上的极端值。

除了上述的做法，我们还可以根据具体情况，采用位置平均数的算法，从而避免极端值对平均数水平的干扰。

五、几种主要平均指标

我们以往常用的平均指标以算术平均数为主，除此之外，还有位置平均数，比如众数、中位数等（图 4－4）。算术平均数是根据总体所有标志值计算的，所以称为数值平均数；后两种平均数是根据标志值所处的位置确定的，因此称为位置平均数。

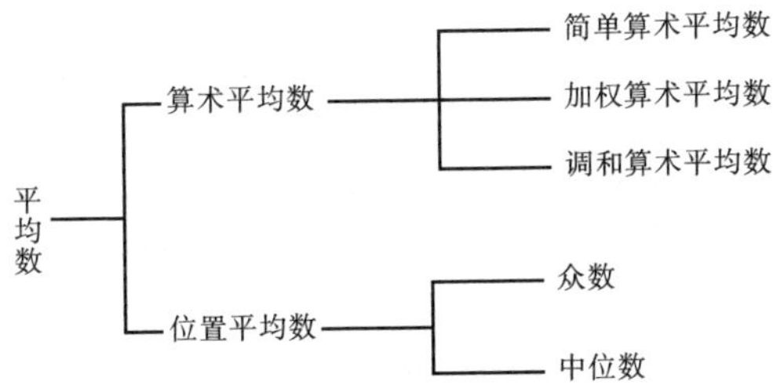

图 4－4　平均数分类

（一）简单算术平均数

如果掌握的资料是总体单位数和总体单位的标志值时，可以计算算术平均数，并且这一平均数是准确的。

$$\overline{X}=\frac{\sum x}{n} \quad \text{（公式 4－10）}$$

式中，$\sum x$ 代表总体单位数量标志值之和；n 表示总体单位数。

（二）加权算术平均数

在总体中，当一些标志值出现不止一次时，或是组距式数列时，即可使用加权算术平均数的方法。

$$\overline{X}=\frac{\sum xf}{\sum f} \quad \text{（公式 4－11）}$$

式中，f 表示标志值出现的次数，即权数；xf 代表加权的含义。

在组距式数列计算加权算术平均数的过程中，其组中值的计算时，一些需要取整的数据，如人、人次等，可以先保留小数，而在最后算出总体平均数结果再进行四舍五入。这样做可以提高计算结果的精度。

例 4－3 根据表 4－4 的资料，计算饭店的平均规模。

表 4－4 某年我国饭店规模状况

按客房总数分组（间）	饭店数（家）f	按客房总数分组（间）	饭店数（家）f
500 以上	73	199～100	1144
499～300	208	99 以下	1931
299～200	364		

通过观察，我们首先要对第一组和最后一组进行组距的假设，从而找到其所缺失的上限和下限。进一步计算各组的组中值，然后加权平均，如表 4－5 所示。

表 4－5 饭店规模计算

按客房总数分组（间）	饭店数（家）f	组中值（间）x	xf
699～500	73	599.5	43763.5
499～300	208	399.5	83096.0
299～200	364	249.5	90818.0
199～100	1144	149.5	171028.0
99～0	1931	49.5	95584.5
Σ	3720	…	484290.0

$$\overline{X}=\frac{\sum xf}{\sum f}=\frac{484290.0}{3720}=130(\text{间})$$

（三）调和算术平均数

若不知总体单位数，即不知标志值出现的次数（权数），而掌握各单位标志值和各组标志总量时，可以使用调和算术平均数的方法。

$$\overline{X}=\frac{\sum m}{\sum \frac{m}{x}} \quad \text{（公式 4 - 12）}$$

式中，$m=xf$ 是加权算术平均数的变形。

社会经济现象在许多场合，需要计算相对指标的平均数，如平均利润率、平均合格率、平均计划完成程度等。其方法概况如下：已知相对指标的分母资料，可将其作为权数，采用加权算术平均数法；当已知相对指标的分子资料，可将其作为权数，采用加权调和平均法。

（四）众数

众数是总体中出现次数最多的标志值，可以代表总体单位的一般水平，能够鲜明地反映数据的集中趋势，并不受任何极端值的影响。众数用以表明社会经济现象的集中趋势。如我国妇女所穿鞋号，以 37、38 号居多，鞋类销售企业也多以此为进货依据。那么，37、38 就是我们所说的众数。

$$M_0=L+\frac{\Delta_1}{\Delta_1+\Delta_2}\times i \quad \text{（公式 4 - 13）}$$

$$\text{或 } M_0=U-\frac{\Delta_2}{\Delta_1+\Delta_2}\times i \quad \text{（公式 4 - 14）}$$

式中，M_0 为众数；L 为众数所在组的下限；U 为众数所在组的上限；i 为众数所在组的组距；Δ_1 为众数所在组次数与比其小的那组次数之差；Δ_2 为众数所在组次数与比其大的那组次数之差。

（五）中位数

中位数是一组数据按大小顺序排列后，处于中间位置的变量值。它不是根据总体的全部变量值计算的，而是根据其在总体中所占据的中间位置来确定的。它把总体数据分成两部分，一部分大于它，而另一部分则小于它。中位数不受总体数据中极端值的影响。当总体中存在极端值时，中位数较之算术平均数则更适于描述数据的集中趋势。

在缺乏计量工具时，中位数可以近似地替代算术平均数。比如估计一班学生的平均身高，在无法测量的时候，可以让他们按身高排队，那么，排在队伍中间的人之身高，就能够作为这班学生身高的代表值。

由未分组资料计算中位数详见下。

$$中位数位置 = \frac{n+1}{2} \rightarrow 对应 \rightarrow M_e \quad （公式 4-15）$$

式中，M_e 为中位数；n 为标志值个数。

由分组资料计算中位数详见下，其中位数之位置计算见公式 4－16，中位数的计算见公式 4－17 或公式 4－18。

$$中位数位置 = \frac{\sum f}{2} \quad （公式 4-16）$$

$$M_e = L + \frac{\frac{\sum f}{2} - S_{m-1}}{f_m} \times i \quad （公式 4-17）$$

$$或 M_e = U - \frac{\frac{\sum f}{2} - S_{m+1}}{f_m} \times i \quad （公式 4-18）$$

式中，f 为标志值单位数；f_m 为中位数所在组的次数；S_{m-1} 为比中位数小的那些组的累计次数；S_{m+1} 为比中位数大的那些组的累计次数。

六、算术平均数与强度相对数的区别

算术平均数是总体标志总量除以总体单位总量，它是计算社会经济现象平均指标最常用的方法和最基本形式。强度相对数是两个性质不同，但有联系的总量指标之间的对比，用来表明某一现象在另一现象中的强度、密度和普遍程度。在实际运用过程中，常会遇到在区分两者方面的困惑。

算术平均数对比的分子和分母是同一总体的标志总量和单位总量，强度相对数对比的分子和分母是两个不同总体现象总量。

算术平均数分子中的每一个标志量都是由分母中的每一个单位来承担，分子的标志值个数和分母的单位数存在着对应关系。而强度相对数对比的分子、分母在数量上没有对应关系。

强度相对数反映现象的程度、密度和普遍程度，而算术平均数则反映的是现象总体某种数量特征的一般水平。

七、平均指标的应用要点

必须注意社会经济现象的同质性，这是平均指标应用的前提。

在应用平均指标时，特别是在分组的条件下，用组平均数补充说明总体平均数是非常有必要的。

第四节　标志变异程度的测度

一、标志变异指标的概念与作用

标志变异指标又称标志变动度，是综合反映总体各个单位标志值差异程度或离散程度的。

标志变异指标能够反映总体单位各标志值的离中趋势，可以用来比较平均数的代表性、衡量其代表性的大小。标志变异程度大，说明平均数代表性差。反之，说明平均数代表性强。标志变异指标还能够测定现象变动的均衡性和稳定性，因此也可以表明社会经济活动的均衡性（如产品质量的稳定性、计划执行的均衡性等）。

二、几种常用的标志变异指标

（一）全距

全距是总体当中最大值与最小值之差。如果（1）班有 100 个学生，每人都是 100 分，那么平均分也是 100 分，全距是 0，说明没有变异。（2）班也是 100 个学生，其中 90 个人是 100 分，10 个人是 90 分，平均分约等于 100 分，而全距是 10，已经开始出现变异了。全距是最常用也是最简单的一种用来判断总体中标志值变异程度大小的方式。

（二）平均差

平均差是总体各单位标志值对平均数的离差绝对值之算术平均数。如果一个班有100名学生，其中一个人是100分，另一个人是90分，其余98个人都是95分。从全距的角度判断还是10，但中间数值的变化没有考虑。从平均差的角度判断，每一名学生的成绩都与平均值有一个差距，对所有差距计算一个算术平均数，这个平均数就是平均差。由于实际差距的方向不同，而表现出来是有正、有负，所以用绝对值来计算距离。

$$A.D. = \frac{\sum |x-\bar{x}|}{n} \text{（未分组资料）} \quad \text{（公式 4－19）}$$

$$A.D. = \frac{\sum |x-\bar{x}|f}{\sum f} \text{（分组资料）} \quad \text{（公式 4－20）}$$

平均差反映总体中各单位标志值的变动影响；平均差越大，表示标志值变异程度越大。

（三）标准差（均方差、均方根差）

标准差是测定标志变异程度的最重要指标，也是最常用的。它与平均差的道理是一样的，区别在于计算结果去掉正负号的方法不同。

$$\sigma = \sqrt{\frac{\sum (x-\bar{x})^2}{n}} \text{（未分组资料）} \quad \text{（公式 4－21）}$$

$$\sigma = \sqrt{\frac{\sum (x-\bar{x})^2 f}{\sum f}} \text{（分组资料）} \quad \text{（公式 4－22）}$$

当标准差值越大时，则说明平均数的代表性越小；反之，则说明平均数的代表性越大。

全距、平均差、标准差的单位与平均数的单位相同，它们都是绝对指标；其大小不仅取决于标志值之间离差的大小，而且和标志值平均水平的高低有关。所以在对两个不同平均水平的总体进行比较时，只考察标准差是不够的，应进一步计算离散系数。

（四）离散系数（标志变异系数、均方差系数）

离散系数是标志变异指标与算术平均数之比的相对变异指标。常用的是标准差与平均指标的对比，以反映不同水平数列之间的标志变异程度。

$$V_\sigma = \frac{\sigma}{\bar{x}} \times 100\% \quad \text{（公式 4－23）}$$

$$V_\sigma = \frac{\sigma}{\bar{x}} \times 100\% \qquad (公式 4-24)$$

离散系数越小，说明平均数代表性越强，即总体标志值差异程度越低，分布越均匀；反之，则说明平均数代表性越小，总体标志值离散程度越大。

例 4 -4　某两个企业能源供应情况的比较分析资料请看表 4 -6。

表 4 -6　甲、乙两个企业能源供应情况

企业 \ 供货量（吧） \ 日期	1	2	3	4	5	6	7	8	9	10
甲	26	26	26	27	28	28	29	30	30	30
乙	15	16	16	19	15	17	17	19	18	18

$$甲企业：\bar{x}_{甲} = 28(吨) \quad \sum (x-\bar{x})^2 = 26 \quad \sigma_{甲} = \sqrt{\frac{26}{10}} = 1.61(吨)$$

$$乙企业：\bar{x}_{乙} = 17(吨) \quad \sum (x-\bar{x})^2 = 20 \quad \sigma_{乙} = \sqrt{\frac{20}{10}} = 1.41(吨)$$

按照 σ 表示的结果是甲企业供货量的标志变异度比乙大，也就是说，甲供货的均衡性不及乙。其实不然，由于甲、乙两企业的供货量水平相差较大，因此 σ 的大小除受标志变异度大小的影响外，还受供货量水平大小的影响。为了消除甲、乙两个数列水平的影响，以便真正反映标志变异度的大小，还需要进一步计算标志变异系数。

$$V_{\sigma甲} = \frac{1.61}{28} = 5.8\%$$

$$V_{\sigma乙} = \frac{1.41}{17} = 8.3\%$$

计算表明，甲数列的标志变异度比乙数列小，所以甲的供货比乙更均衡。

三、平均数代表性的判断

当两个现象总体水平高低相同时，即 $\bar{x}$ 一样，则可用比较两者的全距、平均差、标准差的大小来判断。若变异指标小，则具有代表性。当对比的两个总体水平不同时，则用离散系数来判断。一般采用标准差系数。在判定平均指标的代表性时，除了要反映总体标志值的集中趋势以外，还需进一步测定各指标值的离中趋势，因为标志值的离中趋势就是由标志变异指标来反映的。

【思考题】

1. 属于同一总体内部之比的相对指标有哪些？属于两个总体之间对比的相对指标有哪些？
2. 比例相对指标和比较相对指标的区别在哪里？
3. 结构相对指标、比例相对指标和比较相对指标有什么不同的特点？
4. 强度相对指标和其他相对指标的主要区别是什么？
5. 什么是权数？权数有何作用？
6. 怎样判断平均指标的代表性？

【练习题】

1. 某饭店营业收入情况详见表 4－7。若商品部能完成计划，该饭店应多收入多少万元？且将超额完成计划多少？目前，商品部未完成计划对总计划的影响程度是怎样的？

表 4－7　某饭店营业收入情况

	第一季度实际收入（万元）	第二季度				第二季度收入与第一季度对比（%）
		计划（万元）	各部占总计划的比重（%）	实际完成（万元）	完成计划的百分比（%）	
客　房	360.00	450.00		505.00		
餐　饮	175.00	200.00			100.00	
商　品	250.00			320.00	95.00	
其　他	420.00				110.00	121.00
合　计						

2. 根据表 4－8 资料，计算零售企业网密度。

表 4－8　某市零售企业数与居民统计数

	A 年末	B 年末
零售企业数（个）	900	1000
居民数（万人）	72.9	75.5

3. 根据表 4－9 资料，计算人均收入。

表 4－9　某饭店收入标准

按收入分组(元)	收入总额(元)	按收入分组(元)	收入总额(元)
150 以下	250	250～300	13750
150～200	1400	300～400	28000
200～250	6760	400 以上	4500

4. 某旅行社有两个接待小组，每组有 7 个接待员，每人每日接待旅游者人数如下：

第一组：20　40　60　70　80　100　120

第二组：67　68　69　70　71　72　73

此两组每人平均接待旅游者均是 70 人，试计算接待员每人接待旅游者的标志变异指标，比较哪一组的平均数代表性强。

第五章

抽样调查

【本章导读】

抽样调查是国际上通行的调查方法，也是旅游统计调查，特别是针对与旅游者相关的各类调查的方法。抽样调查是以数理统计为理论基础的一种非全面调查方法。本章首先讲述了抽样调查法的基本概念、适宜采用的情况和它的特点与意义；然后介绍了包括简单随机抽样、分层抽样和整群抽样等在内的概率抽样的计算方法与误差估计，以及包括偶遇抽样、判断抽样和雪球抽样等非概率抽样法。了解几种不同抽样法的适用条件及方法，并灵活地把它们结合起来使用，将会取得更好的统计分析效果。而组织一项成规模的抽样调查活动，是需要方方面面的统筹与规划的，通过对抽样调查程序设计部分的学习，便可以清晰、完整地掌握抽样调查的工作流程。

Sample survey is not only an internationally accepted survey method but also the method of tourism statistical surveys, especially the surveys which are directed towards tourists. It is a kind of non-comprehensive survey method with mathematical statistics as the theoretical basis. This chapter gives an account of the basic concept, the range of application, the characteristics and significance of sample survey in the first place; it then introduces the calculation methods and error estimation of probability sampling such as simple random sampling, stratified sampling and cluster sampling as well as non-probability sampling method such as accidental sampling, judgmental sampling and snowball sampling. If we know their applicability, how to use them and combine them flexibly in practice, we will achieve better effect of the statistical analysis. The organization of a large-scale sample survey requires overarching coordination and planning. By learning the design of sample survey procedure, readers will be able to be clear about the whole workflow of sample survey.

第一节　抽样的特点与意义

在第二章我们已经介绍了旅游统计资料搜集的一些基本问题，这一章将专门介绍如何利用抽样这一重要技术手段去获取统计资料，并利用抽样误差分析、抽样估计的方法对这些资料进行科学的分析和推断。

一、抽样的概念

抽样是按照随机原则从调查的总体中抽取一部分单位（样本单位）进行观察，并以样本指标对总体相应指标做出具有一定可靠性的估计和推断，从而达到对调查总体认识的一种统计调查与分析方法。

所谓随机的原则，是指在抽取样本单位时，完全排除了人们的主观意识，总体中的所有单位都有同等被抽中的机会，不能有意识地抽取哪些单位或不抽取哪些单位，哪个单位被抽中纯粹是偶然的事情。例如，对北京地区 2015 年出境游客进行抽样调查时，调查哪位游客与不调查哪位游客完全是按照随机的原则，每一位游客都有同样被抽中的机会。

可见，抽样既是搜集统计资料的方法，也是对调查对象进行科学估计和推断的方法。

二、抽样的特点

第一，抽样是对调查总体中的一部分单位（样本单位）进行调查，是专门组织的一次性的非全面调查。

第二，抽选样本单位时要遵守随机原则，使样本单位有均等被抽中的机会。这个特点是它与其他非全面调查如重点调查、典型调查的主要区别之一。重点调查和典型调查的调查单位是由调查者有意识选取的，抽样调查的调查单位选取不受调查者主观意志的影响。

抽样为什么要遵守随机原则？其一，只有遵守随机原则才能使被调查总体中的每一个单位有同等机会被抽中或抽不中，当抽取足够多的单位时，样本就能够反映出总体的数量特征，从而增强被抽中单位对总体的代表性。其二，遵守随机原则才能计算抽样误差，并把它控制在一定范围之内，从而达到推断总体的目的。

第三，抽样是以样本指标的数值去推断和估计总体指标的数值。因此，抽样也叫抽样推断。这个特点是抽样与其他非全面调查的又一区别。重点调查是通过对一部分重点单位进行调查，从而了解总体的基本情况。重点调查不能用被调查的重点单位得到的数据去推断整个总体的数据，它不具备推断的条件。典型调查的主要任务是通过对典型单位的调查研究，达到对总体本质的认识。

抽样调查和全面调查相比，虽然目的一致，都是为了达到对总体数量的认识，但是达到目的的手段和途径完全不同。抽样调查是通过科学的推断达到目的，全面调查是通过综合汇总达到目的。

第四，抽样产生的抽样误差，可以计算并可采取措施控制在一定范围之内，从而使抽样调查具有一定的可靠性。典型调查也能用部分典型单位的指标数值去估计总体指标数值，但是这种估计不能计算误差，也不能说明估计的准确程度和可靠程度。

三、抽样的意义

第一，抽样调查与全面调查相比，能节省人力、物力和财力，并能提高资料的时效性。另外，由于抽样调查需要调查的单位少，可以减少登记性误差，提高调查结果的准确性。

第二，从理论上讲，有些现象可以进行全面调查，但实际上没有必要或很难办到，也要采用抽样调查。例如，要了解全国城乡人民的家庭生活状况，从理论上讲可以挨门逐户进行全面调查，但实际上不太容易办到，也没有必要，采用抽样调查既可以节省人力、物力、费用和时间，提高调查结果的实效性，又能达到和全面调查同样的目的和效果。又如，我们想要考察中国居民的工作与休闲时间的分配情况，如果我们对中国境内每一个居民都进行调查很显然不太现实，因为每个人的工作与休闲方式都不大相同。因此，抽样调查方法可以帮助我们获得资料数据。

第三，抽样调查的结果可以对全面调查的结果进行检查和修正。全面调查涉及面广，工作量大，参加人员多，调查结果容易出现差错。因此，在全面调查（如人口普查）之后进行抽样复查，根据复查结果计算差错率，并以此为依据检查和修正全面调查的结果，从而提高全面调查的质量。如对旅游企业主要经济指标营业收入、利润等进行统计时，往往由于数据量较大，在进行登记、汇总、计算时容易出现差错，因此，有必要进行抽样复查，从而修正普查数据，提高数据的有效性和质量。

第四，利用抽样调查原理，可以对某些总体的估计和假设进行检验，通过抽样误差的控制，估计总体数据的可能数值与范围，并判断总体假设的真伪，以决定取舍。例如，抽样调查显示，某地区20家快餐店平均每家年利润额150万元，那么，能否认为该地区快餐店平均每家年利润额为150万元了呢？再比如，随着生活水平的提高，人们越来越多地选择自助游。一项调查显示，计划进行海外自助游的人预期费用明显要高于计划在国内旅游的人。65.4%的海外旅游者计划的费用在1万元以上，而82.5%的国内旅游者计划费用在4000元以下。那么，能否认为计划进行海外自助游的人预期费用明显要高于计划在国内旅游的人呢？仅就这两个例子我们还不能下这个结论，最好通过抽样估计与假设检验，判断总体参数的范围和总体假设是否正确。

第二节 抽样的基本概念和理论基础

一、全及总体和样本总体

全及总体简称总体，是指被研究事物或现象的全体，它是由调查对象所有单位组成，全及总体单位数用N表示。

样本总体简称样本，是指在全及总体中按照随机原则抽出来的那部分单位数所组成的小总体，用n表示。由于样本总体是按随机原则抽取的，因而它本身也是一种随机变量。

2005年全国四星级和五星级饭店数为1415家，其中，具有500间客房数的五星级饭店有110家。从1415家五星级饭店中随机抽出60家发现，具有500间客房数的饭店有8家。那么，全国五星级饭店数1415家为全及总体，而从中抽出的60家五星级饭店为样本总体。

按照样本单位数的多少，样本可以分为大样本和小样本。一般来说，$n \geq 30$为大样本，$n < 30$为小样本。在抽样调查中，多采用大样本。

二、全及指标和样本指标

（一）全及指标

它是指根据全及总体各单位标志数值计算的综合指标，又称总体参数，常用的全及指标有：全及平均数、全及成数、总体数量标志的标准差和方差、总体成数的标准差和方差。

1. 全及平均数

又称总体平均数，它是根据全及总体各个标志值所计算出来的平均数，本章用 $\overline{X}$ 表示。它的计算公式为：

在总体未分组情况下：

$$\overline{X} = \frac{\sum X}{N} \quad \text{（公式 5-1）}$$

在总体分组情况下：

$$\overline{X} = \frac{\sum Xf}{\sum f} \quad \text{（公式 5-2）}$$

式中，f 为总体各组单位数，即权数。

2. 全及成数

又称总体成数，它是指全及总体中具有某一种研究标志单位数占全及总体单位数的比重，本章用 P 表示。全及总体中，具有某种研究标志单位为 N_1，则：

$$P = \frac{N_1}{N} \quad \text{（公式 5-3）}$$

例如，某地区有 200 万人，选择在 7 月份出行的人有 25 万人，那么 $P = \frac{25}{200} = 0.125$，这里 0.125 即为全及成数。

3. 总体数量标志标准差

它是根据全及总体中各单位标志值计算的标准差，本章用 σ 表示。计算公式为：

在总体未分组情况下：

$$\sigma = \sqrt{\frac{\sum (X - \overline{X})^2}{N}} \quad \text{（公式 5-4）}$$

在总体分组情况下：

$$\sigma = \sqrt{\frac{\sum (X - \overline{X})^2 f}{\sum f}} \quad \text{（公式 5-5）}$$

总体标准差的平方叫总体方差，用 σ^2 表示。

4. 总体成数的标准差

它是指全及总体中根据是非标志[①]计算的标准差。总体是非标志的标准差为：

$$\sqrt{P(1-P)} \quad \text{（公式 5-6）}$$

（二）样本指标

它是根据样本总体各单位标志值计算的综合指标，也称统计量。由于样本指标数值随样本总体的不同而变化，因而它本身也是随机变量。和全及总体一样，抽样总体也有四个对应指标：抽样平均数、抽样成数、样本数量标志的标准差及方差、样本成数的标准差和方差。

1. 抽样平均数

又称样本平均数。它是根据样本总体各单位标志值计算的平均数，用符号 $\bar{x}$ 表示。其计算公式为：

在样本总体未分组情况下：

$$\bar{x} = \frac{\sum x}{n} \quad \text{（公式 5-7）}$$

在样本总体分组情况下：

$$\bar{x} = \frac{\sum xf}{\sum f} \quad \text{（公式 5-8）}$$

式中，f 为样本总体各组的单位数，即权数。

2. 抽样成数

它是指在抽样总体中，具有某种研究标志单位数占抽样总体的比重，用 p 表示。样本总体中，具有研究标志的单位数用 n_1 表示，则：

$$p = \frac{n_1}{n} \quad \text{（公式 5-9）}$$

如 2006 年一项抽样调查显示，自驾车旅游的人越来越多，16.36% 的人选择

---

① 是非指标是指在社会经济统计中有时把某种社会经济现象的全部总体单体，分成具有某一标志单位和不具有某一标志单位两组，有些社会经济现象的特征，只表现为两种性质上的差异，如全部产品分为合格品和不合格品，对某一电视节目，表现为收看与不收看，等等。这些只表现为“是”“否”或“有”“无”的标志，称为是非标志，又称交替标志。设总体中包含的单位数为 N，其中共有某种标志表现的单位数为 a，不具有某种标志表现的为 b，则，$N=a+b$。

此出行方式，这里的自驾车旅游16.36%比例就是样本成数。

3. 样本数量标志的标准差

它是指样本中根据各单位标志值计算的标准差，用符号 S 表示。其计算公式为：

在样本总体未分组情况下：

$$S = \sqrt{\frac{\sum (x - \bar{x})^2}{n}} \qquad \text{（公式 5－10）}$$

在样本总体分组情况下：

$$S = \sqrt{\frac{\sum (x - \bar{x})^2 f}{\sum f}} \qquad \text{（公式 5－11）}$$

样本标准差的平方叫方差，用符号 S^2 表示。

4. 样本成数标准差

它是指样本中根据是非标志计算的标准差。样本成数标准差为：

$$\sqrt{p(1 - p)} \qquad \text{（公式 5－12）}$$

在以上介绍过的基本概念中，需要说明的是：全及平均数和全及成数是客观存在的数值，但在抽样调查中，是未知的，是需要推断的数值；而抽样平均数和抽样成数在抽样调查中是能够计算出来的。抽样调查的目的之一，就是用计算出来的样本指标（样本平均数和样本成数）去推断未知的全及指标（全及平均数和全及成数）。

（三）抽样的理论基础

抽样就是以样本的实际资料为依据，计算出一定的样本指标，并用以对总体的有关指标作出数量上的估计和判断。如何通过样本对总体作出正确的推断，这就有必要对抽样的理论基础有一定的理解。

抽样是建立在概率论大数定律基础上的。大数定律的一系列定理为抽样调查提供了数学依据。

大数定律是阐明大量随机现象平均结果的稳定性的一系列定理的总称。它说明如果被研究的总体是由大量的相互独立的随机因素所构成，而且每个因素对总体的影响都相对的小，那么对这些大量因素加以综合平均的结果，因素的个别影响将互相抵消，而呈现出共同作用的影响，使总体具有稳定的性质。这种规律可通俗地从以下几个方面加以描述。

其一，只有在掌握足够多的单位数目的情况时，大量现象的规律性及大量过程的倾向性才能充分显示出来。因此，只有从大量现象的总体中才能研究这些现象的规律性。

其二，现象总体的规律性，通常是以平均数的形式表现出来。

其三，当所研究的现象总体包含的单位越多，平均数也就越能够正确地反映出这些现象的规律性。

其四，各单位的共同倾向（它表现为主要的、基本的因素）决定着平均数的水平。各单位对平均数的离差（它表现为次要的、偶然的因素）会由于综合汇总的结果而相互抵消，并趋于消失。

联系到抽样来看，大数定律证明，随着样本容量 n 的增加，抽样平均数有接近总体平均数 $\overline{X}$ 的趋势，几乎是具有实际的必然性。

大数定律论证了抽样平均数趋于总体平均数的趋势，这为抽样调查提供了重要的理论依据。但是，抽样平均数和总体平均数离差究竟有多大？离差不超过一定范围的概率（把握程度或可靠程度）有多大？这个问题要用概率论的中心极限定理来研究。通俗地说，中心极限定理论证的是：如果总体变量存在有限的平均数和方差，那么，不论这个总体的分布如何，随着样本容量 n 的增加，抽样平均数的分布便趋于正态分布。在现实生活中，一个随机变量服从正态分布的现象未必很多，但是多个随机变量和的分布趋于正态分布则是普遍存在的。抽样平均数也是一种随机变量和的分布，因此，在样本容量 n 充分大的条件下，抽样平均数也趋于正态分布，这为抽样误差的概率估计理论提供了理论基础。

第三节　抽样方法与程序设计

一、概率抽样方法

（一）简单随机抽样

简单随机抽样又称纯随机抽样，是一种最基本的抽样方式。设总体的大小为 N，从中随机抽取容量为 n 的样本，每一个样本都有同样的机会被抽中，这种抽样的方法称为简单随机抽样，所抽到的样本为简单随机样本。简单随机样本的抽取可以有多种方法，抽签、摸球就是最原始的方法。具体做法是每一个被抽选的总体单位都用一个签或球来代表，然后把它们搅匀，从中随机摸取，直到抽够所需的 n 个样本单位数目为止，抽中者即为样本单位。简单随机抽样又可以分为重复抽样和不重复抽样两种。

1. 重复抽样

重复抽样是从全及总体中抽取样本时，随机抽取一个样本单位，记录该单位有关标志表现以后，把它放回到全及总体中去，再从全及总体中随机抽取第二个样本单位，记录它的有关标志表现以后，也把它放回全及总体中去。以此类推，直到抽选 n 个样本单位。

可见，重复抽样时全及总体单位数在抽选过程中始终未减少，总体各单位被抽中的可能性前后相同，而且各单位有被重复抽中的可能。

2. 不重复抽样

不重复抽样是从全及总体中抽取第一个样本单位，记录该单位有关标志表现后，这个样本单位不再放回全及总体参加下一次抽选。然后，从总体 $N-1$ 个单位中随机抽选第二个样本单位，记录了该单位有关标志表现以后，该单位也不放回全及总体中去，从总体 $N-2$ 个单位中抽选第三个样本单位，以此类推直到抽选出 n 个样本单位。

可见，不重复抽样时，总体单位数在抽选过程中是逐渐在减少，各单位被抽中的可能性前后不断变化，而且各单位没有被重复抽中的可能。

从对比来看，两种抽样方法会产生三个差别：抽取的样本数目不同；抽样误差的计算公式不同；误差的大小不同。

简单随机抽样最常用的是用随机数字表抽取样本，这种表是由计算机或其他随机方法制成的，即 0，1，…，9 这 10 个数字出现的机会是等概率的，但排列的顺序是随机的。使用时首先将总体单位编上号码（$1 \sim N$），然后根据总体单位的数目决定从表上抽取数字的位数，假定 $N=638$，是三位数，就需要在表上相应地取三位数，取数的方法可以用随机的起点，按预先规定取数的方向抽取三位数，凡抽到的数字在 638 以下，相应的单位就为抽中单位；若抽中的单位大于 638，则予以舍去；继续按规则抽取，在不重复抽样时遇到重复的号码也同样舍去，直到抽够 n 个样本单位。

（二）分层抽样

分层抽样也称分类抽样或类型抽样，在分层抽样中，总体首先被分成若干个“层”，然后再从每一个层中随机抽取样本。每一层内的元素应呈现出同质性或相似性，层与层间的元素应表现出异质性或差异性。例如，在中国主要城市接待入境旅游者构成统计中，我们把旅游者分为外国人、香港同胞、澳门同胞、台湾同胞。

分层抽样的作用可以分为以下几个方面：

第一，利用已知的信息提高抽样调查的精确度，或者在一定精度下减少样本的单位数以节约调查费用。因为在简单随机抽样的情况下，抽样误差的大小主要取决于总体内部的差异大小和抽取样本容量这两个因素。而在实际的抽样调查工作中总体的差异是客观存在的，要达到减少误差的目的就要增大样本的容量，从而增加调查费用。为了解决这个矛盾，分层抽样是一种理想的方法。如果人们事先对研究的总体有一定的了解，就可以把总体中性质相同的单位，即研究的标志值比较接近的单位归并在一起，形成若干层，这样各层内的差异就可以大大缩小，各层能以较小的样本容量达到预期精确度的要求。从整个样本来说，由于这些样本单位对各层均有较高的代表性，且从整体来看分层后抽取的样本单位在总体中散布得更均匀，所以由它们构成的样本对整个总体也就有较高的代表性。根据方差分析的原理，对总体进行分层后，总体方差可以分解成两部分：一部分是层内方差，另一部分是层间方差。在分层抽样时，抽样误差只和层内方差有关，而与层间方差无关，因此在分层时只要能扩大层间方差缩小层内方差，就可以提高抽样效率。但这里也说明了分层抽样应有一定的条件，即在抽样之前人们对客观的总体要有一定的了解，另外还需要知道各层的总体单位数，这是利用主观认识提高抽样效率的一种手段。

第二，分层抽样有时是为了工作的方便和研究目的的需要；如果抽样调查既要了解总体的有关信息，又要了解一些子总体的信息，这种情况下就可以将子总体分层。例如，按行政隶属的系统分层，按地理的区划分层，等等。需要指出，这种分层有时与提高抽样效率的目的并不完全一致，但会给工作带来很大方便。因此如何分层需要根据研究目的来确定。

（三）等距抽样

等距抽样是先将总体按某一因素排列，然后每隔一定距离选取一个样本，即从数量为 N 的总体中每隔 k 个单位就选取一个样本，若需选择 n 个样本，则 $k=\frac{N}{n}$，k 的值需取整。抽样时，先在第一个间隔随机抽取一个单位，假定为 a，然后从 a 开始，每隔 k 个单位抽取入选单位：a，$a+k$，$a+2k$，$a+3k$，…，$a+(n-1)k$，总数正好是样本容量 n。

等距抽样的作用可以分为以下两个方面：

第一，简便易行。从简单随机抽样来说，在抽样之前需要对每一个单位加以编号，然后才能利用随机数字表等方法抽选样本。当总体单位数量很多时，编号与抽选的过程也比较麻烦，而等距抽样只要确定了抽样的起点和间隔，整个样本的所有单位也随之而自然确定。它可以充分利用现成的各种排列。例如，中国城镇居民出游花费情况抽样调查就可以按照原有的行政系统习惯顺序排列，如省、市、区、县等，抽样时就可以直接利用这些顺序进行系统抽样。这种抽样很方便，也便于推广，为不熟悉抽样调查的人员所掌握。

第二，系统抽样的误差大小与总体单位的排列顺序有关。因此当对总体的结构有一定的了解时，可以利用已有的信息对总体单位进行排列后再进行系统抽样，这样就能提高抽样效率。在一般的情况下系统抽样使样本单位在总体单位中散布比较均匀，其估计量的方差要小于简单随机抽样。因此这是大规模抽样调查时一种比较常用的抽样方法。

（四）整群抽样

整群抽样首先需要把总体分为几个互不重叠的群，然后再在每一个群中随机抽取样本。一旦某些群被选入样本后，群中的每一个单位都要调查。例如，调查某旅游学校的学生身高，其基本单位是学生，但抽样单位可以是班级或系，这里的班级或系就是一个群，我们对抽中的班级或系的全部学生作为样本进行观察。

整群抽样适用于群间差异小而群内差异大的总体，这点正好和分类抽样相反。试想：如果所有饭店的工资结构、人员结构都差不多，那么调查一两个完整饭店的情况就足以代表所有饭店的面貌了，这样做的结果岂不比分散到每个饭店调查一部分职工更省力、更省时间吗？当然能这样做的原因，取决于对总体原有情况的了解与判断。反之，如果群体间差异大而群内差异小，采用整群抽样就会失去其应有的代表性，统计推论时也会产生较大的误差。

（五）多阶段抽样

当总体很大时，直接从总体中抽取单位，在技术上就会产生困难，因此一般采用多阶段抽样，又称多级抽样。在多阶段抽样中，每一级都可以看作一次整群抽样，每一个抽中的整群又可以看作由若干子群所组成，从入样的整群中，再随机抽取若干子群组成子子群，然后依法继续往下抽取，直至抽中的单位满足了抽样者的要求，成为基本的调查单位。

例如，要进行一次全国性三星级以上饭店抽样调查，第一步先从全国各个省和直辖市中抽取若干省和直辖市，第二步从入选的省和直辖市中抽取若干个地级市，第三步从入选地级市中再选择若干区、县，最后再从抽到的区、县中确定调查的对象，以上就是多阶段抽样。其中每一阶段抽样，既可以采用简单随机抽样，也可以采用等距、整群、分层等方法，而且各阶段所用方法也不要求相同。

二、非概率抽样方法

在旅游统计研究中，人们有时还采用非概率抽样的办法来选取样本。非概率抽样不是按照概率均等的原则，而是根据人们的主观经验或其他条件来抽取样本。因而，其样本的代表性往往较小，误差有时相当大，而且这种误差又无法估计。所以，在大规模的正式研究中，一般很少用非概率抽样，常常只是在探索性研究中采用。常用的非概率抽样有以下几种。

（一）偶遇抽样

偶遇抽样又称作方便抽样或自然抽样，是指研究者根据现实情况，以自己方便的形式抽取偶然遇到的人作为对象，或者仅仅选择那些离得最近的、最容易找到的人作为对象。如为了调查某市的交通情况，研究者到离他们最近的公共汽车站，把当时正在那里等车的人选作调查对象。其他类似的偶遇抽样还有在街头路口拦住过往行人进行调查，在图书馆阅览室对当时正在阅览的读者进行调查，在展览大厅、电影院等公共场所向进出往来的顾客、观众进行调查，利用报纸杂志向读者进行调查，老师以他所教的班级的学生作为样本进行调查，等等。这种碰到谁就选谁的抽样方法往往被有些人误认为就是随机抽样。仅从表面上看，二者的确有些相似，都排除了主观因素的影响，纯粹依靠客观机遇来抽取对象。但二者有一个根本的差别，就是偶遇抽样没有保证总体中的每一个成员都具有同等的被抽中的概率。那些最先被碰到的、最容易见到的、最方便找到的对象具有比其他对象大得多的机会被抽中。正是这一点使我们不能依赖偶遇抽样得到的样本来推论总体。

（二）判断抽样

判断抽样又称立意抽样，它是研究者根据研究的目标和自己主观的分析来选择和确定研究对象的方法。这种抽样首先要确定抽样标准。由于标准的确定带有较大的主观性，所以，此法的运用结果如何往往与研究者的理论修养、实际经验以及对对象的熟悉程度有很大关系。

判断抽样的主要优点在于可以充分发挥研究人员的主观能动作用，特别是当研究者对研究总体的情况比较熟悉、研究者的分析判断能力较强、研究方法与技术十分熟练、研究经验比较丰富时，采用这种方法往往十分方便。但是由于它仍然属于非概率抽样，所以，其所得样本的代表性往往难以判断。在实际工作中，这种抽样多用于总体规模小、所涉及的范围较窄或时间、人力等条件有限而难以进行大规模抽样的情况。

（三）雪球抽样

雪球抽样是一种极特殊的抽样方法。当我们无法了解总体情况时，可以从总体中少数成员入手，对他们进行调查，向他们询问还知道哪些符合条件的人，再去找那些人并再询问他们知道的人。如同滚雪球一样，我们可以找到越来越多具有相同性质的群体成员。如果总体不大，有时用不了几次就会接近饱和状况，即后访问的人再介绍的都是已经访问过的人。例如，我们想了解某市女性居民对自助旅游时的考虑因素情况，就可以采用雪球抽样方式，先从身边认识或熟悉的人入手进行调查，然后询问他们是否还知道其他人，通过这种相互推荐的方式，达到抽样的目的。

三、抽样的程序设计

一项完整的抽样，从开始到结束是一项复杂工作，这就要求在抽样之前，周密细致地做好抽样前的设计工作，使工作能有条不紊地按预定时间、精度和费用进行。

（一）抽样设计的主要内容

抽样设计的任务，就是要依据调查的目的，在给定的人力、物力、经费、时间要求等条件下，设计一个精度高，能够由样本正确推断总体的良好抽样调查方案。一般来说，抽样设计的主要内容有：

第一，明确规定调查目的及抽取目标的总体。任何抽样调查都是在一定目的下进行的，能够获得一个规模有限、代表总体、再现总体数量特征的样本。不同的研究目的会有不同的总体，而不同的总体又决定着不同的样本。明确调查目的总体是进行任何调查工作的先决条件，抽样调查也不例外。

第二，搜集和编制抽样框。所谓抽样框就是抽样调查前在可能条件下作出的抽样单位一览表。抽样单位是指在抽取样本前总体所分成的若干部分中的每一部分。各个抽样单位必须互不交叉，所有抽样单位加总起来正好构成一个统计总体。如抽样调查某地区旅行社外联、接待入境旅游者情况，用简单随机抽样时，抽样单位就是该地区所有的旅行社，抽样框就是该地区所有旅行社的名单；用整群抽样方式时，我们可以按照该地区的行政划分，如划分为各个市（县），则抽样框为该地区的各个区（县），抽样单位则是总体中的每个区（县），然后从抽样框中按随机原则选中各个区（县），我们对抽中区（县）的全部旅行社作为样本进行观察。搜集和编制抽样框是实际工作中重要的一环，调查人员必须持严格态度，因为抽样框一旦有遗漏、重复将直接影响样本的选取以及整个抽样工作的质量。

第三，确定要搜集的资料。大范围的抽样调查往往涉及许多方面，需要搜集大量的有关信息和资料，这要求在调查前周密细致地确定调查项目和调查表，制定资料搜集细则；否则，在复杂的调查中，容易忘记、遗漏某些资料的搜集。

第四，规定要达到的精度。抽样调查都存在抽样误差，不同条件的抽样调查对其要求也不一样。因此，要在抽样调查前根据所采取的抽样组织形式、经费和对研究指标准确程度的要求，规定抽样调查所要达到的精确度及抽样误差的最大限度，以保证完成调查任务。

第五，规定抽样方法及计量方法。抽样调查要根据调查对象的性质特点及所要求的工作时间，正确选择抽样方法，制订汇总方案，还要规定具体的计量方法。在社会经济调查中，常采用调查表的方式，有时也采用采访法和直接观察法。

第六，确定样本容量。样本规模的大小涉及人力、物力、财力的消耗问题，所以抽样调查要根据条件用抽样理论来估计样本容量，使调查工作既符合调查质量要求，又不浪费。

第七，经费核算。经费问题贯穿于抽样工作的始终，经费的充足与否关系到整个调查工作的成败，所以要预先核定整个抽样调查工作各个阶段、各个环节所用的费用限制，以避免因经费不足中途停顿或降低调查质量。

（二）抽样设计效果的评价

在抽样调查中，选择哪种抽样组织形式和抽样方法，都涉及抽样效果的评价问题，在给定调查总体的条件下，采用什么样的组织方式才能获得优良的抽样效果，决定于评价抽样设计方案的原则。

第一，在核定费用范围内最小抽样误差的原则。在统计推断中用某一统计量作为总体参数的估计量是否有效可行，取决于抽样误差的大小。在核定费用范围内，为缩小抽样误差，一方面可以从扩大样本容量的角度考虑，另一方面可以从抽样方法的角度考虑。在相同的样本容量条件下，调查费用大致是相同的，但是不同的抽样方法的抽样误差却不同，这时在抽样设计中需要以抽样误差为标准，比较不同抽样方案的效果，以确定最佳的抽样方法。

第二，以最少的费用达到要求精度的原则。抽样调查需要一定的费用开支。抽样调查的组织和实施在很大程度上受经费的制约，如果单纯为了节约经费而缩小抽取的样本单位数，就会扩大抽样误差，影响调查的质量，所以必须兼顾二者，不得偏废。因此，在保证调查精度的条件下费用最少的抽样可以认为最佳方案。费用可以分为两类：一类是固定费用，如培训费、材料费、咨询费、宣传费和办公费等，它与调查单位的数量无关；另一类是可变费用，是由调查单位直接负担的费用，而且与地理区域、交通条件以及调查的难易程度等有关。所以应选择一个抽样误差相同而样本容量较小的抽样形式，以达到经费最少的目的。

第四节　抽样误差的测定

一、抽样误差的概念

抽样误差是指样本指标和总体指标之间数量上的差别。以数学符号表示为：$|x_i-\overline{X}|$、$|p-P|$。抽样调查是用样本指标推断总体指标的一种调查方法，而推断的根据就是抽样误差。因此，怎样计算、使用和控制抽样误差是抽样调查的重要问题。为此，首先要把抽样误差的概念搞清楚。理解抽样误差可以从以下两方面着手：

第一，抽样误差是指由于抽样的随机性而产生的那一部分代表性误差，不包括登记误差，也不包括可能发生的偏差。

代表性误差也有两种：一种是偏差，是指破坏了抽样的随机原则而产生的误差，如抽选到一个单位后，调查者认为它偏低或偏高，把它剔除掉而产生的偏差。这种偏差是在进行抽样调查时应该设法避免的，它不包括在抽样误差这个概念之内。另一种是指遵守了随机原则但可能抽到各种不同的样本而产生的误差。这种误差是必然会产生的，但可以对它进行计算，并设法加以控制，抽样误差就是指这种随机误差。

第二，随机误差有两种：实际误差和抽样平均误差。实际误差是一个样本指标与总体指标之间的差别$|x_i-\overline{X}|$、$|p-P|$，这是无法知道的误差。抽样平均误差是指所有可能出现的样本指标的标准差，也可以说是所有可能出现的样本指标和总体指标的平均离差。抽样实际误差是无法知道的，而抽样平均误差是可以计算的。在讨论抽样误差时指的是抽样平均误差。

二、影响抽样平均误差的因素

为了计算和控制抽样平均误差，需要分析影响抽样平均误差的因素。抽样平均误差大小主要受以下三个因素的影响。

（一）全及总体标志的变动程度

全及总体标志变动程度越大，抽样平均误差就越大；反之，全及总体标志变动程度越小，则抽样平均误差越小。两者成正比关系的变化。例如，总体各单位标志值都相等，即标准差为 0 时，那么抽样指标就等于全及指标，抽样平均误差也就不存在了。这时每个单位都可以作代表，平均指标也无须计算了。

（二）抽样单位数的多少

在其他条件不变的情况下，抽取的单位数越多，抽样平均误差越小；样本单位数越少，抽样平均误差越大。抽样平均误差的大小和样本单位数成相反关系的变化。这是因为抽样单位数越多，样本单位数在全及总体中的比例越高，抽样总体会越接近全及总体的基本特征，总体特征就越能在抽样总体中得到真实的反映，假定抽样单位数扩大到与总体单位数相等时，抽样调查就变成全面调查，抽样指标等于全及指标，实际上就不存在抽样误差。

（三）抽样方法的影响

抽样平均误差除了受上述两个因素影响外，还受不同的抽样方法的影响。在相同的样本容量条件下，调查费用大致是相同的，但是不同的抽样方法的抽样误差却不同，简单随机抽样要比其他概率抽样方法的误差大一些。这时在抽样设计中需要以抽样误差为标准，比较不同抽样方案的效果，以确定最佳的抽样方法。

三、抽样平均误差的意义

在对某一全及总体进行抽样调查时，在总体中可以抽取一个抽样总体进行综合观察，也可以连续抽取几个乃至一系列的抽样总体进行综合观察，每个抽样总体都可以计算出相应的抽样指标。由于每一抽样总体所包含的具体样本单位不同，它们的综合指标也是各不相同的，因而它们与全及综合指标之间的差数也是各不相同的。所以，这些抽样误差也是一个随机变量。前已论述，抽样误差是反映抽样指标对全及指标代表性程度的，就抽样调查整体来说，可以有许多个抽样总体和许多个抽样误差。我们可否任取某一次抽样所得的抽样误差来作为衡量抽样指标对于全及指标的代表性程度呢？这显然是不恰当的。某一次抽样结果的抽样误差只是一系列抽样结果可能出现的误差数值之一，它不能概括一系列抽样可能结果所产生的所有抽样误差。这如同衡量总体单位的平均指标代表性程度一样，不能用总体单位的平均指标与总体的某一单位标志值离差大小来说明平均指标对总体所有单位标志值的代表性程度一样。平均指标的代表性程度是用各个单位的标志值对平均指标离差平方的平均数方根——标准差来衡量的。它概括了所有单位标志值与平均指标离差的所有结果在内。那么，测定抽样指标的代表性程度的抽样误差，也可以用同样的原理求得。即把各个可能的抽样指标与全及指标之间都存在的抽样误差的所有结果都考虑进去，用平方平均数的方法便可求得标准差，即抽样平均误差。也就是说，抽样平均误差是一系列抽样指标（平均指标或成数）的标准差。在进行抽样调查时，所得的抽样指标与全及指标产生误差，即抽样指标可能比全及指标大一些，也可能小一些，但用抽样平均误差来表示的抽样误差，它概括地反映了这些所有可能的结果，也就是平均说来会有这么大的误差。因此，抽样平均误差的意义，它既是实际可以运用于衡量抽样指标对于全及指标代表性程度的一个尺度，也是计算抽样指标与全及指标之间变异范围的一个根据。同时，在组织抽样调查中，其也是确定抽样单位数多少的计算依据之一。总之，抽样平均误差对于整个抽样推断分析具有很重要的意义。

四、抽样平均误差的计算

根据抽样平均误差的定义，抽样平均误差是无法计算的，因为无法掌握所有可能出现的样本指标以及与全及总体指标之间离差的资料。但根据数理统计的理论与方法，可以导出计算抽样平均误差的公式。

（一）抽样平均数的抽样平均误差

1. 重复抽样的计算公式

$$\mu_{\bar{x}} = \frac{\sigma}{\sqrt{n}} \qquad \text{（公式 5 - 13）}$$

上式表明抽样平均数的平均误差仅为全及总体标准差的$\frac{1}{\sqrt{n}}$。例如，当样本单位数为 100 时，则平均误差仅为总体标准差的 1/10。这说明，一个总体的某一标志的变异度可能很大，但抽取若干单位加以平均之后，抽样平均数的标准差比总体的标准差大大地缩小了。所以，抽样平均数作为估计量是更有效的。从上式还可以看出，抽样平均误差和总体标志变异度的大小成正比，而和样本单位的平方根成反比。例如，抽样平均误差要减少 1/2，则样本单位数必须增大到 4 倍；抽样平均误差要减少为原来的1/3，则样本单位数就要扩大到原来的9倍等。

例5-1　从某商场随机抽取100件某商品，经过测量和计算得知这100件商品平均重量为1720千克，同时根据过去的资料知道该种商品重量的总体标准差为5克，求其抽样平均误差。

在重复抽样的条件下抽样平均误差为：

$$\mu_{\bar{x}} = \frac{\sigma}{\sqrt{n}} = \frac{5}{\sqrt{100}} = 0.5(\text{克})$$

说明某商品样本平均重量和总体平均重量相差0.5克。

2. 不重复抽样的计算公式

$$\mu_{\bar{x}} = \sqrt{\frac{\sigma^2}{n}\left(\frac{N-n}{N-1}\right)} \qquad (\text{公式} 5-14)$$

式中，N为总体单位数；n为样本单位数；$\left(\frac{N-n}{N-1}\right)$为修正系数。

从上式可以看出，不重复抽样平均方差等于重复抽样平均方差乘以修正系数$\left(\frac{N-n}{N-1}\right)$。$\sqrt{\left(\frac{N-n}{N-1}\right)}$一定是大于0而小于1的正数，$\frac{\sigma}{\sqrt{n}}$乘上这个小于1的正数，必然小于原来的数。所以，不重复抽样平均误差的数值一定小于重复抽样的抽样平均误差。在一般情况下，总体单位数很大，抽样比例$\frac{n}{N}$很小，则$\left(\frac{N-n}{N-1}\right)$接近于1。因此$\sqrt{\frac{\sigma^2}{n}\left(\frac{N-n}{N-1}\right)}$与$\frac{\sigma}{\sqrt{n}}$的数值是接近的。同时，当$N$很大时，$N-1$也很大。为了简化计算，修正系数$\left(\frac{N-n}{N-1}\right)$中$N-1$也可以用$N$来替代，那么在不重复抽样的条件下，计算抽样平均误差的实际公式为：

$$\mu_{\bar{x}} = \sqrt{\frac{\sigma^2}{n}\left(1-\frac{n}{N}\right)} \qquad (\text{公式} 5-15)$$

在实际工作中，在没有掌握总体单位数的情况下或者总体单位N很大时，一般均用重复抽样平均误差公式来计算不重复抽样的平均误差。

例5-2　接例5-1，如果在某商品总量为1000件的前提下，在不重复抽样的条件下，则有抽样平均误差：

$$\mu_{\bar{x}} = \sqrt{\frac{\sigma^2}{n}\left(1-\frac{n}{N}\right)} = \sqrt{\frac{5^2}{100}\left(1-\frac{100}{1000}\right)} = 0.47(\text{克})$$

说明某商品样本平均重量和总体平均重量相差 0.47 克。

当然，由于这里商品总量 N 很大，因此，也可以采用重复抽样的方法来计算。

在实际抽样调查过程中，通常采用不重复抽样方法抽取样本，而在计算抽样平均误差时往往采用重复抽样计算抽样平均误差的公式。因为$\frac{n}{N}$（抽样比或抽样强度）很小，影响也不大。计算抽样平均误差时，在没有总体方差或总体标准差资料时，一般可以采用如下办法来解决。

第一，用过去全面调查或抽样调查的资料，若有几个不同的总体方差，采用数值较大的方差来进行计算。

第二，数理统计证明，样本方差相当接近于总体方差。因此，可用样本方差或样本标准差代替总体方差或总体标准差。样本资料只能在抽样调查之后才能计算出来。

第三，在没有过去的资料，又需要在调查之前估计出抽样平均误差的情况下，可以在大规模调查之前组织一次小规模的试验性调查以便取得计算抽样平均误差的资料，作为抽样设计中的依据。

（二）样本成数的抽样平均误差

1. 重复抽样的计算公式

$$\mu_{\bar{p}} = \sqrt{\frac{P(1-P)}{n}} \qquad \text{（公式 5-16）}$$

式中，$\mu_{\bar{p}}$ 为抽样成数的平均误差；$P(1-P)$ 为成数方差，其中 P 为总体成数。

计算抽样平均误差时，总体成数方差 $P(1-P)$ 资料也是常常没有的，可用前面所讲到的方法解决。如果有几个不同的方差资料，同样要选择数值较大的方差来计算成数的抽样平均误差。成数方差最大值是 $0.5\times(1-0.5)=0.25$。说明当两类总体单位各占一半时它的变异程度是最大的。

例 5-3 某城市有 100000 个成年人，一家快餐公司要对这些成年人吃快餐情况进行调查，随机调查 1000 人后发现在过去一个月中有 30% 的成年人吃快餐，求其成数平均误差。

由于总体方差不知道，故用样本方差代替，则抽样成数平均误差为：

$$\mu_{\bar{p}} = \sqrt{\frac{P(1-P)}{n}} = \sqrt{\frac{0.3(1-0.3)}{1000}} = 1.5\%$$

说明样本中成年人吃快餐比例与总体中成年人吃快餐比例相差1.5%。

2. 不重复抽样的计算公式

$$\mu_{\bar{p}} = \sqrt{\frac{P(1-P)}{n}\left(\frac{N-n}{N-1}\right)} \quad (公式5-17)$$

式中，$\left(\frac{N-n}{N-1}\right)$为修正系数，当$N$很大时，可以用$N$代替$N-1$，不重复抽样公式为：

$$\mu_{\bar{p}} = \sqrt{\frac{P(1-P)}{n}\left(1-\frac{n}{N}\right)} \quad (公式5-18)$$

例5-4 接例5-3，在不重复抽样的条件下，由于总体方差不知道，故用样本方差代替，则抽样成数平均误差为：

$$\mu_{\bar{p}} = \sqrt{\frac{P(1-P)}{n}\left(1-\frac{n}{N}\right)} = \sqrt{\frac{0.3(1-0.3)}{1000}\left(1-\frac{1000}{100000}\right)} = 1.44\%$$

说明样本中成年人吃快餐比例与总体中成年人吃快餐比例相差1.44%。

五、抽样极限误差

用样本指标估计总体指标，总是要发生误差的，两者完全相等的情况几乎是不可能的，要确切地指出某一个样本指标与总体指标误差究竟有多大也是不可能的。因为抽样误差是随着不同的样本而变化的，它是抽样指标的函数，所以只能把抽样误差控制在一定的范围内，这就需要研究抽样极限误差问题。

（一）抽样极限误差的概念

由于总体指标是一个确定的量，而样本指标是一个围绕着总体指标上下波动的随机变量。它与总体指标可能发生正离差，也可能发生负离差，样本指标变动的上限或下限与总体指标之差的绝对值即为样本指标与总体指标之间的抽样误差的可能范围。抽样极限误差是指以绝对值形式表示的抽样误差可能范围，通常以Δ来表示。

$\Delta\bar{x}$表示抽样平均数极限误差，$\Delta\bar{p}$表示抽样成数极限误差，其计算公式为：

$$\Delta\bar{x} = |\bar{x} - \bar{X}| \quad (公式5-19)$$

$$\Delta\bar{p} = |\bar{p} - \bar{P}| \quad (公式5-20)$$

例5-5 某饭店门口等待出租车时间平均为12分钟，抽样极限误差为3分钟，则要求样本的估计值在 12 ±3 分钟才是符合要求的。又如，某旅行社旅游服务顾客满意度为 0.7，如果允许抽样极限误差为 5%，则样本的估计值必须在 0.7 ±0.05之间才是符合要求的。

（二）抽样极限误差与概率度、抽样平均误差的关系

基于概率的要求，抽样极限误差通常以抽样平均误差 $\mu_{\bar{x}}$ 或 $\mu_{\bar{p}}$ 为标准单位来衡量，把抽样极限误差 $\Delta\bar{x}$ 或 $\Delta\bar{p}$ 分别除以 $\mu_{\bar{x}}$ 或 $\mu_{\bar{p}}$ 所得相对数 t，即抽样极限误差为抽样平均误差的若干倍，称为抽样误差的概率度。t 是测定估计可靠程度的一个重要指标。其计算公式为：

$$t = \Delta\bar{x}/\mu_{\bar{x}} \quad 或 \quad \Delta\bar{x} = t\mu_{\bar{x}} \qquad （公式 5-21）$$

$$t = \Delta\bar{p}/\mu_{\bar{p}} \quad 或 \quad \Delta\bar{p} = t\mu_{\bar{p}} \qquad （公式 5-22）$$

如例 5 -5 中，在某饭店门口随机等待 10 辆出租车，等待时间平均为 11 分钟，抽样极限误差为 3 分钟，抽样平均误差为 1.5 分钟，则可用概率度 $t = \Delta\bar{x}/\mu_{\bar{x}} = 3/1.5 = 2$ 来表示平均误差的可能范围。以 $2\mu_{\bar{x}}$ 来规定平均误差范围的大小，即要求等待出租车的时间在 $11 \pm 2\mu_{\bar{x}}$ 分钟之间，即 8 ~14 分钟。又如上例中经过抽样调查，某旅行社旅游服务顾客满意度为 0.65，如果允许抽样极限误差为 5%，抽样平均误差为 4%，则概率度 $t = \Delta\bar{p}/\mu_{\bar{p}} = 5\%/4\% = 1.25$，这里的 t 表示平均误差的可能范围。

抽样极限误差概率度 t 扩大或缩小抽样平均误差的倍数，抽样平均误差 μ 是每个样本平均指标与总体平均指标的平均离差，即样本平均数或样本成数的标准差。其三者之间的关系是抽样极限误差随概率度和抽样平均误差的变化而变化。t 值越大，则 Δ 值越大；否则，则相反。同理，在 t 值不变的条件下，μ 值越大，则 Δ 值越大；否则，则相反。所以 Δ 与 t、μ 成正比例关系。抽样平均误差是通过计算取得的，而 t 值的大小是由概率决定的。

（三）概率度与概率的关系

概率是指估计的可靠性即把握程度，概率随概率度的变化而变化，所以概率是概率度的函数。正态分布定理证明，估计样本平均数在允许误差范围内的可靠性，即样本平均数在总体平均数 ±1 个 μ 范围内的概率为 68.27%，±2 个 μ 范围内的概率为 95.45%，等等，如图 5 -1 所示。

在实际工作中，为了计算方便，编制了按不同 t 值和相应概率的正态分布概率表，现摘录如表 5 -1 所示。

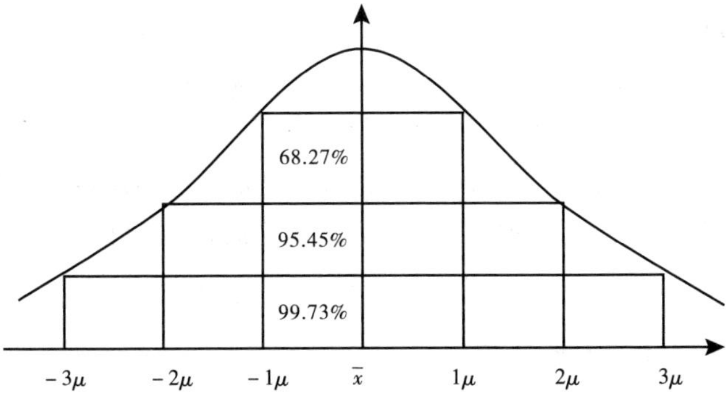

图 5-1　概率度与概率的关系

表 5-1　正态分布概率

概率度(t)	概率 $F(t)$	概率度(t)	概率 $F(t)$
1	0.6827	2	0.9545
1.96	0.95	3	0.9973

从表 5-1 可以看出，当估计要求的可靠程度为 68.27% 时，极限误差为 1 倍的抽样平均误差；估计要求的可靠程度为 95.45% 时，极限误差为 2 倍的抽样平均误差；估计要求的可靠程度为 99.73% 时，极限误差为 3 倍的抽样平均误差。

可见，极限误差是随可靠程度的变化而变化的。估计的可靠程度要求越高，t 值越大，极限误差越大。所以可靠性和精确性是矛盾的。

第五节　抽样估计

一、抽样估计的特点和一般要求

（一）抽样估计的特点

抽样估计是以样本的实际资料为依据，计算一定的样本指标，并以此对总体作出数量上的估计判断。要达到对总体的正确认识，不仅样本指标、抽样误差、抽样极限误差计算要正确，而且可信度的选择也要正确。这在抽样估计中是非常重要的。抽样估计的特点有：

第一，抽样估计在逻辑上运用归纳推理而不是演绎推理。

第二，抽样估计在方法上运用的是不确定的概率估计法而不是确定的数学分析法。

第三，抽样估计的结论存在着一定的抽样误差。这种误差是抽样估计所固有的，是不可避免的，而且这种误差总是与抽样估计结论的可靠程度联系在一起的。

（二）抽样估计的一般要求

用样本指标估计总体指标要有三个要素：估计值、估计值的误差范围及其相应的概率保证程度。在根据样本资料计算出样本指标即估计值之后，就要根据问题的性质和工作的具体要求来研究允许误差范围和相应的概率保证程度。抽样极限误差即允许误差范围的计算公式为：

$$\Delta = t\mu \qquad \text{（公式 5-23）}$$

在上式中，抽样误差μ一定时，允许误差范围Δ取决于概率度t，t越大，概率保证程度越大，估计的准确度则越低。t越小，概率保证程度越小，估计的准确度则越高。所以估计的准确度和概率保证程度是一对矛盾。在估计时必须在两者之间进行慎重的选择。在选择时一般有两种方法：一是对于一项估计值先提出估计可靠性即概率保证程度的要求，然后根据概率表查出这个概率保证程度所对应的概率度t值，再用t值与μ的乘积计算出抽样误差可能范围Δ。二是对于一项估计值先提出允许误差范围，然后将Δ除以μ计算出概率度t值，再根据概率表查出有关t值所对应的概率保证程度。那么在估计过程中，是先提出估计的概率保证程度还是先提出估计的允许误差范围，则应根据工作中的具体问题而定。

二、抽样估计的方法

以样本指标估计总体指标方法有两种，即点估计与区间估计。

（一）点估计

点估计又称定值估计，它是用实际样本指标数值代替总体指标数值，即总体平均数的点估计值就是样本平均数，总体成数的点估计值就是样本成数。但是，并不是所有的统计量都可以作为合适的估计量，为此要研究选择估计量的标准。作为优良的估计量应符合以下三个标准：

第一，无偏性。即样本统计量作为总体参数的估计量要求样本统计量的平均数等于被估计的总体参数。数理统计已证明，样本平均数作为总体平均数的估计量是符合无偏性要求的。

第二，一致性。以样本统计量估计总体参数，要求当样本的单位数充分大时，样本统计量也充分靠近总体参数。可以证明，以样本平均数估计总体平均数，也符合一致性的要求。

第三，有效性。以样本统计量估计总体参数，要求作为优良估计量的方差应比其他估计量的方差小。例如，用样本平均数 $\bar{x}$ 或以总体任意一个单位的标志值 x 估计总体平均数，虽然两者都是无偏的，但可以证明：$\sigma^2_{(\bar{x})} < \sigma^2_{(x)}$。所以，用样本平均数作为总体平均数的估计量更为有效。

样本成数是（0，1）分布平均数的表现形式，所以也符合优良估计标准的要求。点估计的方法主要有矩估计法和极大似然估计法两种。根据两种方法的结论和估计量的选择标准，点估计的具体方法是：总体平均数的点估计值是样本平均数，总体成数的点估计值是样本成数，总体方差的点估计值是样本方差。即：

$$\bar{X} = \bar{x}, P = p, \sigma^2 = S^2_{n-1}。$$

式中，$\bar{x}$、p、S^2_{n-1}分别是样本平均数、样本成数和样本平均数方差，它们是总体平均数 $\bar{X}$、总体成数 P 和总体平均数方差 σ^2 的估计值。

点估计方法简便易行，一般适用于对估计的准确程度和可靠程度要求不高的情况。

（二）区间估计

区间估计是在一定概率保证下，用以点估计值为中心的一个区间范围估计总体指标数值的估计方法。事实上，样本平均数的分布总在总体平均数的上下波动，恰好相等的可能性很小。为了使推算结果可信，可以设计一个区间，使推断的结果包括在这个范围内。这一区间称置信区间。在区间估计中，有三个基本要素：概率度、点估计值、误差范围。根据前面介绍的极限误差的内容可知：

$$\bar{x} - \Delta\bar{x} \leqslant \bar{X} \leqslant \bar{x} + \Delta\bar{x}$$

$$p - \Delta\bar{p} \leqslant \bar{P} \leqslant p + \Delta\bar{p}$$

区间估计使总体被估计参数 $\bar{X}$、P 落在区间 $[\bar{x} - t\mu_{\bar{x}}, \bar{x} + t\mu_{\bar{x}}]$ 和 $[p - t\mu_{\bar{p}}, p + t\mu_{\bar{p}}]$ 内的概率为 $1-\alpha$，即：

$$P(\bar{x} - t\mu_{\bar{x}} \leqslant \bar{X} \leqslant \bar{x} + t\mu_{\bar{x}}) = 1 - \alpha$$
$$P(p - t\mu_{\bar{p}} \leqslant \bar{P} \leqslant p + t\mu_{\bar{p}}) = 1 - \alpha$$

称 $[\bar{x} - t\mu_{\bar{x}},\ \bar{x} + t\mu_{\bar{x}}]$ 和 $[p - t\mu_{\bar{p}},\ p + t\mu_{\bar{p}}]$ 为置信区间，$1-\alpha$ 为置信度或概率，表示区间估计的可靠程度，α 为显著水平，t 为概率度，t 与 $1-\alpha$ 的关系就是本章第四节中表 5－1 中概率度与概率的关系。

1. 总体平均数的区间估计

（1）给定概率保证程度求抽样极限误差及总体平均指标所在区间范围

其具体步骤如下：

第一，根据样本资料，计算样本平均指标。

第二，根据总体标准差或方差计算抽样平均误差。

第三，根据概率保证程度，查概率表求对应的概率度 t 值，并计算抽样极限误差。

第四，根据样本平均指标和抽样极限误差计算总体平均指标所在区间范围。

第五，分析抽样极限误差、概率保证程度及总体平均指标所在区间范围的相互关系。

例 5－6 某饭店随机抽取了 36 名顾客，对其入住天数进行统计调查，其中入住 3 天的有 14 人，入住 4 天的有 8 人，入住 2 天的有 6 人，入住 5 天的有 5 人，入住 1 天的有 2 人，入住 6 天的有 1 人，假设其总体标准差为 1.2 天，试构建 95% 的置信区间，估计顾客的平均入住天数的区间范围。

由题意可知：

$$\bar{X} = 3.31(\text{天}), n = 36(\text{人}), \sigma = 1.2(\text{天})$$

则抽样平均误差：

$$\mu_{\bar{x}} = \frac{\sigma}{\sqrt{n}} = \frac{1.2}{\sqrt{36}} = 0.2(\text{天})$$

因为概率保证程度为 95%（置信度为 95%），其对应的 t 值为 1.96。

则抽样极限误差：

$$\Delta\bar{x} = t\mu_{\bar{x}} = 1.96 \times 0.2 = 0.392(\text{天})$$

故顾客的平均入住天数的区间范围为：

$$\bar{x} - \Delta\bar{x} \leqslant \bar{X} \leqslant \bar{x} + \Delta\bar{x}$$
$$3.31 - 0.392 \leqslant \bar{X} \leqslant 3.31 + 0.392$$
$$2.918 \leqslant \bar{X} \leqslant 3.702$$

以 95% 的概率保证程度估计顾客的平均入住天数的区间范围在 2.918 ~ 3.702 天。

(2) 根据给定的抽样极限误差求总体平均指标所在区间范围及其概率保证程度

其具体步骤如下:

第一，根据样本资料，计算样本平均指标。

第二，根据总体标准差或方差计算抽样平均误差。

第三，根据样本平均指标和给定的抽样极限误差计算总体指标所在区间范围。

第四，根据给定的抽样极限误差和计算出的抽样平均误差求出概率度 t 值。查概率表得出 t 值相对应的概率保证程度。

第五，分析抽样极限误差、总体平均指标所在区间范围及概率保证程度的相互关系。

例 5 - 7　如例 5 - 6 资料，试以极限误差不超过 0.466 天，估计顾客的平均入住天数的区间范围及其概率保证程度。

由题意可知:

$$\bar{X} = 3.31(\text{天}), n = 36(\text{人}), \sigma = 1.2(\text{天})$$

则抽样平均误差:

$$\mu_{\bar{x}} = \frac{\sigma}{\sqrt{n}} = \frac{1.2}{\sqrt{36}} = 0.2(\text{天})$$

故顾客的平均入住天数的区间范围为:

$$\bar{x} - \Delta\bar{x} \leqslant \bar{X} \leqslant \bar{x} + \Delta\bar{x}$$

$$3.31 - 0.466 \leqslant \bar{X} \leqslant 3.31 + 0.466$$

$$2.844 \leqslant \bar{X} \leqslant 3.776$$

$$t = \Delta\bar{x}/\mu_{\bar{x}} = 0.466/0.2 = 2.33$$

查概率表得概率保证程度: $F(t) = 98\%$

极限误差不超过 0.466 天，估计顾客的平均入住天数的区间范围在 2.844 ~ 3.776 天，概率保证程度为 98%。

2. 总体成数的区间估计

(1) 根据给定的概率保证程度求抽样极限误差及总体成数所在区间范围

其具体步骤如下:

第一，根据样本资料，计算样本成数。

第二，根据总体成数方差，计算样本成数抽样平均误差。

第三，根据概率保证程度，查概率表找出与其相对应的概率度 t 值，并计算出抽样成数的抽样极限误差。

第四，根据样本成数、抽样成数抽样极限误差计算总体成数所在区间范围。

第五，分析抽样成数抽样极限误差、概率保证程度及总体成数所在区间范围的相互关系。

例 5－8 某景区 6 月份一周时间接待游客 30000 人次，从游客中采用不重复抽样随机抽取 200 人，调查对景点门票涨价的看法，其中有 19 人认为不能接受，试构建 99% 的置信区间，求不能接受涨价人群比率 P 的区间范围。

由题意可知：

$$p = 9.5\%, n = 200(\text{人}), N = 30000(\text{人次})$$

样本成数方差：

$$S_p^2 = p(1-p) = 9.5\% \times 90.5\% = 0.086$$

抽样平均误差：

$$\mu_{\bar{p}} = \sqrt{\frac{p(1-p)}{n}(1-\frac{n}{N})} = \sqrt{\frac{0.086}{200}\left(1-\frac{200}{30000}\right)} = 0.02$$

概率保证程度在 99% 时，对应的概率度 $t = 2.58$

抽样极限误差：

$$\Delta\bar{p} = t\mu_{\bar{p}} = 2.58 \times 0.02 = 0.0516$$

故不能接受涨价人群比率 P 的区间范围：

$$p - \Delta\bar{p} \leqslant \bar{P} \leqslant p + \Delta\bar{p}$$

$$9.5\% - 5.16\% \leqslant \bar{P} \leqslant 9.5\% + 5.16\%$$

$$4.34\% \leqslant \bar{P} \leqslant 14.66\%$$

以 99% 的概率保证程度估计不能接受涨价人群比率 P 的区间范围在 4.34%～14.66%。

（2）根据给定的允许误差求概率保证程度及总体成数所在区间范围

其具体步骤如下：

第一，根据样本资料，计算样本成数。

第二，根据总体成数方差，计算样本成数抽样平均误差。

第三，根据抽样极限误差和抽样平均误差求出概率度 t 值，查概率表找出 t 值对应的概率。

第四，根据样本成数与抽样极限误差计算总体成数所在区间范围。

第五，分析抽样极限误差、概率保证程度及总体成数所在区间范围的相互关系。

例 5－9　如例 5－8 资料，试以极限误差不超过 0.0392，估计不能接受涨价人群比率 P 区间范围及其概率保证程度。

由题意可知：

$$p = 9.5\%, n = 200(\text{人}), N = 30000(\text{人}), \Delta\bar{p} = 0.0392$$

样本成数方差：

$$S_p^2 = p(1-p) = 9.5\% \times 90.5\% = 0.086$$

抽样平均误差：

$$\mu_{\bar{p}} = \sqrt{\frac{p(1-p)}{n}\left(1-\frac{n}{N}\right)} = \sqrt{\frac{0.086}{200}\left(1-\frac{200}{30000}\right)} = 0.02$$

根据概率度 $t = \Delta\bar{p}/\mu_{\bar{p}} = 0.0392/0.02 = 1.96$，查概率表得出概率保证程度：

$$F(t) = 95\%$$

故不能接受涨价人群比率 P 的区间范围：

$$p - \Delta\bar{p} \leqslant \bar{P} \leqslant p + \Delta\bar{p}$$

$$9.5\% - 3.92\% \leqslant \bar{P} \leqslant 9.5\% + 3.92\%$$

$$5.58\% \leqslant \bar{P} \leqslant 13.42\%$$

极限误差不超过 0.0392，不能接受涨价人群比率 P 的区间范围在 5.58% ~ 13.42%。

三、全及总量指标的推算

用样本指标推算全及总量指标的方法有直接换算法和修正系数法两种。

（一）直接换算法

它是用样本平均数或成数，乘以全及总体单位数，直接推算出总体的总量指标的方法。直接换算法也分为点估计和区间估计两种。点估计推算法不考虑抽样误差和推断的可靠程度，直接用样本平均数或样本成数乘以总体单位数，推算出全及总量指标。

例 5－10 某饭店有职工 200 人，按照随机原则抽取 50 名职工，其平均工资为 800 元，按照点估计推算法，该饭店员工月工资总支出额为 200 人 ×800 元 = 160000 元。

区间估计法是用样本平均数或成数，结合极限误差并以一定概率保证来推断全及总量指标所在的范围，计算公式为：

$$N(\bar{x} - \Delta\bar{x}) \leqslant N\bar{X} \leqslant N(\bar{x} + \Delta\bar{x}) \quad \text{（公式 5－24）}$$

$$N(p - \Delta\bar{p}) \leqslant NP \leqslant N(p + \Delta\bar{p}) \quad \text{（公式 5－25）}$$

例 5－11 在例 5－10 中，若极限误差为 30 元，以 95.45% 的概率保证，该饭店员工月工资总支出额范围为：

$$[200 \times (800 - 30), 200 \times (800 + 30)]$$

$$\text{即}[154000, 166000]$$

在 95.45% 的概率保证下，该饭店员工月工资总支出额范围为 154000 ~ 166000 元。

（二）修正系数法

它是用样本指标去修正全面统计资料的一种方法。在全面调查后，再从全及总体中抽取一部分单位进行复查，将抽样调查资料与全面调查资料对比，求出差错比率，用此对全面调查的数据进行修正。

用抽样调查来修正全面调查结果，是一种特殊的抽样估计，用抽样复查资料来修正普查资料，是一种特殊的推算，它的方法是：

1. 根据抽样复查数据与原全面调查数据计算修正系数

$$\begin{aligned}\text{修正系数} &= \frac{\text{样本复查数据}}{\text{对应原普查数据}} \\ &= \frac{\text{样本原普查数} \pm \text{差错数}}{\text{对应原普查数据}} \\ &= 1 \pm \text{差错率}\end{aligned} \quad \text{（公式 5－26）}$$

修正系数大于 1，表示原普查数有遗漏，修正时应调增；修正系数小于 1，表示原普查数存在重复或多计现象，修正时应调减。

2. 用修正系数修正全面调查结果

$$\text{修正后全面调查数} = \text{原普查数} \times \text{修正系数} \quad \text{（公式 5－27）}$$

例 5－12 某地区旅行社“十一”黄金周期间营业收入 2000 万元，为了保证普查的质量，又抽取了6个旅行社进行调查，复查结果为6个旅行社的营业收入为700万元。而这6个旅行社原普查数据为730万元。要求根据抽样复查结果修正某地区旅行社“十一”黄金周期间营业收入。

$$修正系数 = \frac{样本复查数据}{对应原普查数据} = \frac{700}{730} = 0.959$$

$$修正后全面调查数 = 原普查数 \times 修正系数 = 2000 \times 0.959 = 1918(万元)$$

第六节　样本容量的确定

抽样数目即样本容量在抽样技术中是很重要的问题。样本容量过大，会增加调查费用，花费更多的人力，从而不能充分发挥抽样调查的优越性。样本容量过小，样本没有足够的代表性，抽样误差也会增大，对总体指标的推断会不准确，从而也失去了实际价值。为了能节省人力、物力、财力，体现出抽样调查的优越性，又能使抽样推断的准确性高一些，也就是说，为了避免样本容量过大或过小，必须确定最佳的样本容量。

一、影响必要样本容量的因素

为了确定最佳的样本容量，首先分析一下影响样本容量的因素。

第一，总体各单位标志变异程度，即总体方差 σ^2 或 $P(1-P)$ 的大小。总体各单位标志变异程度大，要求样本容量大一些；反之，则小一些。

第二，允许的极限误差 $\Delta\bar{x}$ 或 $\Delta\bar{p}$ 的大小。允许的极限误差越大，样本容量越小；反之越大。

第三，抽样方法。在其他条件相同的情况下，重复抽样比不重复抽样要多抽取一些样本单位。

第四，抽样方式。采用分层抽样、等距抽样的样本容量要小于简单随机抽样的样本容量。

第五，抽样推断的可靠程度即概率 $F(t)$ 越大，样本容量越大；反之，样本容量越小。

二、样本容量确定的三种方式

第一种方式是依据目前的条件，如时间、人力、财力，或依据抽样调查者的专业经验等进行选择，也是实践当中最常用的一种方式。第二种方式是按总体一定比例抽取，一般情况下从总体当中按10%或5%抽取。第三种方式是在确定误差和把握概率保证度的情况下，反推所需的样本数。本节主要介绍第三种方式。

三、样本容量的计算

这里只介绍简单随机抽样组织方式的样本容量计算。

（一）重复抽样的样本容量

1. 平均数的样本容量

公式推导如下：

对 $\Delta\bar{x}=t\mu_{\bar{x}}=t\sqrt{\frac{\sigma^2}{n}}$ 进行推导，得：

$$n=\frac{t^2\sigma^2}{\Delta^2} \qquad \text{（公式 5-28）}$$

例5-13 某饭店为了合理配置前台接待人员，饭店管理部门需要了解接待一名顾客所花费的时间，要求估计误差不超过2分钟，假定一名服务员接待一名顾客花费时间的标准差为4分钟，问在99%的置信水平下，需要至少观察多少名顾客？

由题意可知：

$$\Delta=2,\sigma=4,t=2.58[\text{因为}F(t)=0.99]$$

$$n=\frac{t^2\sigma^2}{\Delta^2}=\frac{(2.58)^2\times(4)^2}{2^2}=26.6(\text{人})$$

需要至少观察27名顾客。

2. 成数的样本容量

公式推导如下：

对 $\Delta\bar{p}=t\mu_{\bar{p}}=t\sqrt{\frac{p(1-p)}{n}}$ 进行推导，得：

$$n=\frac{t^2p(1-p)}{\Delta^2} \qquad \text{（公式 5-29）}$$

例5-14 某网站想要了解民众对取消“五一”黄金周的看法，根据其他资料显示，民众对取消“五一”黄金周持赞成态度的比例为54%，如果要求估计误差不超过0.03，求在95%的概率保证水平下，应至少抽取多大容量的样本？

由题意可知：

$$\Delta = 0.03, p = 0.54, t = 1.96 [\text{因为 } F(t) = 0.95]$$

$$n = \frac{t^2 p(1-p)}{\Delta^2} = \frac{(1.96)^2 \times 0.54 \times (1-0.54)}{0.03^2} = 1060.28(\text{人})$$

需要至少抽取 1061 人。

（二）不重复抽样的样本容量

1. 平均数的样本容量

公式推导如下：

对 $\Delta\bar{x} = t\mu_{\bar{x}} = t\sqrt{\frac{\sigma^2}{n}\left(1-\frac{n}{N}\right)}$进行推导，得：

$$n = \frac{Nt^2\sigma^2}{N\Delta^2 + t^2\sigma^2} \qquad \text{（公式 5-30）}$$

例 5-15　如例 5-13 资料，假设该饭店观察期内共接待顾客 200 人，问在 99% 的置信水平下，需要至少观察多少名顾客？

由题意可知：

$$\Delta = 2, \sigma = 4, t = 2.58 [\text{因为 } F(t) = 0.99], N = 200(\text{人})$$

$$n = \frac{Nt^2\sigma^2}{N\Delta^2 + t^2\sigma^2} = \frac{200 \times 2.58^2 \times 4^2}{200 \times 2^2 + 2.58^2 \times 4^2} = 23.5(\text{人})$$

需要至少观察 24 名顾客。

从本例和例 5-14 可以看出，在其他条件相同的情况下，平均数重复抽样比不重复抽样要多抽取一些样本单位。

2. 成数的样本容量

公式推导如下：

对 $\Delta\bar{p} = t\mu_{\bar{p}} = t\sqrt{\frac{p(1-p)}{n}\left(1-\frac{n}{N}\right)}$ 进行推导，得：

$$n = \frac{Nt^2 p(1-p)}{N\Delta^2 + t^2 p(1-p)} \qquad \text{（公式 5-31）}$$

例 5-16　如例 5-14 资料，假设共有 7000 人接受了该网站的调查，求在 95% 的概率保证水平下，应至少抽取多大容量的样本？

由题意可知：

$$\Delta = 0.03, p = 0.54, t = 1.96 [\text{因为 } F(t) = 0.95], N = 7000(\text{人})$$

$$n=\frac{Nt^2p(1-p)}{N\Delta^2+t^2p(1-p)}=\frac{7000\times1.96^2\times0.54\times(1-0.54)}{7000\times0.03^2+1.96^2\times0.54\times(1-0.54)}=920.81(\text{人})$$

需要至少抽取 921 人。

本例与例 5－15 相比可以看出，在其他条件相同的情况下，成数样本容量重复抽样比不重复抽样要多抽取一些样本单位。

（三）计算样本容量应注意的问题

其一，应用上面公式计算的样本容量是最低的，也是最必要的样本容量。

其二，用上面公式计算样本容量时，一般来说，总体方差 σ^2 和 $p\ (1-p)$ 是未知的。在实际计算时往往利用有关资料代替：第一，如果在本次调查之前，曾经进行过同类问题的全面调查，用全面调查的有关资料代替。第二，组织试验抽样。在进行正式抽样调查之前，组织两次或两次以上试验性抽样，用试验样本的方差代替。应当注意的是，该试验样本的方差是从几个试验样本方差中选中的。同样，利用过去全面调查资料，也要注意要从方差中选大的。第三，成数方差在完全缺乏资料的情况下，可用成数方差极大值 0.25（$p=0.5$）来代替。

其三，如果进行一次抽样调查，同时对总体平均数和成数进行区间估计，运用上面公式计算两个样本容量 $n_{\bar{x}}$ 和 n_p，一般情况下 $n_{\bar{x}}\neq n_p$，为了同时满足两个推断的要求，一般在两个样本容量中选择较大的一个。

【思考题】

1. 什么是抽样？抽样的特点及在统计工作中的重要意义是什么？
2. 抽样的基本概念有哪几个？抽样的理论基础是什么？
3. 概率抽样方法和非概率抽样方法包括哪些？如何设计抽样程序？
4. 什么是抽样误差和抽样平均误差？影响抽样平均误差的因素有哪些？
5. 抽样估计的特点和一般要求是什么？
6. 影响样本容量的因素有哪些？

【练习题】

1. 某旅游咨询公司要了解内地游客的旅游花费情况，对 3600 位游客的调查显示，平均内地旅游花费为3500元，标准差为120元，试对内地游客年均旅游花费做置信水平为95%的区间估计。

2. 通过对800名游客的抽样调查显示，随着生活水平的提高，自驾车旅游的人越来越多，16.36%的人选择此出行方式，试对自驾车旅游比例做置信水平为95%的区间估计。

3. 某旅游公司需要对下一个黄金周的旅游市场进行调研，调查人员随机访问了300人，其中有165人表示在下一个黄金周要外出旅游，如果抽样允许误差不超过0.05，要对这个比例做置信水平为95%的区间估计，问：应取多大的样本？

第六章

时间数列与趋势预测

【本章导读】

时间数列是用来描述某种经济现象的发展与结果的，呈现了经济现象随时间变化而发生变化的过程与规律。本章首先论述了时间数列的概念及其分类，进而讲述了时间数列分析指标及运算方法，并提出序时平均数的概念，使读者对“平均”的含义又有了进一步的认识。运用时间数列可以进行最基本的短期趋势预测，本章介绍了常用又简便易行的平均发展速度预测法和季节指数预测法，且这两种方法的结合运用，将有效地为像旅游企业这样的，其经营受季节因素影响的企业之年度计划与预算提供服务。本章最后还初步介绍了相关预测的方法。学无止境，如果学有余力或有兴趣的读者，还可延续本章给出的案例或其后附的练习题，将上述三种预测方法结合运用，无疑，这将更具实战价值。

Time series is used to describe the development and results of certain economic phenomena. It shows the process and the laws of economic phenomena changing with time. This chapter firstly gives an account of the concept and classification of time series; and then it introduces the indicators and calculation methods of time series and proposes the concept of chronological average, further deepening the readers' understanding on "average". Time series can be used in the most basic short-term trend prediction. This chapter also introduces the average growth rate prediction method and the seasonal index prediction method, which are frequently used and user-friendly. The combine of these two methods will provide effective annual plan and budget for tourism enterprises whose operation is influenced by seasonal factors. At the end of this chapter, the correlation prediction method is also briefly introduced. Knowledge has no limits. Readers capable of learning more or full of interests can continue with the cases listed in this chapter or the exercises attached. Combination of the three methods is no doubt of greater practical value.

第一节　时间数列的几个主要指标

一、关于时间数列

（一）时间数列的含义

时间数列，又称为动态数列，是指将某一指标在不同时间上的不同数值，按时间先后顺序形成一种变量数列。例如，某项旅游经济统计都依年、季、月或日统计其指标值，随着时间的推移，形成了统计指标的时间序列。时间序列反映了现象的动态发展情况，而时间数列分析就是估算和研究某时间序列在长期变动过程中所存在的统计规律性，并预测今后的发展和变化趋势。

时间数列有两个基本构成要素：一是某一指标在不同时间上的数值，二是各指标值所属的时间。

（二）时间数列的作用

其一，时间数列能够揭示某种经济现象发展变化的数量规律及其发展方向、发展水平、发展速度和发展趋势。

其二，时间数列可以对某种经济现象的发展变化趋势进行预测。

其三，由于时间数列的可比性，而找出事物的差异性与相关性，为编制计划、制定政策、进行经济管理提供依据。

（三）时间数列的种类

1. 按构成时间数列指标的表现形式的不同来分类

有绝对数时间数列、相对数时间数列和平均数时间数列。绝对数时间数列又称为总量指标时间数列，它反映现象在各个时间状态所达到的绝对水平及发展变化情况。相对数时间数列和平均数时间数列一般都是由绝对数时间数列派生出来的。

2. 按时间数列性质的不同分类

有确定性时间数列、随机性时间数列和确定性加随机性时间数列。确定性时间数列是指这种现象的动态变化是严格的时间函数。如果时间数列是由一系列随机变量或样本观察值构成的，则称随机时间数列。如果时间数列既包含有明显的确定性趋势，又包含有随机扰动，则称为确定性加随机性时间数列。

3. 按研究对象的多少分类

分为一元时间数列和多元时间数列。

（四）编制时间数列

1. 编制时间数列的原则

编制时间数列的目的是反映现象的发展变化状态，因此在编制时间数列时，要遵循如下原则：

第一，时间上的可比性。在时间数列中，各个指标值的大小与时间长短有直接关系。如果各个指标值所属的时间长短不同，则不能直接比较。

第二，总体范围和空间范围的可比性。即要求时间数列中各个指标值所属的总体和空间范围应前后一致，否则不能直接比较。

第三，指标含义、计算方法、计算价格和计量单位应保持一致。

2. 时间数列综合分析应用

时间数列分析的目的，就是逐一分解和测定时间数列中各项因素的变动程度和变动规律，然后将其重新综合起来，预测统计指标今后的综合变化和发展情况。时间数列综合分析可以按以下步骤进行。

第一步，确定时间数列的变动因素；

第二步，计算调整月（季）比率，以测定季节变动因素的影响程度；

第三步，调整时间数列的原始数值，消除季节变动因素的影响；

第四步，根据调整后的时间数列的指标值（简称为调整值），并按此指标值拟合长期趋势模型；

第五步，预测今后统计指标的数值。

（五）时间数列数据的组成要素

1. 四种变动

一般时间数列数据由趋势变动、循环变动、季节变动和不规则变动四种变动（要素）组成。

趋势变动表示整体的长期变动趋向，循环变动大致以一定的周期重复变动，季节变动指呈现周期性反复、规则的变动，不规则变动指原因不明的偶然性小幅变动。

2. 趋势变动

趋势变动表示整体的长期变动趋向，表示需求量、销售量等指标的增长或下降。时间数列的变化呈持续时间较长的趋势变化，表现为对象的特征值长时间连续不断地上升或连续不断地下降。在时间数列分析中，把所有可以引起对象的特征值呈长期趋势变化的因素统称为长期趋势因素。引起对象的特征值呈长期趋势变化的因素也具有长期的趋势变化。例如，在国民经济发展过程中，劳动力的不断增加、科学技术的不断进步、财富的积累等是引起经济持续增长的长期趋势因素。

3. 循环变动——景气变动

循环变动大致以一定的周期重复变动，其中包括景气变动。景气变动一般以三年或四年作周期重复的变动。从对景气动向反映敏感的生产资料等数据的分析中，能明显地看出循环变动的规律。循环变动因素引起的对象特征值的变化也是一种周期变化，只是周期长度在一年以上。与季节性变化相比较，时间数列循环变化的规律性较差，往往没有固定的周期，周期长度在一年以上，甚至数年或更长的时间。

4. 季节变动

季节变动是呈现周期反复作规则的变动。以一年为基础，研究旅游企业某些特定月份，需求量和销售量等指标的有规则的上升或下降的变动。一般过了成长期的产品（商品）受季节变动的影响较大。

以上三种变动构成时间数列数据的主要变动。

5. 不规则变动

不规则变动，是原因不明的偶然的小幅变动。在进行预测时从全面变动中去掉趋势、循环、季节三种变动以后所剩余的变动。不规则变化因素对象特征值的不规则变化是由许多不可预测或不可知的因素引起的，如自然灾害、瘟疫、战争、意外事故等对某企业经营活动的影响。

（六）时间数列数据的精度

因为大多数预测方法是需要历史性数据作依据的，所以预测人员首先要确定判断数据有效性的质量标准，从而才能使这些旅游需求预测模型显示出其重大的历史价值。关于预测指标的定义、类别和需求的恰当尺度等问题，一定要在着手处理创建模型技术之前解决好。

1. 数据精密性

大多数旅游需求数据是通过数百万位旅游者，甚至是数亿位旅游者消费额的单位数来说明的。对数据的处理一般到6位（或者大于6位）来大体说明问题。此外，我们更希望把这些数字存入数据库里，这样更易于我们找出数据间的误差。

如果我们所描述的预测变量仅有一位数或两位数，就会限制对这一时间数列内变量的认识。那么，中等选择就是让我们的数列尽量能够精确到四位数。这种允许在数列中表示自己的变化，保持最大的舍入误差到0.5%，这种最小化的精确度损失是不会影响预测准确性的。

2. 数据合理性

运用图表将会表达出我们需要的时间数列的程序合理与否。自从第二次世界大战以来，大多数国家的旅游需求已经上升，并且它的时间数列中也应有所反映。另外，如果有大的灾难发生时，则会在数列内表现出明显的下降过程。

大多数的旅游需求基本上随着季节变化波动。根据需求的变化，季节的数量将有所变化。一些热带的目的地有两个季节，而那些温和的北方和南方地区有四个季节。如果我们的时间数列没有呈现出这样的规律，我们应该在收集、编制或者录入数据的环节中来查找测量误差。

3. 可靠的数据搜集

旅游需求数据可以从管理部门的报告中取得。比如大多数运输业的数据是使用那些实际售票数、运载乘客量等，主题公园、博物馆和其他吸引物也可以提供对旅游预测有效的管理记录。在大多数国家，旅店等商业住宿场所通常要求登记入住客人的数量和停留的时间长短等详细记录。但在这里请一定要注意数据录入的正确性与完整性。

还有一些旅游需求数据是通过抽样调查来取得的。参与这样的调查工作，必须做到其每一位成员都心中有数。细心的预测人员将深入调查被使用的数据是怎样被搜集、被处理的，明白测量可能存在的不规则数据和变量是由于数列而存在的抽样误差。

在旅游需求预测中使用直接观察法也是非常普遍的。比如通过计算一家航空公司运载乘客的数量，我们就可以拓展为一时间数列内乘客飞行的数量，计算私人机动车的数量和平均每辆机动车乘客的数量来预测旅游业。

在这样的调查活动中，测量误差可能来自观察员的疲劳，甚至是在恶劣的气候环境下观察。观察员的粗心大意和其他事件可能严重影响数据质量，而不能反映出我们试图测量现象的特性。

二、时间数列的几个主要指标

详见表 6－1。

表 6－1 时间数列的几个主要指标

名 称	用公式或符号表示	关 系 式
发展水平	$a_0, a_1, a_2, \cdots, a_n$	
增长量 累计	$a_1-a_0, a_2-a_0, \cdots, a_n-a_0$	累计增长量＝逐期增长量之和累计 $a_n-a_0=(a_1-a_0)+(a_2-a_1)+\cdots+(a_n-a_{n-1})$
逐期	$a_1-a_0, a_2-a_1, \cdots, a_n-a_{n-1}$	
发展速度（％） 定基	$a_1/a_0, a_2/a_0, \cdots, a_n/a_0$	定基发展速度＝各个环比定基发展速度的连乘积 $a_n/a_0=a_1/a_0\times a_2/a_1\times\cdots\times a_n/a_{n-1}$
环比	$a_1/a_0, a_2/a_1, \cdots, a_n/a_{n-1}$	两个相邻的定基发展速度之商＝环比发展速度 $a_2/a_0\div a_1/a_0=a_2/a_1$
增长速度（％） 定基	$\frac{\text{累计增长量}}{\text{基期水平}}$ $(a_1-a_0)/a_0, (a_2-a_0)/a_0, \cdots, (a_n-a_0)/a_0$	增长速度＝发展速度－1（或 100％） 定基增长速度 $=a_n/a_0-1=(a_n-a_0)/a_0$
环比	$\frac{\text{逐期增长量}}{\text{前一期水平}}$ $(a_1-a_0)/a_0, (a_2-a_1)/a_1, \cdots, (a_n-a_{n-1})/a_{n-1}$	环比增长速度 $=a_n/a_{n-1}-1=(a_n-a_{n-1})/a_{n-1}$
增长 1％绝对值	$\frac{\text{前一期水平}}{100}$	相对指标与绝对指标的结合运用
增长百分点 两个环比速度的差	$\left[\frac{a_{n+1}}{a_n}-1\right]-\left[\frac{a_n}{a_{n-1}}-1\right]=\frac{a_{n+1}}{a_n}-\frac{a_n}{a_{n-1}}$	

（一）发展水平

发展水平指的是在某一个时间状态下某个指标的数值。

（二）增长量

增长量指的是两个时期水平的差，是绝对指标。一类是累计增长量，是本期减基期（或指定一个时期，如果没有指定时期以最早的时期为基期）的增长量，表明若干个时期的累计增长量；另一类是逐期增长量，是本期减前一个时期的增长量，表明一个时期的增长量。增长量也可能是负值，如 2003 年的所有旅游指标，特别是增长指标，基本上都是负值。基期的下标一般用“0”表示，本期通常叫报告期，下标为“1”。

（三）发展速度

发展速度指两个时期水平的比，属相对指标。如果本期与其前一时期作对比，表明一个时期的发展速度，我们称之为环比发展速度。如果是本期和一个指定的时期作对比，比如与企业开业的时期对比，或与历史最好水平作对比等，表明若干个时期的发展速度，我们称之为定基发展速度。

（四）增长速度

增长速度是在发展速度的基础之上，超越前期的部分。

$$增长速度 = 发展速度 - 1(或减\ 100\%) \qquad (公式\ 6-1)$$

增长速度也分两类，即定基增长速度和环比增长速度。其中定基增长速度表明若干个时期的增长速度，而环比增长速度则表明一个时期的增长速度。

$$定基增长速度 = 定基发展速度 - 1(或减\ 100\%) \qquad (公式\ 6-2)$$

$$环比增长速度 = 环比发展速度 - 1(或减\ 100\%) \qquad (公式\ 6-3)$$

在实际的使用中，增长速度使用得比较多，特别是环比增长速度使用频率很高。通常我们会听到“同比增长”和“递增”这样的说法。“同比”就是指本期和上一年度同时期的对比，是两个对应的特定时期相比。比如国家统计局发布 2016 年上半年全国居民消费价格指数（CPI）同比上涨 2.1%，即表达的是同一指标在 2016 年上半年与 2015 年上半年对比的结果。“递增”是指本期与上一时期的对比。比如据香港导游总工会的通知，赴香港常规旅游团的导游小费将从 2007 年的 20 港币/人天涨至 2008 年的 50 港币/人天，递增 150%，即表达的是同一指标在 2008 年与其前一时期 2007 年的对比结果。严格地说，没有同比和递增之说，只是把一些词省略化了。

（五）增长1%绝对值

增长1%绝对值指的是前一个时期的水平除以100。假设A企业年收入增长了10%，B企业年收入增加了100万元，哪个企业发展得好呢？显然是不可比的，这是两类不同的指标，而且与企业资产的基数有关系。北京作为一个旅游城市，其年旅游收入增长速度一般在10%以下，而像广西、贵州等省（自治区），一年的旅游收入增长能够达到20%以上，甚至接近50%，增幅相当高，但是这些地区收入的增长量却远远小于北京，因为北京的旅游收入基数较大。所以在增长1%绝对值的使用过程中，能够使绝对指标和相对指标相结合运用。

（六）增长百分点

增长百分点是两个环比速度的差，其可以是两个环比增长速度的差，也可以是两个环比发展速度的差。如2016年和2015年相比增长速度是10%，如果2017年还增长10%，那么它的增长速度是没变的。通俗地说，增长百分点是看速度增长了多少，表明速度变化的快慢，而不是看实际是否增长了没有。这是很重要的，不可以混淆。假如说去年增长了10%，今年增长了15%，那么可以说是增长了5个百分点；如果去年增长了10%，今年增长了5%，那么今年仍然是增长的，只是增长速度变慢了，下降了5个百分点，但这并不意味着没增长。所以，增长百分点是描述速度变化的情况的。

第二节　序时平均数

一、序时平均数的概念

我们曾经在第四章已经接触过平均数了，而当时并没有过多地考虑其时间状态的问题。那么，从时间的角度，我们可以把平均数分为静态的平均和动态的平均两类。我们在第四章所讲过的平均数均属于前者。而动态的平均，我们称为序时平均数，即序时平均数是指将不同时间状态下的发展水平加以平均而得到的平均数。平均数的分类详见图6－1。

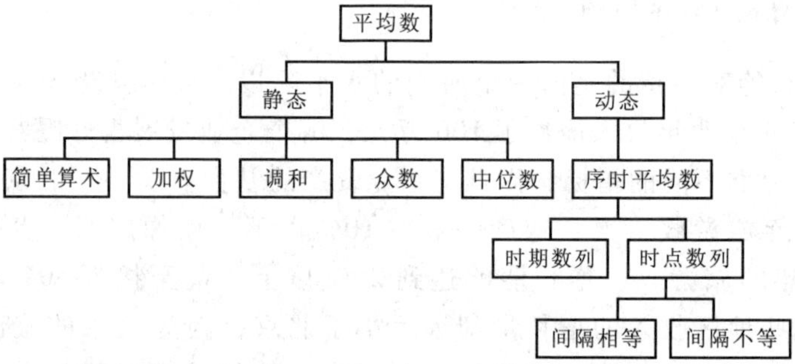

图 6－1　平均数的分类

二、序时平均数的计算

（一）时期数列计算序时平均数

其计算方法、计算公式与第四章的静态条件下计算平均数是相同的。

（二）时点数列计算序时平均数

1. 调查时间间隔相等

若对时点指标进行调查时，我们所取得的时点数列资料，其调查时间间隔相等时，可以采用公式 6－4 来计算。其中 a 代表各时间点上的数值，n 则表示有 n 个时间点，有 $n-1$ 个时间段。

$$\bar{a}=\frac{\frac{a_1}{2}+a_2+a_3+\cdots+a_{n-1}+\frac{a_n}{2}}{n-1}\qquad \text{（公式 6－4）}$$

2. 调查时间间隔不等

若对时点指标进行调查时，我们所取得的时点数列资料，其调查时间间隔不相等时，则在计算时要考虑到时间间隔的问题，可以采用公式 6－5 来计算。其中 f 代表各时间点之间的时间间距，同样，有 n 个时间点，就有 $n-1$ 个时间间距。

$$\bar{a}=\frac{\frac{a_1+a_2}{2}\times f_1+\frac{a_2+a_3}{2}\times f_2+\cdots+\frac{a_{n-1}+a_n}{2}\times f_{n-1}}{f_1+f_2+\cdots+f_{n-1}}\qquad \text{（公式 6－5）}$$

例 6－1　根据表 6－2 资料，计算某饭店某年平均职工人数。

表 6－2　某饭店职工人数资料

	1月1日	4月1日	9月1日	12月1日	12月31日
职工人数(人)	1520	1530	1564	1574	1550

通过观察我们发现，该资料中指标“职工人数”为时点指标，且调查数据的时间间隔是不相等的。则计算其平均职工人数应采用调查时间间隔不等的序时平均数计算公式 6－5，解题过程如下：

$$年平均职工人数=\frac{\frac{1520+1530}{2}\times 3+\frac{1530+1564}{2}\times 5+\frac{1564+1574}{2}\times 3+\frac{1574+1550}{2}\times 1}{3+5+3+1}$$

$$=\frac{18579}{12}=1548.25\approx 1548(人)$$

例 6－2　根据表 6－3 资料，计算某饭店第一季度人均创汇率。

表 6－3　某饭店职工外汇创收资料

	1月	2月	3月	4月
外汇收入(万美元)	664	632.25	782	—
月初职工人数(人)	820	840	846	854
人均创汇率(万美元/人)	0.8	0.75	0.92	—

对于题中给出的多个指标要区别对待，首先应分别判断其指标的时间性质。通过观察我们发现，“外汇收入”为时期指标，在计算平均外汇收入时，可采用第四章讲解的算术平均数的方法；“职工人数”为时点指标，且调查数据的时间间隔是相等的，均为 1 个月。则计算其平均职工人数应采用调查时间间隔相等的序时平均数计算公式 6－4，解题过程如下：

$$第一季度月平均外汇收入\ \bar{a}=\frac{664+632.25+782}{3}=692.75(万美元)$$

$$第一季度月平均人数\ \bar{b}=\frac{\frac{820}{2}+840+846+\frac{854}{2}}{3}=841(人)$$

$$第一季度月平均人均创汇率\ \bar{c}=\frac{692.75}{841}=0.82(万美元/人)$$

第三节　旅游趋势预测

一、时间数列的短期趋势预测

过去的统计数据之间存在着一定的关系，而且这种关系利用统计方法可以揭示出来，比如历史的销售状况对未来的销售趋势有决定性影响，销售额只是时间的函数。因此，企业利用这种方法预测未来的销售趋势。时间数列分析法的特点是，假定影响未来市场需求和销售量的各种因素与过去的影响因素大体相似，并且产品的需求形态有一定的规律可循。因而，只要将时间数列的倾向性进行统计分析，加以延伸，便可以推测出市场需求的变化趋势，从而作出预测。这种方法简单易行，应用较为普遍。但经济事件的未来状态不可能是过去的简单重复，因此，这种方法适用于短期预测或中期预测。如果时间数列的数据随时间的变化波动很大，市场环境变化很大，国家的经济政策有重大变化，或经济增长发生转折，一般不宜采用这种方法。

一般认为对未来 1 ~2 年的预测为短期预测、3 ~5 年为长期预测。伴随着趋势变动出现的季节变动、循环变动，都是短期预测要研究的问题。此外，为了能从所给的时间数列数据中分解出各种变动，所给的已知数据必须是不同月份或不同周期的。

（一）运用平均增长速度进行短期趋势预测

1. 对旅游企业的未来发展速度的预测

时间数列是指将同一指标在不同时间上的数值，按时间先后顺序排列而形成的一种数列。它可以根据经济现象的动态变动趋势或变动规律建立数学模型，再根据数学模型对过去的事物进行分析、总结、研究，对未来的事物作出客观的、科学的推测。

平均增长速度表明某种经济现象逐期平均增长变化的程度。它不能根据各期环比增长速度指标直接求得，因为逐期增长速度的连乘积不等于总增长速度。在计算平均增长速度时，需通过计算平均发展速度，然后再减 1（或 100%）来求得。

$$q-1=\sqrt[(n-m)]{\frac{a_n}{a_m}}-1 \qquad \text{（公式 6 -6）}$$

式中，q 为平均发展速度；$q-1$ 为平均增长速度；a_n 为后一时期发展水平；a_m 为前一时期发展水平；n 为后一时期；m 为前一时期。

公式 6－6 可以用于计算旅游企业某项经济指标若干时期的平均发展速度和平均增长速度。

平均增长速度指标可以灵活运用，且计算简单，非常适用于旅游企业在制订年度计划或年度预算时使用。

2. 对旅游指标未来发展水平的预测

$$a_n = a_m q^{(n-m)} \qquad \text{(公式 6-7)}$$

公式 6－7 可以用于推测旅游企业某一指标报告期的发展水平。

3. 未来希望实现某一目标所需要的时间预测

$$n - m = \frac{\lg \frac{a_n}{a_m}}{\lg q} \qquad \text{(公式 6-8)}$$

通过公式 6－8 可以推测旅游企业为实现某一既定指标值所需要的时间，即需从第 m 时期发展至第 n 时期，共需（$n-m$）个时期。

（二）时间数列预测的实际操作

第一步，首先搜集所要预测指标的连续的时间数列资料。

第二步，根据上述资料，可以运用公式 6－6 计算出以往该指标的平均增长速度。

例 6－3　根据 FGHI 旅游公司产品销售利润情况（表 6－4），了解其以往的平均增长速度。

表 6－4　FGHI 旅游公司产品销售利润情况

年份	销售利润(万元)	年份	销售利润(万元)
3	310	6	450
4	360	7	480
5	450		

$$q = \sqrt[(7-3)]{\frac{a_{2007}}{a_{2003}}} = \sqrt[4]{\frac{480}{310}} = 111.55\%$$

$$q - 1 = 11.55\%$$

通过计算我们了解到该企业的这一产品在第 3 ~ 7 年的平均增长速度为 11.55%。

第三步，再根据前一步计算的平均增长速度，推测未来的一定时期仍以这一速度发展，则可以运用公式 6 - 7 计算出这一指标未来某个时期的发展水平。

例 6 - 4 根据例 6 - 3 的计算结果，预测第 9 年这一产品的销售利润是多少？

$$a_{2009} = a_{2007}q^{(2009-2007)} = 480 \times (111.55\%)^2 = 597.28(\text{万元})$$

若能够以年均 11.55% 的速度增长的话，预计在第 9 年这一产品的销售利润可以达到 597.28 万元。

第四步，如果企业对这一指标已经有了既定的目标值，若想预测其实现的过程所需要的时间，在认可前期预测增长速度的基础上，则可运用公式 6 - 8 进行计算。

例 6 - 5 根据例 6 - 3 的计算结果，如果未来希望实现这一产品年销售利润 700 万元的目标，还需要多长时间？

$$n - m = \frac{\lg \dfrac{a_n}{a_{2007}}}{\lg q} = \frac{\lg \dfrac{700}{480}}{\lg(111.55\%)} = 3.45(\text{年})$$

上述 3.45 的计算结果，表明若想实现 700 万元的年销售利润尚需要三年半的时间。

二、季节变动预测

（一）季节变动分析

1. 季节变动

季节反映了在一年内的销售活动模式。“季节”这个词在这里可以指任何按小时、月份或季度周期发生的销售量变动形式。该组成部分一般同气候条件、假日、贸易习惯等有关。它为预测短期销售提供了基础。例如，空调、饮料的销售量在夏季要比冬季多，而羽绒服的销售量则与之相反。

季节变动因素是指由于自然条件、社会条件的影响，客观现象在一年内随着季节变动而产生的周期性变动。这种变动是年复一年重复出现的。

受季节变化因素的影响，时间数列表现出周期性变化，其变化的周期长度通常在一年以内。季节变化的周期长度指对象的特征值以某个水平为起点，经过一段时间的变化又回到或接近原来水平的时间长度。它可以是一年，也可以是一个季度、一个月、一周或一日。时间数列的季节变化特点具有较高的重复性，它主要是由自然季节变化引起的，也可能是由人们制定的规章制度引起的。

2. 旅游季节变动

比如就旅游业来讲，伴随着一年四季的更迭，各旅游目的地的景色、气候等方面有所不同而自然形成旅游的淡季和旺季，从而形成周而复始的季节变动。对于中国的大部分地区而言，春秋两季为旅游旺季。自从 2000 年开始实行三个“黄金周”休假制度以来，则旅游业的季节变动就不仅呈现如上所说的是一种自然变动；还在很大程度上受到人们制定的规章制度——“黄金周”休假制度的周期影响。而自 2008 年起我国将实行新的休假制度及职工带薪休假制度。那么，这些相关制度的实行，将会对我国的旅游季节周期变动产生影响。

（二）季节变动预测

1. 反映季节变动的季节指数

常用的表现季节变动的指标为季节指数。

$$\text{季节指数} = \frac{\text{月平均数}}{\text{总平均数}} \times 100\% \qquad \text{（公式 6－9）}$$

其中，月平均数——所搜集到的数年资料的数个同月平均数，每月一个，共 12 个。

总平均数——所搜集到的、数年资料的、所有月度数值的平均数，只有一个。

季节指数——通常以 100% 为界限，季节指数大于 100% 则为旺季；季节指数小于 100% 则为淡季。如例 6－6 中 1 月和 7 月即为淡季，主要是受到自然季节的影响；4 月、10 月和 12 月则为旺季，除受自然季节的影响外，还同时受到规章制度（“黄金周”休假制度）的影响。而季节指数比较接近 100% 的月份，我们可以称之为平季，或小淡季、小旺季。

例 6－6　HON 旅行社在第 11 年年底要做第 12 年的计划；这也是所有企业每到一年年底时都要做的管理事项。然而对于旅游企业来讲，最令管理者们困扰的是如何科学地解决好明显受季节因素影响的各指标在季节间分配的问题。根据表 6－5 资料，预测第 12 年营业收入季节分配情况。

表 6－5　HON 旅行社票务部第 12 年营业收入季节预测

单位：万元

时　间	8 年	9 年	10 年	11 年	季节指数(%)	12 年
1 月	20.11	19.54	32.23	45.78	45.31	43.77
……	……	……	……	……		
4 月	59.78	67.51	79.8	90.2	114.48	110.60
……	……	……	……	……		
7 月	40.63	45.28	54.12	66.65	79.59	76.89
……	……	……	……	……		
10 月	82.12	95.13	102.55	134.76	159.64	154.23
……	……	……	……	……		
12 月	83.67	84.52	84.56	88.23	131.30	126.85
合　计	609.45	700.01	819.68	987.16	100.00	1159.32

以季节指数最高的 10 月为例：

$$10\text{月的季节指数} = \frac{\dfrac{82.12 + 95.13 + 102.55 + 134.76}{4}}{\dfrac{609.45 + 700.01 + 819.68 + 987.16}{48}} = 159.64\%$$

第 12 年 10 月营业收入的预测值 ＝ 159.64% × 1159.32 ÷ 12 ＝ 154.23（万元）

2. 季节变动预测的应用特点

其一，就某一地区而言，无论其自然气候特征，还是其规章制度都是稳定而不易改变的。因此对于某一企业来讲，其某一指标的季节指数则可一次计算、长期使用。

其二，对于同一地区的同类型企业，若其缺乏历史资料时，则可与其他企业共享已有的季节指数。

其三，为了有效地剔除偶然因素的影响，在进行季节指数的计算时，应尽量搜集比较长时期的历史资料，通常不应少于三年的资料积累。通过一个比较长的时期内正、负因素的自然相互抵消，而有效地剔除了非季节因素的影响。

三、运用相关关系进行预测

无论在社会生活或经济活动当中，事物与事物之间、指标与指标之间都会存在这样或那样的关系。有些关系是确定的对应关系，比如销售收入＝价格×

销售额。还有一些事物之间虽然存在着关系，但不是明确对应的数量关系，比如广告费用与销售收入的关系，可是现实生活当中人们又希望了解广告费用的投入能带来多少销售收入。像广告费用与销售额之间这样的关系，我们就叫它相关关系。

相关关系是指变量间存在的不确定的依存关系。其与函数关系不同，对应于一个变量的某个数值，另一个变量可能有几个，甚至是多个变量数值。尽管相关关系是不确定的，但是仍然可以做计算，其预测模型为公式 6－10。

$$Y = a + bx \qquad \text{（公式 6－10）}$$

式中，Y 表示因变量，是事物发展变化的结果；x 表示自变量，是事物发展变化的原因；a 与 b 均为系数，其计算详见公式 6－11 和公式 6－12。不同的相关关系由于这两个系数的不同而不同。在公式 6－11 及 6－12 中，n 代表的是变量个数。在预测过程中，我们排除了一些因素，比如突发事件、偶然因素的影响，以及广告做得不好等。

$$b = \frac{n\sum xy - \sum x \sum y}{n\sum x^2 - (\sum x)^2} \qquad \text{（公式 6－11）}$$

$$a = \frac{\sum y}{n} - b \cdot \frac{\sum x}{n} \qquad \text{（公式 6－12）}$$

例 6－7 根据表 6－6 资料，预测这一产品在广告投入达到 18 万元时，其预期的销售额可能达到多少？

表 6－6 某企业集团广告投入与其销售状况资料

企　业	广告费（万元）	销售额（万元）
1	1.00	20.00
2	1.50	22.00
…	…	…
39	19.50	298.00
40	20.00	310.00
合　计	250.00	4000.00

依据表 6－6 资料，先后运用公式 6－11、公式 6－12 和公式 6－10，分别求出其 a、b 两个系数（表 6－7），进而建立预测模型。

表 6-7　例 6-7 之计算表

企　业	广告费(万元)	销售额(万元)	x^2	xy
1	1.00	20.00	1.00	20.00
2	1.50	22.00	2.25	33.00
…	…	…	…	…
39	19.50	298.00	380.25	5811.62
40	20.00	310.00	400.00	6200.00
合　计	250.00	4000.00	3588.00	57020.00

其中，a 为 1.19，b 为 15.81，则相关预测模型就为 $Y = 1.19 + 15.81x$。若投入 18 万元的广告费，我们可以进一步计算得到其预期的销售额为 $Y = 1.19 + 15.81 \times 18 = 285.77$（万元）。

除以上所述外，相关分析的其他内容，需进一步学习第八章旅游统计分析中的有关部分。

【思考题】

1. 什么是时间数列？时间数列的种类有哪些？
2. 时间数列数据有哪几种组成要素？
3. 平均指标按其时间性质是怎样分类的？
4. 如何通过平均增长速度模型推测旅游企业的未来发展情况？
5. 什么是季节变动预测？季节变动预测模型应用要注意哪些问题？
6. 怎样判断相关关系的存在与否？

【练习题】

1. 根据表 6－8 资料，计算时间数列的几个主要指标。

表 6－8　CDE 旅行社近年来接待入境旅游者人数状况

年　份	人　数（人次）	逐期增长量（人次）	定基发展速度（%）	环比增长速度（%）	增长 1% 绝对值（人）
第 1 年	1965				
第 2 年	2187				
第 3 年	2610				
第 4 年	2802				

2. 根据表 6－9 资料，计算该饭店的商品平均库存额。

表 6－9　某饭店商品库存资料

项　目	1 月 1 日	2 月 28 日	4 月 18 日	6 月 15 日	9 月 12 日	11 月 6 日	次年 1 月 1 日
库存额（万元）	5.2	4.4	3.2	4.0	4.2	4.6	5.0

3. 贝基餐厅有餐位 100 个，前三年各月接待人次如表 6－10 所示。由于所处的地理位置优越，经调查分析后决定，第 12 年餐厅客源计划增长 5%。现餐厅用季节指数法来预测第 12 年各月的接待人次。要求将数据分析内容填于表 6－10 中。

表 6－10　贝基餐厅季节指数预测

单位：人次

年份	1 月	2 月	3 月	…	12 月	全　年
第 9 年	5770	5002	5119	…	6789	83449
第 10 年	5872	5012	5229	…	6993	84213
第 11 年	6123	5077	5223	…	6999	85239
合　计	17765	15091	15571	…	20781	252901
平　均						
季节指数（%）						
预测第 12 年						

第七章

统计指数

【本章导读】

近年来的经济形势，几乎让所有人知晓了“CPI”这个词。人们从来没有像今天这样更多地关注于CPI——居民消费价格指数和股指——股票价格指数。上述二者不过是统计指数中的重要成员之一——价格指数。统计指数是反映社会经济现象动态对比的一种特殊相对数，是分析社会经济现象数量变化的一种重要统计方法。本章首先简述了统计指数的概念、分类与作用，然后重点讲述了各种指数的计算方法和各种指数体系的运用与计算，还特别介绍了与人们生活及旅游企业经营关系越来越密切的居民消费价格指数和股票价格指数。学会统计指数的使用方法，就能够对旅游企业的经营效益进行评测。所以本章的最后一节就以饭店客房收入的实际案例，专门讲解了旅游企业的多因素指数体系分析。而饭店的其他经营指数体系或其他旅游企业的指数体系，同样也可以套用上述饭店客房收入指数体系的因素分析方法。

The economic situation in recent years almost makes everyone know the word “CPI”. People never pay so much attention to CPI (Consumer Price Index) and stock index (the stock price index) like today. The above two indexes are nothing but an important member of the statistical indices—the price index. Statistical index is not only a kind of special relative number reflecting the dynamic comparison of socio-economic phenomena but also an important statistical method to analyze the change in quantity of socio-eco phenomena.

This chapter gives a brief introduction to the concept, classification and use of statistical index first; then it focuses on the calculation methods of various indices and the application and calculation of various index systems; it also introduces in particular the CPI and the stock index which are more and more closely related with people's daily lives and the operation of tourism enterprises. If you have learned how to use statistical indices, you will be able to evaluate the effectiveness of operation of tourism enterprises. Therefore, the last section of this chapter specially explains the multi-factor indexation analysis with a real case of the hotel room revenue. The other operation index system of hotels and the index system of other tourism enterprises can also apply the same factor analysis.

第一节　综合指数的编制

一、统计指数的意义

（一）统计指数的含义

指数的编制最早起源于物价指数。1650 年，英国人沃汉首创物价指数，用于度量物价的变化状况。其后，指数的应用范围不断扩大，其含义和内容也随之发生了变化。从内容上看，指数由单纯反映一种现象的相对变动，到反映多种现象的综合变动；从对比的场合上看，指数由单纯的不同时间的对比分析，到不同空间的对比分析，等等。指数有广义和狭义之分，指数是用于测定总体各变量在不同场合下综合变动的一种特殊相对数。但从指数理论和方法上看，指数所研究的主要是狭义的指数。

统计指数指的就是一种变动，或者说它是一种特殊的相对指标，它是某两个时期的对比。比较时期叫基期，被比较时期叫报告期。

指数，准确地说应为统计指数。统计指数的概念最早是从计算物价指数开始的，后来发展到各类经济现象之中，如计算产量、成本、劳动生产率等指数。从广义上说，反映各个时期某一经济现象的比较指标统称指数，也就是说，凡是能说明同类经济现象数量变动的相对数，都可以称为统计指数。如安徽省 2014 年接待入境过夜游客人数为 280.2 万人次，2013 年接待入境过夜游客人数为 271.9 万人次，2014 年与 2013 年相比，该地区接待入境过夜游客人数指数为 103.05%，这是不同时期的比较指标。而在同一时期，某种旅游商品甲地价格与乙地价格的比较指标，甲地销售量与乙地销售量的比较指标等都称为统计指数。

从狭义上说，是指把所反映的不能直接加总的经济现象综合变动程度的比较指标称为统计指数。也就是说，凡是能综合反映不能直接加总的多因素经济现象总体变动的相对数都称为统计指数。如分析研究某旅游购物中心的全部商品销售额的变动情况时，由于各种商品的计量单位不同（如鞋的单位是双、电视机的单位是台等），不能直接采用简单加总的方法求得各个不同时期的总体指标，并将其直接对比来说明该购物中心全部商品销售量的动态，因此，对于这类多因素经济现象的变动情况必须采用统计指数。在统计工作中，应用统计指数来分析研究多因素经济现象时就产生了指数分析法，简称指数法。这里主要是讲解狭义的统计指数，而且是在不同时间条件下进行对比的动态指数。

（二）统计指数的意义

第一，可用于反映不能简单加总和不能直接对比的同类经济现象的总动态。

如云南省 2014 年与 2013 年接待入境过夜游客人数指数为 99.54%，虽然各地区、市的旅游收入有增有减，但从总体来看，2014 年比 2013 年微降 0.11%。

第二，可用于分析多因素经济现象的总变动中各个影响因素的变动方向和作用程度，以及各个因素的变动对总体变动的影响程度等。如旅游商品购物中心的商品销售额的变动受到商品销售量和商品价格变动的影响。

第三，可用于分析多因素影响的某种经济现象总变动的方向和程度，还可以研究平均数变动中各个因素的作用方向和影响程度等。如某饭店各类职员的总平均工资的变动，不仅受到各类职员工资水平升降变动的影响，而且还受到各类职员在职员总数中所占比重变动的影响。

利用统计指数法分析平均数的动态时，可以分别测定和说明总体单位标志水平、总体结构的变动对总平均数的影响程度等。

第四，统计指数可以反映某个指标的变动程度，还可以表达绝对数。

二、统计指数的分类

（一）按范围不同分类

按范围不同，统计指数可以分为个体指数和总指数两类。

个体指数是指某一个特定商品或产品的变化量，比如价格。但在多数情况下，我们不使用个体指数，因为它的特定性很强。在我国，有城乡居民消费价格指数和城乡居民零售商品价格指数，这些都不是针对某一个特定商品的。而总体指数是多种商品或产品的变化量的体现。

（二）按所反映的现象特征性质不同分类

按所反映的现象特征性质不同，统计指数可以分为质量指标指数和数量指标指数两类。

质量指标指数表现的是质量指标的变动，可以反映平均水平、相对水平的变动，如价格、成本等指标的变动；而数量指标指数表现的是数量指标的变动，反映总规模、总水平的变动，如工资额、销售额、销售收入等指标的变动。

（三）按计算形式不同分类

按计算形式不同，统计指数可以分为简单指数和加权指数。简单指数又称不加权指数，它把计入指数的各个项目的重要性视为相同；加权指数则对计入指数的项目依据重要程度赋予不同的权数，而后再进行计算。目前应用的主要是加权指数。

（四）按对比场合不同分类

按对比场合不同，统计指数可以分为时间性指数和区域性指数。总体变量在不同时间上对比形成的指数称为时间指数，不同空间上对比形成的指数称为空间指数。

三、统计指数的性质

（一）时空相对性

统计指数是总体各变量在不同场合下对比形成的相对数，它可以度量一个变量在不同时间或不同空间的相对变化，如一种商品的价格指数或数量指数，这种指数称为个体指数。它也可以用于反映一组变量的综合变动，如消费价格指数反映了一组指定商品和服务的价格变动水平，这种指数称为综合指数。如前所述，统计指数还可分为时间指数和区域性指数。目前，时间性指数应用得比较广泛，这也是我们研究的重点。

（二）综合性

统计指数是反映一组变量在不同场合下的综合变动水平，它也是指数理论和方法的核心问题。没有综合性，指数就不可能发展成为一种独立的理论和方法论体系。综合性说明指数是一种特殊的相对数，它是由一组变量或项目综合对比形成的。比如，由若干种商品和服务构成的一组消费项目，通过综合后计算价格指数，以反映消费价格的综合变动水平。

（三）平均性

统计指数是总体水平的一个代表性数值。平均性的含义有两个方面：一方面，指数进行比较的综合数量是作为个别量的一个代表，这本身就具有平均的性质；另一方面，两个综合量对比形成的指数反映了个别量的平均变动水平，比如物价指数反映了多种商品和服务项目价格的平均变动水平。

四、综合指数的编制

（一）概念

综合指数是总指数的一种基本计算形式，是由两个总量指标对比形成的指数。一个总量指标可以分解为两个或两个以上的因素指标时，将其中一个或一个以上的因素指标固定下来，仅观察其中一个因素指标的变动程度，这样的总指数称综合指数。综合指数是把两个时期不能同度量现象的数值，通过与之相联系的同度量因素，使之转化为同度量现象的数值，并对比其总量指标而得到的。

首先，我们对所研究的经济现象进行分析，找出相同的度量因素，计算出报告期与基期对比的总量指标，两个总量指标对比所得到的指数就是综合指数，它反映的是综合测定，由多因素经济现象所组成的复杂现象的总体变动方向及程度，可用于综合测定由多因素经济现象总变动所产生的实际效果。综合指数有数量指标综合指数和质量指标综合指数两种。

数量指标综合指数，是用来说明多因素经济现象的数量指标综合变动程度的指数，如职工人数指数、农产品生产量指数、商品销售量指数等；质量指标综合指数，是用来说明多因素经济现象的质量指标综合变动程度的指数，最为典型的当数各类价格指数了。

（二）编制综合指数的目的

为了使不同度量单位的现象改变为可以加总的总体，需要将各种产品或商品由使用价值形态还原为价值形态，以综合测定这些复杂现象总体的动态状况。

（三）编制综合指数的过程

如何编制综合指数呢？现以商品销售量为例来说明。数量指标综合指数计算不同商品的计量单位不同，其使用价值也不同，所以不能将销售量简单加总计算总指数，也就是无法进行综合对比来反映销售量的变动，这种情况叫作不能同度量。在编制综合指数时，要使不能同度量的现象成为可以同度量，用商品销售量乘商品价格等于商品销售额，便可以使不能相加的各种商品销售量变为能够相加的商品销售额。在这里，价格起了“同度量”的作用，也就是充当了同度量因素的角色，即把价格固定在基期，其指数则说明了在基期价格不变的情况下销售量的综合变动。

反之，对于质量指标综合指数的现象亦是如此。如把销售量固定在基期，其指数单纯反映价格的综合变动。把销售量固定在报告期，其指数反映在报告期销售量条件下价格的综合变动，变动结果中包含了价格与销售量两个因素共同变动的影响。为了单纯反映质量指标价格的变动，应该把销售量固定在基期，但从实际情况来说，人们最关心的是由于价格变动给当前经济生活与社会生产带来多大影响。从这个情况考虑，常把销售量固定在报告期的价格指数上，即以报告期销售量作为权数。为观察在某一特定的销售量结构下价格的综合变动，把销售量固定在某一特定时期。在编制数量指标综合指数和质量指标综合指数时，要从所研究的目的来考虑，根据指标之间的经济联系合理确定权数，如商品销售量乘以商品价格等于商品销售额。在计算价格指数时，要以销售量作为权数，分子和分母中的指数必须是同一时期的。如使用不同时期的权数，会得到不同的结果，具有不同的含义。

五、计算特点

其一，从现象之间的关系分析中，来确定与被研究现象相关联的因素，从而加入这一因素（同度量因素），使各种产品或商品的不同使用价值量转变为价值量形态。

其二，同度量因素。同度量因素亦称“同度量系数”。对于各种不能直接相加的现象，计算总指数时所使用的一个媒介因素。它一般是作为被乘数出现而使各种不能直接相加的现象过渡到可以相加，从而综合反映其总的变动程度。

对于复杂现象总体所包括的多个因素，把其中的一些因素（同度量因素）加以固定，来测定另一因素（指数化指标）的变动。研究表明在计算质量指标指数时，用数量指标作同度量因素，且同度量因素固定在报告期；在计算数量指标指数时，用质量指标作同度量因素，且同度量因素固定在基期，较为准确。

其三，对复杂现象总体所包括的两个因素，把其中的一个因素（同度量因素）加以固定，来测定另一个因素（指数化指标）的变动。

其四，计算质量指标指数，用数量指标指数作同度量因素，且同度量因素固定在报告期；计算数量指标指数，用质量指标指数作同度量因素，且同度量因素固定在基期。

六、编制统计指数对样本选择的要求

统计指数主要用于反映现象的综合变化情况，因而应以总体的全部数据资料作为计算依据。但将总体的全部项目都计算在内，实践中往往是不可能的或不必要的。在实际应用中，编制指数所依据的几乎都是样本数据。因此，样本选择得科学、合理与否，是决定指数准确性的重要前提。一般而言，除数据本身的准确性外，所选样本还应具备以下要求：

（一）大量性

即要求样本容量应足够大。若总体所包括的项目很多，而样本容量很小，往往不能代表总体的性质。比如，编制消费价格指数，至少应选几百种乃至上千种的代表消费项目，才能使指数较准确地反映消费价格的变动水平。

（二）同质性

即要求样本能充分反映总体的性质。在选择样本项目时，要求所选的每一项目与所代表的实际项目在性质上应保持一致，而各样本项目之间在性质上应有较大差异。比如，编制物价指数时，首先应对商品项目进行科学的分类，使类内同质、类间异质，然后在各类中选择能代表价格变动趋势的商品作为代表性商品。

（三）可比性

即要求在不同时间或空间上，用于对比的各样本项目在定义、计算口径、计算方法、计量单位等方面保持一致，而使其具有可比的基础。

七、编制统计指数时如何确定基期

所有指数都有一个用于比较的基期或基准点。基期的选择通常由计算指数的预期目的和用途决定。就时间性指数而言，基期的确定应注意以下几点：

其一，选择一个正常时间或典型时期作为基期。即用作比较的基期应能代表事物发展的正常状态或典型状态，而非正常的波动时期通常不具有代表性，不宜选作基期。

其二，报告期距基期的长短应适当，报告期距基期的间隔应根据所研究现象的特点和研究目的而定。比如，可采用 1 周、1 月、1 季或 1 年等作为间隔期。一般而言，对于发展变化较快的现象，报告期距基期的时间越久，指数代表性通常就越差。比如价格指数，因商品价格的相对趋势随时间而变化，而且消费结构和商品质量也随时间而变化，若报告期与基期间隔过远，指数便失去意义。一般应选择离报告期较近的时间作为基期。

第二节　CPI 与股票价格指数

在我国深沪股市已经有多家旅游上市公司。中国旅游上市公司借助中国证券市场的发展，在中国旅游业的融资方式、资本运营和国有企业现代企业制度的改革实践方面起到了先导和示范作用。显然，证券市场对旅游企业的经营能力、管理水平和未来发展都发挥了越来越重要的作用，旅游企业的经营发展与股市变化息息相关。

据我国国家统计局2016年8月9日发布，7月份，全国居民消费价格总水平同比上涨1.8%。猪肉价格上涨16.1%，影响居民消费价格总水平上涨约0.42个百分点；教育文化娱乐用品及服务价格同比上涨1.6%，主要是受暑期影响，导致旅游价格上涨2.9%。

我们不难看出，无论是CPI还是股市与股指，无不深深地影响着人们的生活与工作，影响着旅游企业的经营与发展。

一、CPI

（一）理解CPI

居民消费价格指数，简称CPI，是反映居民购买并用于消费的商品和服务项目价格水平的变动趋势和变动幅度的相对数。该指标既包括城乡居民日常生活需要的各类消费品价格，也包括多种与人民生活密切相关的服务项目价格，如水、电、交通、教育、医疗等费用，可以全面反映多种市场价格变动因素及其对居民实际生活的影响程度。CPI是用来衡量居民购买的一揽子商品和服务价格变化的指标，这一指标通常是被用作衡量通货膨胀率的核心观察指标之一。

这一价格指数为分析和制定货币政策、价格政策、居民消费政策、社会保障政策、工资政策以及进行国民经济核算提供科学依据，也是四大宏观调控指标之一。国际上通常将居民消费价格指数作为反映通货膨胀（或通货紧缩）程度的重要指标。因此，CPI已成为社会关注的焦点。

（二）CPI的衡量与人们对其的实际感受

CPI衡量的是一个国家或地区居民消费价格情况的总体趋势，往往与人们实际感受不一致。

首先，CPI是一个总量指标，它反映的是全国居民消费品和居民服务项目的价格总水平，与各个地区甚至每个居民的感受可能不一样。

其次，CPI是度量一组有代表性的消费品和服务项目的价格变化情况，我国居民消费价格的调查内容分为食品、烟酒及用品、衣着、家庭设备用品及服务、医疗保健及个人用品、交通和通信、娱乐教育文化用品及服务、居住八大类。根据我国城乡居民消费结构、消费习惯，并参照抽样调查原理选中的近12万户城乡居民家庭的消费支出数据，并结合其他相关资料，选取了251个基本分类、约700个规格品种，作为经常性调查项目。但是这些住户和调查项目无论怎么有代表性，也不可能是每个人消费的全部真实反映。也就是说，每个人的消费商品和服务的品种和权重不可能与国家统计局统计调查的商品和服务的品种和权重一致，如农村居民食品消费占比大一些，城市居民娱乐教育文化用品及服务和居住类项目消费占比大一些，因此，个人对价格的感受与CPI指数肯定有一定差异。

最后，每个人的收入水平不一样，对物价的承受能力也不一样，这也造成了居民对价格的变化感受不一样。一样的东西，有人觉得贵，有人觉得很便宜。因此，CPI指数可以衡量一个国家或地区居民消费价格情况，是一种总体趋势。

（三）CPI——一个经常变化的指标与通货膨胀目标区间

CPI已成为我们宏观政策制定的重要依据之一，但是CPI又是一个经常变化的指标，CPI的变化性与政策的稳定性有一定矛盾，CPI变化多少政策才需要调整，这需要深入研究。一般来说，CPI为负值，则显示有通货紧缩，反之则是通货膨胀。而国际上通常认为CPI在0～1%为正常值。

对于长期的通货膨胀目标，发达国家一般在1%～3%，但新兴市场经济国家一般稍高于此范围。这取决于本国经济结构及其发展程度，以及国家对宏观经济的调控能力。由于长期处于通货紧缩状态，日本一直没有实行通货膨胀目标管理。随着近年经济形势的好转，日本国内有关方面也建议采用0.5%～2.5%的通货膨胀目标区间。美国未实行通货膨胀目标区间制，但通常将CPI上涨2.0%作为类似的管理目标。

一般说来，当CPI>3%的增幅时我们称为INFLATION，就是通货膨胀；而当CPI>5%的增幅时，我们称为SERIOUS INFLATION，就是严重的通货膨胀。

我国目标区间是多少，国家没有公布，有专家认为1%～5%。诺贝尔经济学奖获得者、美国经济学家普雷斯科特于2007年在北京大学做了一场关于经济周期的演讲，他特别申明他的理论对中国暂时还不适用，说明中国的情况可能要复杂得多。

二、股票价格指数

股票在最初发行时，通常是按面值出售的。股票面值是指股票票面上所标明的金额。但股票在证券市场上交易时，就出现了与面值不一致的市场价格。股票价格一般是指股票在证券市场上交易时的市场价格。股票价格是一个时点值，有开盘价、收盘价、最高价、最低价等，但通常以收盘价作为该种股票当天的价格。股票价格受多种因素的影响，但正常情况下通常与两个直接因素相关：一是预期股息，二是银行存款利息率。股票价格的高低与预期股息成正比，与银行存款利息率成反比。

股票市场上每时每刻都有多种股票进行交易，且价格各异，有涨有跌。用某一种股票的价格显然不能反映整个股票市场的价格变动，这就需要计算股价平均数和股票价格指数。

股价平均数是股票市场上多种股票在某一时点上的算术平均值，一般以收盘价来计算。因股票市场上股票交易品种繁多，股价平均数（股票价格指数也是一样）只能就样本股票来计算。但所选择的样本股票必须具有代表性和敏感性。代表性是指在种类繁多的股票中，既要选择不同行业的股票，又要选择能代表该行业股价变动趋势的股票。敏感性是指样本股票价格的变动能敏感地反映出整个股市价格的升降变化趋势。

（一）股票价格指数

股票价格指数是反映某一股票市场上多种股票价格变动趋势的一种相对数，简称股价指数，其单位一般以“点”表示，即将基期指数作为100，每上升或下降一个单位称为“1点”。股票价格指数的计算方法很多，但一般以发行量为权数进行加权综合。

$$p_{1/0} = \frac{\sum p_{1i}q_i}{\sum p_{0i}q_i} \qquad \text{（公式 7-1）}$$

式中，p_{1i}为第 i 种样本股票报告期价格；p_{0i}为第 i 种股票基期价格；q_i 为第 i 种股票的发行量，可以确定为基期，也可以确定为报告期，但大多数股价指数是以报告期发行量为权数计算的。

目前，世界各国的主要证券交易所都有自己的股票价格指数，比如，美国的道－琼斯股票价格指数和标准·普尔股票价格指数、伦敦金融时报指数、法兰克福 DAX 指数、巴黎 CAC 指数、瑞士苏黎世 SMI 指数、日本日京指数、中国香港恒生指数等。我国的上海和深圳两个证券交易所也编制了自己的股票价格指数，如上交所的综合指数和 30 指数、深交所的成分股指数和综合指数等。其中，个体股价指数以涨跌率的形式出现，股价总指数（通常称股价指数）主要有上海证券交易所指数和深圳股价指数。

（二）上证指数

上证指数是上海证券交易所指数的简称，由上海证券交易所编制。该指数以1990年12月19日为基期，基期指数为100，以8种上市股票为样本，以股票发行量为权数。

$$本日股票价格指数 = \frac{本日市价总值}{基期市价总值} \times 100 \quad （公式7-2）$$

式中：

$$基期市价总值 = \sum 样本股票发行股数 \times 该股票的基期日收盘价 \quad （公式7-3）$$

$$本日市价总值 = \sum 样本股票发行股数 \times 该股票的当日收盘价 \quad （公式7-4）$$

若某种股票当日未成交，则用上日收盘价代替。若遇样本股票增资扩股或新增（删除）样本股票时，应及时将基期市价总值调整为新基期市价总值。上海证券交易所实行电脑自动交易后，股价指数即时计算，即时、同步发布。

（三）深成指数

深圳股价指数，它由深圳证券交易所编制。该指数以1990年4月3日为基期，基期指数为100，以所有在证券交易所上市的股票为样本（成分股），以股票发行量为权数。

$$股价指数 = \frac{现时成分股总市值}{基期日成分股总市值} \times 100 \quad （公式7-5）$$

当有新股上市时，在其上市当日纳入指数计算；当某一成分股暂停买卖时，将其暂时剔除；当有成分股股票在交易时间内突然停牌，将取其最后成交价按盘计算即时指数，直至收市后再进行必要调整，将其暂时剔除；当成分股的股本结构有变动时，应改用变动日为基期日，并以新基数计算，为保持指数的连续性，还须用“连锁”方法将计算得到的指数溯源于原有基期日。

（四）道-琼斯指数

美国的股价平均数，以道-琼斯平均数（Dow Jones Average，DJA）最为著名。它包括：30家工业大公司的股票价格平均数；20家运输业大公司的股票价格平均数；15家公用事业大公司的股票价格平均数；以上65家大公司的综合股票价格平均数。尽管该平均数的采样股票的股票市场总值只占纽约证券交易所上市股票市场总值的23%。但由于它所选择的都是关系到国计民生的举足轻重的大公司，这些公司的股票行情的涨落，不仅是美国经济起伏变化的晴雨表，也是世界经济变化的指示器。所以正如西方经济学家指出的："道-琼斯平均数一波动，整个市场就会有反应。"1928年以后，道-琼斯股票价格平均数的计算详见公式7-6。

$$\text{股价平均数} = \frac{\sum \text{采样股票价格}}{\text{弹性除数}} \qquad (\text{公式}7-6)$$

股价是反映不同时期股票牌价平均变动的指标。在美国最引人注目、影响最大的股价指数主要是：标准·普尔股价指数（Standard & Poor's Index）。这是因为该指数所度量的对象有500种股票，其市价总值约占纽约证券交易所所有股票价值的80%；它能为不同的投资者提供多达95个种类的价格指数。

$$\text{股价指数} = \frac{\sum(\text{报告期发行量} \times \text{报告期股价})}{\sum(\text{基期发行量} \times \text{基期股价})} \times 100\% \qquad (\text{公式}7-7)$$

（五）我国旅游上市公司统计

2016年5月15日，国家旅游局规划财务司与申万宏源证券有限公司联合发布2015年中国旅游上市企业发展报告。报告显示，目前，已上市国内旅游企业103家，市值合计5570.28亿元，整体市值实现11年11倍增长。其中，登陆国内资本市场的旅游企业共有97家，市值合计3748.52亿元。登陆海外市场的国内旅游企业共有6家，首发募集资金104.61亿元。

报告指出，国内上市的旅游企业业态分布包括景区景点、宾馆酒店、旅行社几大类，其中景区景点企业占到23%。选择海外上市的企业业态分别为在线旅行社、酒店集团、租车行业，其中在线旅行社企业占比37%。

一是传统资源景区多元化发展，演艺行业进入高速发展时期。国内景区板块2015年实现总体收入119.68亿元，同比增长26.13%。传统景区资源优势明显，经营性资产主要以门票和景区交通为主，凭借较高的知名度及较大的游客底量，经营情况稳健。

二是传统旅行社加速并购、完善产业布局。旅行社类企业实现总收入493.05亿元，同比增长28.56%；净利润33.38亿元，同比降低8.76%。

三是酒店类企业业绩暂时承压，并购扩张仍在加速。2015年酒店类上市企业实现总收入269.39亿元，同比减少6.61%；净利润21亿元，同比增加

26.14%，酒店类企业经营业绩处于暂时性低谷。

四是自驾、租车成出游方式首选，租车企业实现快速增长。目前，获得融资的企业都在跑马圈地，大举购车。2015年神州租车实现营业收入50.03亿元，同比增长35.21%；并实现净利润14.01亿元。同比增长高达221.33%。而2015年一嗨租车更是实现了净利润6.96亿元，高达847.58%的净利润增长率。

五是在线旅游企业收入逐年翻番，线上线下融合趋势不断增强。根据艾瑞监测数据，2015年中国在线旅游市场交易规模达4326.3亿元，同比增长39.9%。预计2016年中国在线旅游市场交易规模可达5420.9亿元。中国在线旅游度假市场线上线下融合趋势不断加强。2015年6月，港中旅集团宣布，将旗下的中旅总社与芒果网合并。2015年7月万达宣布35.8亿元战略投资同程旅游。2015年11月，海航旅游战略投资途牛5亿美元。2016年1月众信旅行子公司香港众信国际旅行社有限公司入股穷游网等。

报告对比美国上市旅游企业发展经验后指出，目前，海内外上市的国内旅游企业总市值仅为美国上市旅游企业市值的20%，但2015年中国国际游客已跃居全球第四，约为5690万人次，与排在第二的美国的7790万人次相比，约是美国的73%。加上中国国内的旅游市场也将更加火爆，巨大的行业机遇将会催生更多的中国旅游企业涌现，借助资本的力量腾飞。美国发展经验可以为国内旅游企业上市发展提供四点启示：一是国内旅游企业上市融资空间广阔；二是酒店业公司扩张潜力巨大；三是着力发展主题公园、邮轮等新型休闲度假业态；四是提升在线旅游竞争力，全球化经营。

第三节　指数体系及其因素分析

一、指数体系

（一）概念

单个指标只能说明某种现象，要全面说明现象的数量关系，需要一套指标——指标体系。几个相互联系、相互制约的指标形成一个指标体系。指标体系是指全面说明社会经济现象数量关系、具有内在联系的一系列指标所构成的整体，通过指标体系可以完整地反映社会经济现象发展过程的因果、依存和平衡关系。经济现象之间是相互联系、彼此制约的，这种联系的反映就是在相关的指标之间形成一个整体，我们称这个整体为指标体系。

在对多因素现象进行动态对比分析时，指数体系是由相互间存在着一定内在联系的、反映各个因素变动程度的几个指数所组成的体系。

这些相互关联的指数（在数学上）表现为相乘的关系，它反映了客观现象的固有联系，是一种客观存在（而不是人们主观意象的结果），因此就有可能利用指数体系来定量地分析现象因素的变动情况（因此我们讲，指数体系理论的提出，是有其存在的客观依据的）。

（二）作用

其一，利用指数体系分析现象因素的变动关系、方向、程度，从而探寻现象变动的具体原因。

其二，利用指数体系进行推算。

二、两因素指数体系分析

利用指数体系可以测定各因素对总变动的影响，并进行因素分析。在总指数中，总是要固定某个因素以观察另一个因素变动的程度，如销售额指数是由销售量指数和价格指数这两个因素构成的。在价格总指数中，要固定销售量这个因素以观察价格因素的变动程度。在销售量总指数中，要固定价格这个因素以观察销售量因素的变动程度；而价格总指数和销售量总指数能否正确测定销售额变动程度，这就要对销售额指数进行因素分析。对多因素现象进行分析时，是将各因素按一定顺序排列后逐一地进行因素分析。分析某因素变动及其对总变动的影响时，假定其他因素不变，使其固定在某一时期上。分析数量指标（因素）变动时，质量指标（因素）固定在基期水平之上。分析质量指标（因素）变动时，数量指标（因素）固定在报告期水平上，这些都是编制综合指数的一般原理。从对两个因素分析发展到多因素分析，这种分析方法称为指数因素分析法。指数体系是指数因素分析法的根据，按照形成指数体系各指数的不同类型，指数体系可以分为个体指数体系、综合指数体系、加权平均数指数体系和可变构成指数体系等类型。

利用指数体系既可以对现象发展的相对变化程度及各因素的影响程度进行分析，也可以对现象发展变化的绝对数量及各因素的影响数额进行分析。

在同一指标体系内若干个因素之间相互作用、影响。如销售额是受销售量与价格的影响，这是大家都知道的。然而，销售量与价格是怎样影响销售额的呢？影响的程度又有多大呢？关于这些问题都是可以依据指标体系的客观存在，将各指标指数化，在其指数体系中得到解决。若设销售量为 q，价格为 p，则销售额指数体系如公式 7－8 所示。

$$\frac{\sum p_1q_1}{\sum p_0q_0}=\frac{\sum p_0q_1}{\sum p_0q_0}\times\frac{\sum p_1q_1}{\sum p_0q_1} \qquad （公式 7－8）$$

通过指数体系内部影响因素的计算，就可以分析出，销售额分别受每一因素影响的方向、强弱与多少。指数体系中有两类指数：一类是反映现象的总变动的指数，如上述的商品销售额指数、总产量指数、工资总额指数；另一类是反映某一因素变动的指数，这类指数在一个指数体系中可以有多个，如上述的销售量指数和价格指数这两个指数。

例 7－1 某旅游饭店饮食部中餐厨房 4 种名菜的单位成本和销售量资料如表 7－1 所示，如何分析 4 种名菜总成本的变动？

表 7－1 某旅游饭店饮食部中餐厨房 4 种名菜的单位成本和销售量资料

品 名	单 位	单位成本（元）		销 售 量	
		基期 z_0	报告期 z_1	基期 q_0	报告期 q_1
甲	大 盘	150	180	1200	1500
乙	小 盘	100	90	3050	3350
丙	大 盘	50	55	1100	1000
丁	碗	110	80	5000	6000

$$总成本指数=\frac{\sum z_1q_1}{\sum z_0q_0}=\frac{110.65}{109.00}=101.51\%\uparrow 1.51\%$$

$$\sum z_1q_1-\sum z_0q_0=110.65-109.00=1.65（万元）$$

$$单位成本指数=\frac{\sum z_1q_1}{\sum z_0q_1}=\frac{110.65}{127.00}=87.13\%\downarrow 12.87\%$$

$$\sum z_1q_1-\sum z_0q_1=110.65-127.00=-16.35（万元）$$

$$销售量指数=\frac{\sum z_0q_1}{\sum z_0q_0}=\frac{127.00}{109.00}=116.51\%\uparrow 16.51\%$$

$$\sum z_0q_1-\sum z_0q_0=127.00-109.00=18.00（万元）$$

综合以上分析：

101.51% = 87.13% × 116.51%

1.65 万元 = -16.35 万元 + 18.00 万元

三、平均数指数

如果研究的范围较大，包括产品种类很多时，要取得两个时期相互对应的产量和价格资料，是会增加很大的工作量的。这就为实际应用带来了困难。因此，编制总指数往往采取另一种形式——平均数指数。

平均数指数是对个体指数的加权平均，它可以根据抽样调查资料，利用代表商品的物量或价格的个体指数计算。常用的有加权算术平均数指数。

加权算术平均数指数是对个体指数采用加权算术平均方法计算的总指数，其计算如公式 7-9 和公式 7-10。

$$\text{物量总指数}\overline{I_q} = \frac{\sum I_q\omega}{\sum \omega} \qquad (\text{公式 } 7-9)$$

$$\text{价格总指数}\overline{I_p} = \frac{\sum I_p\omega}{\sum \omega} \qquad (\text{公式 } 7-10)$$

式中，I_q 为个体物量指数，等于$\frac{q_1}{q_0}$；I_p 为个体价格指数，等于$\frac{p_1}{p_0}$；ω 为权数。

上述两公式中的权数可取不同的因素，实际中最常使用的权数是基期的销售额 p_0q_0。

例 7-2　某区旅游局下属 3 个饭店资料见表 7-2。根据此情况应如何对该旅游局所属饭店人均创汇率进行分析？

表 7-2　某区旅游局下属 3 个饭店资料

饭店名称	外汇总收入（万美元）		平均职工人数（人）		人均创汇率（万美元/人）	
	基　期	报告期	基　期	报告期	基　期	报告期
甲	2000	4000	500	800	4	5
乙	6300	7000	700	700	9	10
丙	9000	9900	900	900	10	11
合　计	17300	20900	2100	2400	8.238	8.708

$$I_{可}=\frac{\bar{x}_1}{\bar{x}_0}=\frac{\dfrac{\sum x_1f_1}{\sum f_1}}{\dfrac{\sum x_0f_0}{\sum f_0}}=\frac{8.708}{8.238}=105.71\%\uparrow 5.71\%$$

$$\bar{x}_1-\bar{x}_0=8.708-8.238=0.47(\text{万美元}/\text{人})$$

$$I_{固}=\frac{\dfrac{\sum x_1f_1}{\sum f_1}}{\dfrac{\sum x_0f_1}{\sum f_1}}=\frac{8.708}{7.708}=112.97\%\uparrow 12.97\%$$

$$\frac{\sum x_1f_1}{\sum f_1}-\frac{\sum x_0f_1}{\sum f_1}=8.708-7.708=1(\text{万美元}/\text{人})$$

$$I_{结}=\frac{\dfrac{\sum x_0f_1}{\sum f_1}}{\dfrac{\sum x_0f_0}{\sum f_0}}=\frac{7.708}{8.238}=93.57\%\downarrow 6.43\%$$

$$\frac{\sum x_0f_1}{\sum f_1}-\frac{\sum x_0f_0}{\sum f_0}=7.708-8.238=-0.53(\text{万美元}/\text{人})$$

综合分析：

$$112.97\%\times 93.57\%=105.71\%$$

$$I_{固}\times I_{结}=I_{可}$$

$$1+(-0.53)=0.47(\text{万美元}/\text{人})$$

上述分析表明，由于该旅游局所属饭店之结构变动，而对总体人均创汇率产生负面影响；同时，各饭店人均创汇率水平有所提高；这两方面因素共同作用、相互抵消，使总体人均创汇率报告期比基期上涨5.71%，增加0.47万美元/人。

在实际工作中，平均数指数都会采用经济发展比较稳定的某一时期的价值总量结构作为固定的权数，一经确定便沿用5年乃至10年不变。如西方国家的工业生产指数便是采用固定权数的平均数指数。

平均数指数和综合指数都是编制总指数的方法，其经济内容是一致的。它们的区别，除了计算方法不同（综合指数是先综合后对比，平均数指数是先对比后综合）、资料来源不同（综合指数通常采用全面资料，平均数指数则是采用抽样资料）之外，综合指数的分子、分母之差具有一定的经济内容，即说明由于价格变动或物量变动而带来价值总量指标的增减量；而平均数指数的分子、分母之差不具有价值总量指标增减的经济内容。特别是采用固定权数的平均数指数，只具有相对数的意义。因此，即使平均数指数有许多优点，也不能完全取代综合指数的应用。

四、多因素指数体系分析

三因素及其以上都叫多因素分析，它是一个因素的变动，导致三个甚至更多因素的影响。在酒店中，就价格、可供量、出租率来分析销售收入，如果另外两个因素不变，价格上涨，销售收入增加；另外两个因素不变，可供量减少，销售收入减少；另外两个因素不变，出租率提高，销售收入增加。关于多因素指数体系的因素分析，可参考本章第四节的案例。

第四节　饭店客房收入指标的指数化分析

统计指数体系的研究方法，是旅游统计分析的重要方法，它尤其适用于做各种因素分析。在饭店经营管理活动中，由几个相关指标而构成的指标体系是很常见的，那么我们就可以利用这一指标体系进行指数化研究，形成指数体系，对相关的各因素进行科学的技术分析，使经营管理指标量化，从而进一步提升科学管理的水平。

饭店客房收入是饭店营业收入的重要来源，并在饭店的营业收入中占有相当大的份额。客房收入的多少主要是受到房价水平、出租率及各类客房的可供应量（间天数）等因素的影响。通过指数体系因素分析的理论，我们知道：某一饭店的客房总收入指数 = 房价指数 × 出租率指数 × 客房可供量指数。运用这一关系式，我们可以定量地、清晰地、准确地分析客房收入的变动方向、变动程度、变动水平，其中各个相关因素所起的作用如何，即各个因素是怎样影响总收入的。从中找到制约客房收入提高的因素，以及进一步提高客房收入水平的途径。

一、指数体系因素分析的方法在饭店客房收入分析中的应用

（一）指数体系因素分析的方法在饭店客房收入分析中的应用之必要性

对这些比较浅显，但却非常实用的统计分析方法的介绍，其目的在于将统计分析方法，真正能广泛地应用于旅游企业的经营管理实践。同时，随着旅游从业人员素质的不断提高，使大家特别是旅游企业的管理者，打消对统计分析方法计

算难度的畏惧感，使一些统计分析方法不再只是用于宏观经济研究，而让其真正能为普通的旅游企业管理者所认识、所使用，并从中受益，真正实现旅游统计为旅游企业经营管理服务的目标。

（二）饭店客房收入指标的指数化分析案例

12 月初，北京某旅游饭店专门负责客房销售的经理发现，该饭店 11 月份的客房收入比 10 月份减少了 2444422.60 元（见表 7－3）。凭其多年的工作经验，他迅速地找出如下三点原因：出租率变化的影响、房价变化的影响和可供出租客房量的影响。应该说在北京，进入 11 月份，随着气温的下降，旅游活动便开始进入淡季，自然客房的出租率会有所下降，而随之普遍采取的应对措施就是下调房价，同时一些饭店的内部改造工程也会在淡季进行，而使可供出租客房量减少。然而现在的问题是，这位经理不能凭经验再进一步深入地分析上述诸因素的变化是怎样影响以及在多大程度上影响了客房收入。比如说：出租率下降了，客房收入会减少多少？房价及可供出租客房量的变化，对客房收入有多大影响？我们可以运用指数体系因素分析的方法，准确地回答这些问题，而使这位经理对原因的探究更加精准、更有依据。

表 7－3　某年北京某四星级旅游饭店客房管理资料

分　类	单　位	标准间(间)		套房(套)	
		10 月	11 月	10 月	11 月
营业天数	天	31	30	31	30
可供出租客房数	间、套	244	223	50	49
可供出租客房量	间天、套天	7564	6690	1550	1470
出租率	%	81	55	62	46
平均房价	元	579	405	868	661

如何分析该饭店在该年 10～11 月的客房收入变动呢？

现就以资料对该饭店该年 10 月份、11 月份的客房收入状况进行分析。我们都知道，客房收入主要是受可供出租客房量、房价及出租率这三个因素的影响，其中可供出租客房量详见公式 7－11。

$$\text{可供出租客房量} = \text{可供出租客房数} \times \text{营业天数} \qquad \text{（公式 7－11）}$$

因此，就这一问题，我们可以采用指数体系因素分析的方法进行研究。若客

房收入为 A，可供出租客房量为 B，出租率为 C，平均房价为 D，10 月基期（用下标"0"表示），11 月为报告期（用下标"1"表示），则该饭店的客房收入请看公式 7-12，其指数体系见公式 7-13。

$$A = B \cdot C \cdot D \quad \text{（公式 7-12）}$$

$$\frac{\sum A_1}{\sum A_0} = \frac{\sum B_1C_1D_1}{\sum B_0C_0D_0} = \frac{\sum B_1C_1D_1}{\sum B_1C_1D_0} \cdot \frac{\sum B_1C_1D_0}{\sum B_1C_0D_0} \cdot \frac{\sum B_1C_0D_0}{\sum B_0C_0D_0} \quad \text{（公式 7-13）}$$

1. 客房收入指数

$$\frac{\sum A_1}{\sum A_0} = \frac{\sum B_1C_1D_1}{\sum B_0C_0D_0} = \frac{1937165.70}{4381588.30} = 44.21\%$$

$$\sum A_1 - \sum A_0 = -2444422.60(\text{元})$$

计算表明：11 月份与 10 月份相比客房收入大幅度下降，降低程度为 55.79%，减少客房收入 2444422.60 元。

2. 房价影响指数

$$\frac{\sum B_1C_1D_1}{\sum B_1C_1D_0} = \frac{1937165.70}{2717372.10} = 71.29\%$$

$$\sum B_1C_1D_1 - \sum B_1C_1D_0 = -780206.40(\text{元})$$

计算表明：11 月份与 10 月份相比平均房价下调 28.71%，使客房收入减少 780206.40 元。

3. 出租率影响指数

$$\frac{\sum B_1C_1D_0}{\sum B_1C_0D_0} = \frac{2717372.10}{3928638.30} = 69.17\%$$

$$\sum B_1C_1D_0 - \sum B_1C_0D_0 = -1211266.20(\text{元})$$

计算表明：11 月份与 10 月份相比出租率下降 30.83%，使客房收入减少 1211266.20 元。

4. 可供出租客房量影响指数

$$\frac{\sum B_1C_0D_0}{\sum B_0C_0D_0} = \frac{3928638.30}{4381588.30} = 89.66\%$$

$$\sum B_1C_0D_0 - \sum B_0C_0D_0 = -452950.00(\text{元})$$

计算表明：11 月份与 10 月份相比可供出租客房量减少 10.34%，使客房收入减少 452950.00 元。

从相对指标看，客房收入指数是由房价影响指数、出租率影响指数、可供出租客房量影响指数所构成，且综合作用的结果。

房价影响指数 × 出租率影响指数 × 可供出租客房量影响指数 = 客房收入指数

（公式 7－14）

$$71.29\% \times 69.17\% \times 89.66\% = 44.21\%$$

从绝对指标看，客房收入变动差额是由房价变动影响之收入差额、出租率变动影响之收入差额、可供出租客房量变动影响之收入差额所构成。

$$\begin{aligned}\sum A_1 - \sum A_0 &= (\sum B_1C_1D_1 - \sum B_1C_1D_0) + (\sum B_1C_1D_0 - \sum B_1C_0D_0) + \\ &\quad (\sum B_1C_0D_0 - \sum B_0C_0D_0) \\ &= -780206.40 + (-1211266.20) + (-452950.00) \\ &= -2444422.60(\text{元})\end{aligned}$$

（公式 7－15）

综上所述，11 月份与 10 月份相比，由于房价下调 28.71% 而减少客房收入 780206.40 元；同时由于出租率下降 30.83%，使客房收入减少 1211266.20 元；以及可供出租客房量减少 10.34%，使客房收入减少 452950.00 元；这三个因素共同作用的结果使客房收入大幅度下降 55.79%，少收入 2444422.60 元。

二、通过因素分析，为进一步改进经营管理指明了方向

（一）从客房资金运作入手

客房部门资金活动是随着客房商品营销运动而产生的一种经济现象。商品运动离不开资金运动，资金运动的过程就是资金的形成、资金的分配、资金的使用和回收过程。也就是资金从货币到商品，再从商品到货币的转化过程。货币不会自己变成商品，商品也不会自己变成货币。资金从货币形态到商品形态，再从商品形态到货币形态的转化过程中，必然要消耗一定的物化劳动和活劳动，这就产生了商品成本费用问题。在一般商品交换过程中，货币、商品的转化过程采取的是 G—W—G′的形式。客房商品是一种特殊商品。经营者投入一定货币，将货币转化成客房以后，通过组织客房商品生产，实现特殊形态的商品交换。在这一过程中，既未创造出新的实物产品，也没有出卖客房商品的所有权。实质上，它只是同一件商品的反复经销，不断出租使用价值。但是，它创造了服务使用价值。服务是劳动创造的，它又具有价值和交换价值。

利润是以价值形态考核客房经营管理经济效果的重要指标。客房资金的形成、分配和使用，客房商品交换过程中的营业收入、成本支出和利润等，都是客房财务核算的基本内容。要正确进行客房财务核算，首先必须正确认识客房资金构成和资金运动。

1. 饭店客房资金构成

客房商品是一个综合性的概念，它不仅仅是指房间，而且包括房间内部的各种物质设备和劳务。从价值形态来考察，客房资金构成处于客房资金运动的第一个阶段，即货币转化为商品阶段。

2. 饭店客房资金运动

所谓客房资金运动就是指客房商品营销运动中，资金怎样从货币到商品，再从商品到货币，在饭店内外循环运动，最后形成客户利润的运动过程。但是，客房资金运动是以资金形成为基础的。客房财务核算，是一种微观经济理论的具体运用。所以，我们还必须进一步具体分析。

从客户资金来源来看，实际上包括三部分：

（1）房间设施部分所占的资金

房间设施部分所占的资金是在饭店建造过程中使用的。一般是通过贷款或国家拨款取得，合资经营饭店则往往从国外银行贷款。这部分资金成为借贷资金，实际上是一种垫付资金，在经营过程中必须按期偿还，并支付一定利息。此外，这部分资金必须摊入客房成本，而且摊入的资金数量一般要大于客房使用面积的折旧，因为前厅、工程、财务等部门使用的房间都要按一定比例摊入客房部门，前厅、楼道等建筑设施属于客房管理系统，必须全部摊入客房。总之，这部分资金是一种垫付资金，要从客房收入中提取。

（2）经营资金

经营资金是根据经济合同，由饭店调拨给客房部门使用的。这部分资金主要用于购买客房设备用品，作为周转资金而转化成客房流动资金。

（3）客房营业收入

客房营业收入是客房资金的主要来源。在经营过程中，客房要以收抵支并获得一定盈利。经营资金实际上也是一种借贷资金，所以营业收入才是客房资金的根本来源，它扣除各种折旧费、管理费、经营资金利息等以后，才形成客房利润。另外，客房资金运动是一个不断循环的过程。饭店一开业，就要有客人投宿，总是按照这种规律不断运动的。客房部门财务核算要从经济上对客房商品营销运动实行指导、监督和调节。

（二）从价格调控入手

1. 饭店价格制定的原理

我们经常看到这样一种现象：一种饭店商品的价格太高时，消费者不愿意购买；太低时，饭店经营者不愿意出售。这种现象告诉我们：饭店商品价格不但取决于饭店商品经营者对饭店商品价值的评价——当这种评价以货币量来表现时，就称为供给价格；同时还取决于饭店消费对饭店商品价值的评价——当这种评价以货币量来表现时就称为需求价格。只有当饭店经营者和饭店消费者对饭店商品价值评价一致时，即供给价格与需求价格相等时，饭店商品的销售才能获得成功。这种销售价格可称为市场成交价格。

一般说来，饭店商品的市场成交价格有一个变动区间，其下限是饭店经营者为了保本盈利或亏损最小所能接受的最低价格，其上限是对该饭店商品价格（效用）评价最高的消费者所愿意出的最高价格。实际成交价格确定在这一变动区间内的一个点上，这一点的位置取决于饭店商品供应者的卖方竞销与饭店商品需求者的买方竞购状况。当饭店商品的供给大于需求时，卖方竞销激烈，价格下跌，趋向于区间的下限；当饭店商品的需求大于供给时，买方竞购激烈，价格上涨，趋向于区间的上限。

2. 五种市场成交价格的选用

从饭店经营者角度考虑，饭店价格应该在扣除自己所支付的一切成本和营业税后还可获得所投入资金的平均利润。这样，饭店商品价格就是由该商品的成本加税收加利润构成的。

对饭店经营者来说，市场成交价格可以分为五种：

（1）饭店商品的正常价格

它是饭店商品的需求等于饭店商品供应情况下的价格，它能使饭店投入的资金获得平均利润。

（2）饭店商品的超额利润价格

它是在饭店商品是创新商品、垄断商品或需求远远大于供给情况下的价格，它能使饭店获得超额利润。

（3）饭店商品的保本价格

它是在饭店商品的需求小于饭店商品的供给情况下的价格，它能使饭店经营不亏不盈。

（4）饭店商品的停止营业价格

它是在饭店商品的需求远远小于饭店商品的供给情况下的价格，价格不仅等于或小于单位商品的变动成本加营业税，这时不能获得任何利润，而且也不能减少固定成本的损失。

（5）饭店商品的亏损减少价格

它是在饭店商品的需求小于饭店商品的供给情况下的价格，这一价格小于保本价格但大于停止营业价格。由于这一价格大于单位变动成本加营业税，因此，可以减少已经投入的固定成本的一部分损失。

3. 利用消费者对商品价值的看法来定价

饭店消费者愿意支付的价格高低取决于饭店商品满足消费者欲望程度的高低。一种商品满足消费者欲望程度高低，不仅取决于商品的物质属性，而且取决于消费者的主观感受和评价。

利用消费者对商品价值的看法来定价，经常适合于下列场合：

对声望、奢侈商品的定价。如锦江饭店商场部经理介绍说，一颗水晶球，在标价为 50 元时，没有人去购买，而在标价为 500 元时，销售得很快。

在进行价格竞争时，一般说来，饭店采用低价比对手低，高价比对手高的定价方法往往会赢得价格竞争的胜利。因为这样做，既可吸引对价格十分敏感的低收入旅游者，又可吸引对价格不敏感而对质量十分追求的高收入旅游者。

在对商品分档定价时，由于许多消费者认为商品可以分为普通等、中等、高等三档。因此，饭店许多商品至少可以分成这三档，相应制定三档价格。由于不同商品之间的成本差别小于价格差别，这样就会提高商品总的销售收入。

在开发新商品时，以消费者的价值看法来确定新商品价格，再倒过来扣除目标利润、营业税后确定合理成本。这样做，也可以检验这一商品是否值得开发。

4. 低价与高价策略的选用

低价薄利多销与高价厚利少销，这是饭店的两种价格策略。在不同的市场需求情况下，这两者都能帮助饭店实现销售收入从而达到销售利润极大化的目标。

在既定的市场需求情况下，哪一种策略能使饭店商品销售收入（利润）极大化，这要依据饭店商品不同价格与销售量的乘积大小即需求的价格弹性来决定。如淡季，在降低价格可以扩大销售量的情况下，饭店就采用低价，接待团队，将销售量做大。在旺季，在提高价格销售量不会减少或减少不多的情况下，饭店就可以采用高价，接待商务散客，将销售价格做高。青岛某大酒店在某年，发现提高房价住客也不会减少的情况下，将房价由 72 美元提高到 92 美元，大大增加了全年的收入和利润。

国际旅游业通过大量调查发现，闲暇观光旅游者的需求价格弹性大，可采取折扣低价政策，而商务旅行者对价格不敏感，需求的价格弹性小，采取低价对增加销售量没有很大刺激，因此可以采取高价政策。

（三）从客房管理的细节服务入手

1. 客房部的地位和作用

客房是饭店的基本设施，是饭店存在的基础。向宾客提供食宿是饭店的基本功能，而客房是宾客旅游投宿的物质承担者，是住店宾客购买的最大、最主要的产品。所以，饭店的客房是饭店存在的基础，没有了客房，实际意义上的饭店就不复存在了。我国饭店的建筑面积一般占总体建筑面积的60% ~70%，在饭店投资上，客房的土建、内外装修与设备购置也占据了相当大的比重。

2. 客房收入是饭店营业收入的主要来源

客房是饭店最主要的商品之一，客房部是饭店的主要创利部门，销售收入十分可观，一般要占饭店全部营业收入的40% ~60%。客房虽然在初建时投资大，但耐用性强，纯利高。客房部的有效管理及与其他部门的有效支持将增强饭店活力，提高企业收益。同时，通过客房的销售、大量宾客的入住，也给其他部门带来了盈利的机会。

3. 客房部的服务与管理水平是提高饭店声誉及客房出租率的重要条件

宾客在饭店居留期间，客房是其停留时间最长的场所，而且饭店的公共区域卫生工作一般也由客房部承担，对宾客的影响较大。客房部的服务与管理水平在很大程度上代表着整个饭店的服务质量和管理水平。

4. 客房部是饭店降低物资消耗、节约成本的重要部门

饭店商品的生产成本在整个饭店成本中占据较大比重，例如能源（水、电）消耗及低值易耗品、各类物料用品等，日常消耗较大。客房部是否重视节流，是否加强成本管理、建立部门经济责任制及原始记录考核制度，对整个饭店是否能降低成本消耗，获得良好收益起到关键作用。

5. 客房部担负着管理饭店固定资产的重任

在饭店企业，固定资产占总资产的80% ~90%，包括建筑物、设备设施、家具、物品配备等。其中，在客房部管辖范围内的部分占了大多数。对整个饭店客房楼层部分、公共部分设备的日常保养，或者增强责任心，及时督促或协助有关部门进行维修，尽可能延长资产的保值期。

6. 客房部是饭店管家

客房部担负着整个饭店公共部分的清洁保养及绿化工作，也担负着整个饭店

公共卫生及布件洗涤发放的重任。客房部也是饭店管家部门，不仅负责整个饭店公共部分的清洁保养及绿化工作，也担负着整个饭店布件的洗涤、熨烫、保管、发放的重任，对饭店其他部门的正常运转给予不可缺少的支持。

7. 客房部的业务特点

（1）以时间为单位出售客房使用权、提供服务

客房商品的销售属于以无形的时间为单位和商品销售形态，与其他商品最大的区别在于只出售使用权，但商品的所有权不发生转移。客房部员工一方面应尊重宾客对客房的使用权，向宾客提供各类客房服务；另一方面也应保护饭店对客房的使用权，做好客房设备设施、物料用品的保管和维护工作。

（2）随机性强

宾客入住饭店，大部分时间在客房度过，客房是宾客休息、工作、会客、娱乐、存放行李物品及清理个人卫生的场所。不同宾客的身份地位不同、生活习惯相异、文化修养与个人爱好也各有差异，所以对客房服务的要求也是多方面的，这就使客房部业务具有很强的随机性和差异性。

除了宾客的要求具有随机性和差异性外，客房部业务本身也具有随机性。客房部管辖范围较广，除了客房的业务以外，客房的卫生与服务工作也比较琐碎，从客房的整理、物品补充、查房、设施设备的日常维修保养到各项客房服务，都有很强的随机性。

【思考题】

1. 指数的定义是什么？
2. 统计指数有哪些作用及性质？
3. 如何理解同度量因素？在指数体系中如何选择同度量因素？
4. 编制统计指数对样本选择有什么要求？
5. 什么是股票价格指数？怎样使用？
6. 同度量因素固定时期的一般方法是什么？

【练习题】

1. 请根据表 7－4 资料计算报告期客房收入指数，并分析其变动原因。

表 7－4　某饭店房价等资料

客房单价(USD/间天)		租出的客房数(间天)	
基期 p_0	报告期 p_1	基期 q_0	报告期 q_1
150	150	70	70
120	125	350	328
100	110	410	509

2. 某旅游公司各部门有关情况如表 7－5 所示，试对该公司人均利润的变动情况进行分析。

表 7－5　某旅游公司各部门有关情况

部　门	基　期			报告期		
	利　润（万元）	平均职工人数(人)	人均利润（万元/人）	利　润（万元）	平均职工人数(人)	人均利润（万元/人）
客务部	200	150	1.33	260	160	1.63
接待部	120	90	1.33	150	90	1.67
销售部	50	30	1.67	55	32	1.72
广告部	40	20	2	45	20	2.25
合　计	410	290	1.58	510	302	1.82

第八章

旅游统计分析

【本章导读】

在信息化时代，统计数据和统计资料充斥着我们的生活和工作。人们越来越重视统计数据的信息价值，不再满足于简单的统计计量。所以，对统计数据的分析处理成为统计学的核心内容。而统计分析软件的开发利用，使对数据的定量分析被广泛使用。因此，本章从一份调研问卷出发，以100份有效问卷的数据为基础，以统计分析的实践过程为主线，把模拟案例的分析与统计软件SPSS的使用有机结合，同时配合了一套完整的统计分析练习和题解，浅显、实用、完整地阐述了旅游统计的分析过程，使不具备很强数学基础的读者，能够轻松地掌握常用的统计分析方法，并借助先进的统计软件进行定量分析，最终付诸实践。

In the information era, our life and work are flooded with statistical data and materials. People are placing more and more importance on the value of information of statistical data and are no longer satisfied with simple statistic measurement. As a result, the analysis and processing of statistical data becomes the core of statistics. Thanks to the development and application of statistical analysis software, the quantitive analysis of the data is widely used. Therefore, on the basis of the data from 100 valid questionnaires, this chapter explains the process of tourism statistical analysis plainly, practically and completely by taking the practical process of statistical analysis as the main thread and combining the analysis of the model case and the application of SPSS together. Readers without strong mathematical knowledge are able to master the common statistical analysis method easily and conduct quantitive analysis with the help of advanced statistical software and ultimately put it into practice.

当今社会，人们对信息的需求量和数据的处理量日益增多，“统计”一词对大多数人来说已经不再陌生。但是如何合理利用这些统计数据的信息，如何深入发掘这些统计数据的价值，是经营管理和经济研究工作者面对的重要问题。统计数据的分析处理是统计学的核心内容，通过统计描述和统计推断，探索数据的内在规律性，“让数据说话”，使数据成为科学决策的重要依据。

现代统计学的快速发展，特别是在实践中的广泛应用，与计算机的普及和统计分析软件的开发利用有着非常紧密的联系。在学习统计学的同时，应该掌握一些统计分析软件的使用方法，这对于把统计学的知识应用于日常工作、经营管理和科学决策之中是至关重要，也是必不可少的。

统计分析软件是依据统计分析方法开发的进行数据分析的工具型软件。数学是数据分析的基础，而复杂的数学原理和繁冗的计算公式制约了人们对数据处理的能力，是统计分析软件让我们从容面对快速膨胀的海量数据，使我们能够深入探索数据关系的复杂性，使我们能够对事物的发展进行科学的预测。

现在比较常用的统计分析软件有 SPSS 和 SAS 等。本书介绍的是 SPSS for Windows 统计软件。SPSS 是集数据整理、分析过程、结果输出和图形描绘等功能于一身的国际著名统计软件之一。SPSS 的优势是用 Windows 的窗口展示各种数据整理和分析方法的功能，用对话框展示功能选择项，直观、清晰、易懂易用。只要读者掌握一定的 Windows 操作技能并了解初步的统计分析原理，就可以使用该软件对数据进行分析处理。它使不具备很强数学基础的读者，也能够使用先进的统计软件进行数据处理和定量分析。

读者在学习过程中通常遇到的问题：首先，拿到一批数据后不知道如何用 SPSS 对它们进行基本的加工整理；其次，不知道 SPSS 有哪些统计描述功能，不知道 SPSS 又有哪些统计推断方法，应该从哪里入手对数据进行由浅入深的分析；最后，也不能很好地理解和合理地解释各种输出结果。本章在使用 SPSS 进行数据分析的学习指导中，从一份调研问卷《关于在职人员的娱乐花费与假日支出的调查问卷》（见本章附件 1）出发，以 100 份有效问卷的数据为基础，以统计分析的实践过程为主线，针对不同数据类型和分析需求，以分析方法由浅入深、从易到难的讲述入手，把应用案例的分析与 SPSS 的使用有机结合。力求以通俗易懂的表述介绍 SPSS 中各种统计分析方法的目的、意义和适用条件，详细讲解使用 SPSS 软件进行统计分析的具体操作步骤，重点介绍 SPSS 输出结果中的常用统计量，进而了解这些统计量在结论分析中的作用，使读者在较短的时间内能够掌握 SPSS 的核心功能和基本分析方法，并可以很快地应用于实际工作当中。

本章使用的是 SPSS 18.0 for Windows 软件，读者使用其他版本的 SPSS 可以完成同样的分析。在 SPSS 的操作过程中，特别在英文的基础上添加了中文命令，这主要是为了方便使用 SPSS 汉化版的读者，因为在一般的 SPSS 使用介绍的书籍中，只讲授英文的操作命令，读者在学习中会感到些许的不便。

本章主要介绍的统计分析方法有频数分析、假设检验、独立性检验、方差分析、相关分析和回归分析等。

本章使用的数据为虚拟抽样数据，其中采用的都是与休闲和旅游问题相关的变量，内容为“在职人员的娱乐花费与假日支出”（见本章附件 2），读者也可以使用这些数据完成本章后面的练习。

第一节　描述统计分析中的几种常用方法

一、频数分析

频数分析的目的是掌握变量的数据分布特征，通过频数分析可以了解变量的取值情况。

例如，在调研问卷的数据分析中，首先应该对被访者的性别、年龄、职业、学历和收入等特征做一个详细的分析。这个被访者个人信息的特征分析的目的是反映抽样是否科学，样本是否具有总体代表性。上述变量的分布特征就可以通过频数分析来完成。

只了解某一个变量的数据分布状况是不够的。实际工作中，需要了解一个变量或多个变量在不同情况下的数据分布特征，从而能够进一步分析某些变量之间的联系和差异。所以在频数分析的基础上还需要做更加深入的讨论，比如交叉分组的频数分析等。

（一）简单频数分析

例 8－1　分析被访者的“职业”和“收入水平”的分布特征。

使用 SPSS 的操作步骤：

- 选择菜单 Analyze（分析）→ Descriptive Statistics（描述统计）→ Frequencies（频率），出现主对话框；

- 把变量“职业”和“收入水平”选入 Variable（s）（变量）框中；
- 单击 OK（确定），结果输出见表 8－1 和表 8－2。

表 8－1　被访者职业的频数统计

被访者		Frequency 频率	Percent 百分比	Valid Percent 有效百分比	Cumulative Percent 累积百分比
	企事业管理人员	20	20.0%	20.0%	20.0%
	科技文教人员	22	22.0%	22.0%	42.0%
	公司职员	22	22.0%	22.0%	64.0%
	蓝领阶层	21	21.0%	21.0%	85.0%
	私企老板	15	15.0%	15.0%	100.0%
	Total 总计	100	100.0%	100.0%	

表 8－2　被访者收入水平的频数统计

被访者收入水平		Frequency 频率	Percent 百分比	Valid Percent 有效百分比	Cumulative Percent 累积百分比
Valid 有效	2000 元及以下	16	16.0%	16.0%	16.0%
	2001～3500 元	18	18.0%	18.0%	34.0%
	3501～5500 元	25	25.0%	25.0%	59.0%
	5501～8500 元	21	21.0%	21.0%	80.0%
	8501 元及以上	20	20.0%	20.0%	100.0%
	Total 总计	100	100.0%	100.0%	

由表 8－1 和表 8－2 可以得出如下结论：本次调查的总人数为 100 人，在“职业”和“收入水平”这两个变量中没有缺失值。其中，企事业管理人员占 20%，科技文教人员和公司职员各占 22%，蓝领阶层为 21%，私企老板占 15%，被访者的职业分布比较均衡。由表 8－2 可以看出“收入水平”的分布状况，收入在 3501～5500 元的比例最高，为 25%；收入在 2000 元及以下的比例最低，为 16%。

注意：

- 当某个变量的数据无缺失值时，其百分比和有效百分比相同；

- 选入 Variable（s）（变量）框中的变量应该是 Nominal（名义）型变量或 Ordinal（有序）型变量。特别注意 Scale（度量）型变量不适宜做频数分析。

（二）交叉分组的频数分析

例 8－2 比较不同职业人群的收入水平。

使用 SPSS 的操作步骤：

- 选择菜单 Analyze（分析）→ Descriptive Statistics（描述统计）→ Crosstabs（交叉表），出现主对话框；
- 把变量"收入水平"作为行变量选入 Row（行）框中；
- 把变量"职业"选入作为列变量 Column（列）框中；
- 单击 OK（确定），结果输出见表 8－3。

表 8－3 不同职业人群收入水平的频数统计（一）

		职业					Total 总计
		企事业管理人员	科技文教人员	公司职员	蓝领阶层	私企老板	
收入水平	2000 元及以下	0	0	2	14	0	16
	2001～3500 元	1	3	10	4	0	18
	3501～5500 元	6	11	4	3	1	25
	5501～8500 元	6	5	5	0	5	21
	8501 元及以上	7	3	1	0	9	20
Total 总计		20	22	22	21	15	100

表 8－3 说明，收入在 2000 元及以下的共有 16 人，其中职业是蓝领的有 14 人，其余 2 人为公司职员。而蓝领阶层的收入没有在 5501 元以上的。

为了便于分析，还可以要求输出百分比。

使用 SPSS 的操作步骤：

- 选择菜单 Analyze（分析）→ Descriptive Statistics（描述统计）→ Crosstabs（交叉表），出现主对话框；
- 把变量"职业"作为行变量选入 Row（行）框中；
- 把变量"收入水平"选入作为列变量 Column（列）框中；

- 单击 Cells（单元格）按钮，出现子对话框；
- 在 Percentages（计数）框中选 Column（列百分比）；
- 单击 Continue（继续），返回主对话框；
- 单击 OK（确定），结果输出见表 8 - 4。

表 8 - 4　不同职业人群收入水平的频数统计（二）

			职业					Total 总计
			企事业管理人员	科技文教人员	公司职员	蓝领阶层	私企老板	
收入水平	2000 元及以下	Count 计数	0	0	2	14	0	16
		职业中的 %	0.0%	0.0%	9.1%	66.7%	0.0%	16.0%
	2001 ~ 3500 元	Count 计数	1	3	10	4	0	18
		职业中的 %	5.0%	13.6%	45.5%	19.0%	0.0%	18.0%
	3501 ~ 5500 元	Count 计数	6	11	4	3	1	25
		职业中的 %	30.0%	50.0%	18.2%	14.3%	6.7%	25.0%
	5501 ~ 8500 元	Count 计数	6	5	5	0	5	21
		职业中的 %	30.0%	22.7%	22.7%	0.0%	33.3%	21.0%
	8501 元及以上	Count 计数	7	3	1	0	9	20
		职业中的 %	35.0%	13.6%	4.5%	0.0%	60.0%	20.0%
Total 总计		Count 计数	20	22	22	21	15	100
		职业中的%	100.0%	100.0%	100.0%	100.0%	100.0%	100.0%

表 8 - 4 说明，蓝领阶层的 66.7% 的人群的收入都在 2000 元及以下，19.0% 的人群的收入在 2001 ~ 3500 元，只有 14.3% 的人群的收入在 3501 ~ 5500 元。而 60.0% 的私企老板和 35% 的企事业管理人员收入都在 8501 元及以上。有 50% 的科技文教人员其收入在 3501 ~ 5500 元。

注意：无论是选入 Row（行）框中的变量，还是选入 Column（列）框中的变量，都应该是 Nominal（名义）型变量或 Ordinal（有序）型变量。

（三）多项选择题的频数分析

《关于在职人员的娱乐花费与假日支出的调查问卷》中第 8 题——“您上月进行过下列哪些休闲娱乐活动？（可多选）”是一道多项选择题，共有 5 个选项

(见本章附件1)。

在SPSS数据输入中，多选题的录入共有两种方法，即二分法和分类法，这里主要介绍二分法。多选题的二分法就是将多选题中的每一个选项设为一个SPSS变量，每个变量只有0和1两个取值，通常“1 = 是”表示选择了该选项，“0 = 否”表示没有选择该选项。二分法的优点是便于分析选择了某个选项的被访者的特征；缺点是不能反映被访者选择多个选项的顺序信息，即不能看出被访者最倾向于哪个选项。如果一个多项选择题不需要对所有选项的重要性排序，就可以选用二分法。

对于多项选择题也可以进行上面介绍的简单频数分析和交叉分组的频数分析，但要首先把所有的变量（选项）定义成一个变量集，然后再进行频数分析。

例8－3　《关于在职人员的娱乐花费与假日支出的调查问卷》中的第8题——“您上月进行过下列哪些休闲娱乐活动？(可多选)”进行频数分析。

使用SPSS定义变量集的操作步骤：

- 选择菜单Analyze（分析）→ Multiple Response（多重响应）→ Define Sets（定义变量集)，出现主对话框；
- 将第8题中5个选项所对应的变量都选入Variables in Set（集合中的变量）框中；
- 在Variables Are Coded As（将变量编码为）框中选中Dichotomies（二分法)；
- 在Counted Value（计数值）中输入“1”；
- 在Name框中输入“休闲方式”，即为变量集命名；
- 单击Add（添加）按钮，定义好的多选项变量集“休闲方式”就添加到Multiple Response Sets（多响应集）框中，系统会自动在休闲方式前添加符号“＄”。

至此，就定义了多重响应变量集“＄休闲方式”。下面就可以对第8题进行频数分析了。

注意，SPSS可以定义多个多重响应变量集。

使用SPSS对多重响应变量集进行频数分析的操作步骤：

- 选择菜单Analyze（分析）→ Multiple Response（多重响应）→ Frequencies（频率)，出现主对话框；
- 把“＄休闲方式”选入Table（s）For（表格）框中；
- 单击OK（确定)，结果输出见表8－5。

表 8－5　多项选择题“休闲方式”的频数统计

		Responses 响应		Percent of Cases 个案百分比
		N	Percent 百分比	
$ 休闲方式[a]	咖啡厅或酒吧(上月)	49	19.7%	49.0%
	KTV 歌厅(上月)	45	18.1%	45.0%
	外出就餐(上月)	92	36.9%	92.0%
	去电影院看电影(上月)	34	13.7%	34.0%
	运动健身(上月)	29	11.6%	29.0%
Total 总计		249	100.0%	249.0%

a. Dichotomy group tabulated at value 1.(值为 1 时制表的二分组)

从表 8－5 可以看出，有 92% 的在职人员都选择了“外出就餐”，而选择“运动健身”的比例最低，只有 29%。

如果选择菜单 Analyze（分析）→Multiple Response（多重响应）→Crosstabs（交叉表），还可以对多重响应变量集进行交叉分组频数分析。

二、均值分析

（一）简单均值问题

对于 Scale（度量）型变量，例如月薪、娱乐花费和假日支出，还有一些 Ordinal（有序）型变量，例如附件 1 第 14 题“您对本人休闲状况的整体满意程度”这样的态度量表型的变量，往往需要求其平均值。

例 8－4　分析在职人员对休闲状况的整体满意度的均值。

使用 SPSS 的操作步骤：

- 选择菜单 Analyze（分析）→ Descriptive Statistics（描述统计）→ Descriptives（描述），出现主对话框；
- 把变量“对休闲状况的整体满意度”选入 Variable（s）（变量）框中；
- 单击 OK（确定），结果输出见表 8－6。

表 8－6　“对休闲状况的整体满意度”均值的描述统计

对休闲状况的整体满意程度	N	Minimum 极小值	Maximum 极大值	Mean 均值	Std. Deviation 标准差
Valid 有效的 N(listwise)(列表状态)	100	1	5	2.80	1.310

从表 8－6 可以看出，在职人员对休闲状况的平均满意度只有 2.80，说明人们对目前休闲状况的满意程度普遍较低，还不能达到“一般”的水平。

注意，表 8－6 中输出的统计量是 SPSS 的默认选项，在主对话框中单击 Options（选项）按钮，可以在子对话框中选择输出的统计量。

（二）分组求平均值

例 8－5　比较不同收入水平人群的每月平均娱乐花费。

使用 SPSS 的操作步骤：

- 选择菜单 Analyze（分析）→ Compare Means（比较均值）→ Means（均值），出现主对话框；
- 把变量“娱乐花费”选入 Dependent List（因变量列表）框中；
- 把变量“收入水平”选入 Independent List（自变量列表）框中；
- 单击 Options（选项）按钮，出现子对话框。

把需要输出的统计量放入 Cell Statistics（单元格统计量）框中。默认的输出结果是 Mean（平均值）、N（观测数据的个数）、Std. Deviation（标准差）。

- 单击 Continue（继续），返回主对话框；
- 单击 OK（确定），结果输出见表 8－7。

表 8－7　不同收入水平人群的每月平均娱乐花费

收入水平	Mean 均值	N	Std. Deviation 标准差
2000 元及以下	248.12	16	277.638
2001～3500 元	644.44	18	485.644
3501～5500 元	696.00	25	540.000
5501～8500 元	1228.57	21	719.126
8501 元及以上	2600.00	20	1428.286
Total 总计	1107.70	100	1128.310

表 8－7 说明，收入水平为 2000 元及以下人群的每月平均娱乐花费仅为 248.12 元，远远低于整体的人均水平 1107.70 元。随着收入水平的提高，平均娱乐花费呈明显的上升趋势。

如果还要考察不同收入水平、不同婚姻状况人群的每月平均娱乐花费状况，则需要在把变量“收入水平”选入 Independent List（自变量列表）框中之后，单击 Next（下一层）按钮，再把变量“婚姻状况”选入 Independent List（自变量列表）框中。这时“收入水平”是第一层自变量，“婚姻状况”是第二层自变量。输出结果见表 8－8。

表 8－8 不同收入水平、不同婚姻状况人群的每月平均娱乐花费

收入水平	婚姻	Mean 均值	N	Std. Deviation 标准差
2000 元及以下	单身	403. 33	9	286. 531
	已婚	48. 57	7	25. 448
	Total 总计	248. 12	16	277. 638
2001～3500 元	单身	690. 00	10	342. 215
	已婚	587. 50	8	644. 621
	Total 总计	644. 44	18	485. 644
3501～5500 元	单身	1200. 00	8	552. 914
	已婚	458. 82	17	341. 868
	Total 总计	696. 00	25	540. 000
5501～8500 元	单身	2000. 00	5	707. 107
	已婚	987. 50	16	543. 906
	Total 总计	1228. 57	21	719. 126
8501 元及以上	单身	3475. 00	8	1380. 217
	已婚	2016. 67	12	1176. 152
	Total 总计	2600. 00	20	1428. 286
Total 总计	单身	1448. 25	40	1336. 267
	已婚	880. 67	60	908. 200
	Total 总计	1107. 70	100	1128. 310

表 8－8 表明，不论是哪一类收入水平的在职人员，单身人群的平均娱乐花费都大大高于已婚人群的平均娱乐花费，说明娱乐花费的高低不仅与收入水平有关，其中婚姻状况也起着决定性的作用，特别是收入为 2000 元及以下这一组单身人群的平均娱乐花费竟是已婚人群的 8 倍。

在后面的回归分析中，还会更准确地分析收入水平和婚姻状况对娱乐花费的影响。

注意，在上述分组求平均值的过程中，作为自变量的“收入水平”是

Ordinal（有序）型变量，而不能使用“月薪”这样的 Scale（度量）型变量做自变量。即选入 Independent List（自变量列表）框中的变量应该是 Nominal（名义）型变量或 Ordinal（有序）型变量。

（三）均值的区间估计

1. 什么是区间估计

区间估计，就是用一个区间去估计未知参数，或者说把未知参数估计在某两个数值之间。

例如，我们有 95% 的把握，预言明年的人均旅游支出增长在 9% ~10%。那么 9% ~10% 就是一个区间估计，其中 95% 称为置信水平。上述的是一个置信水平为 95% 的置信区间。置信水平也称为置信度，通俗地讲就是可信程度。9% 是置信下限，10% 是置信上限。

2. 均值的区间估计

例 8 -6　估计在职人员的平均受教育年限。

使用 SPSS 的操作步骤：

- 选择菜单 Analyze（分析）→ Compare Means（比较均值）→ One - Sample T Test（单样本 T 检验），出现主对话框；
- 把变量“教育年限”选入 Test Variable（s）（检验变量）框中；
- Test Value（检验值）框中的值必须为 0；
- 单击 Options（选项）按钮，出现子对话框；
- Confidence Interval Percentage（置信水平）的默认值为 95%；
- 单击 Continue（继续），返回主对话框；
- 单击 OK（确定），结果输出见表 8 -9。

表 8 -9　受教育年限均值的区间估计（一）

	Test Value 检验值 =0					
	t	df	Sig. (2 - tailed) Sig.（双侧）	Mean Difference 均值差值	95% Confidence Interval of the Difference 差分的 95% 置信区间	
					Lower 下限	Upper 上限
教育年限	51.875	99	0.000	14.880	14.31	15.45

表8－9表明，平均受教育年限置信水平为95%的置信区间为（14.31，15.45）。

现在把Confidence Interval Percentage（置信水平）改为99%，再看一下输出结果，见表8－10。

表8－10　受教育年限均值的区间估计（二）

	Test Value 检验值＝0					
	t	df	Sig. (2－tailed) Sig.（双侧）	Mean Difference 均值差值	99% Confidence Interval of the Difference 差分的99%置信区间	
					Lower 下限	Upper 上限
教育年限	51.875	99	0.000	14.880	14.13	15.63

表8－10表明，平均受教育年限置信水平为99%的置信区间为（14.13，15.63）。可以看到，如果把置信水平提高，那么置信区间的范围就会增大。

三、比率分析

SPSS还可以提供两个变量比率的分析。在例8－4中，比较了不同收入水平人群的每月的娱乐花费，事实上，更为重要的是需要比较不同收入水平人群每月娱乐花费占其月薪的比例。

例8－7　比较不同收入水平人群每月娱乐花费与其月薪的比率。

使用SPSS的操作步骤：

- 选择菜单Analyze（分析）→Descriptive Statistics（描述统计）→Ratio（比率），出现主对话框；
- 把变量“娱乐花费”作为比率的分子选入Numerator（分子）框中；
- 把变量“月薪”作为比率的分母选入Denominator（分母）框中；
- 把变量“收入水平”作为分组变量选入Group Variable（组变量）框中；
- 单击Statistics（统计量）按钮，出现子对话框；
- 在Central Tendency（集中趋势）框中选Mean（均值）；
- 在Dispersion（离散）框中选Minimum（最小值）、Maximum（最大值）、COD（离散系数）；
- 单击Continue（继续），返回主对话框；
- 单击OK（确定），结果输出见表8－11及表8－12。

表 8－11 在职人员收入水平的分布统计表

		Count 计数	Percent 百分比
收入水平	2000 元及以下	16	16.0%
	2001～3500 元	18	18.0%
	3500～5500 元	25	25.0%
	5501～8500 元	21	21.0%
	8501 元及以上	20	20.0%
Overall 总数		100	100.0%
Excluded 排除的		0	
Total 总计		100	

表 8－12 不同收入水平人群娱乐花费/月薪的比率统计量表

Group 组	Mean 均值	Minimum 极小值	Maximum 极大值	Coefficient of Dispersion 离散系数
2000 元及以下	0.137	0.017	0.4000	1.603
2001～3500 元	0.233	0.036	0.667	0.703
3501～5500 元	0.149	0.022	0.417	0.765
5501～8500 元	0.179	0.048	0.441	0.474
8501 元及以上	0.150	0.067	0.306	0.344
Overall 总数	0.169	0.017	0.667	0.681

表 8－12 表明，所有在职人员的娱乐花费占月薪的比率的均值为 0.169，也就是说人们把月薪中的 16.9% 用作娱乐花费。收入在 2000 元及以下人群的平均比率为 0.137，这部分低收入人群平均把月薪中的 13.7% 用作娱乐花费。从均值上来看，其均值与总体均值的差距并不是很大，但其 Coefficient of Dispersion（离散系数）很高，为 1.603，说明 2000 元及以下收入水平的人群其娱乐花费占月薪比率的分布较为分散，这一点从 Minimum（极小值）为 0.017、Maximum（极大值）为 0.4000 也可以反映出来。

注意，参与比率分析的变量即分子和分母必须是 Scale（度量）型，比如月薪、娱乐花费和假日支出。选入 Group Variable 框中的分组变量必须是 Nominal（名义）型或 Ordinal（有序）型数据。

如果需要，还可以利用 SPSS 的生成新变量的功能，计算出每一个样本的娱乐花费占其月薪的比率，并在数据中保存。

例 8－8 生成“娱乐花费与月薪之比”的新变量。

使用 SPSS 的操作步骤：

- 选择菜单 Transform（转换）→Compute Variable（计算变量），出现对话框；
- 在 Target Variable（目标变量）框中输入文字“娱乐花费与月薪之比”；
- 在 Numeric Expression（数字表达式）框中选入“娱乐花费”，单击“/”，再选入“月薪”；
- 单击 OK（确定），在原有数据中就增加了新变量“娱乐花费与月薪之比”。

第二节　假设检验

一、参数假设检验的基本问题

参数假设检验是统计推断的基本方法之一。统计推断是根据样本的数据特征推断总体特征。统计推断是在描述统计的基础上，以概率的形式对总体的数字特征进行推断。

（一）参数假设检验的方法

参数假设检验的方法，是首先对某个未知参数提出一个假设，然后利用样本信息判断这一假设是否成立，作出接受或拒绝这个假设的决定。

（二）零假设与备择假设

进行参数假设检验的第一步是提出假设。通常是假设未知参数（均值或方差）等于某一个值（检验值），或者是假设两个变量的均值或方差相等，这样的假设被称为零假设，以符号 H_0 表示。与零假设对立的假设被称为备择假设，以符号 H_1 表示。通常备择假设是假设未知参数（均值或方差）不等于某一个值（检验值），或者是假设两个变量的均值或方差不相等。

例如，在职人员接受教育的平均年限是否可以认定为 16 年？

H_0：接受教育的平均年限与 16 年无显著差异。

H_1：接受教育的平均年限与 16 年有显著差异。

例如，科技文教人员与公司职员的平均假日支出是否存在差异？

H_0：科技文教人员与公司职员的平均假日支出无显著差异。

H_1：科技文教人员与公司职员的平均假日支出有显著差异。

假设检验就是要判断零假设 H_0 是否成立，作出接受或拒绝这个零假设 H_0

的决定。

（三）显著性水平与显著性

如果科技文教人员的平均假日支出是3600元，而公司职员的平均假日支出也是3600元，很明显，两者没有差别，与零假设一致。所以，接受零假设 H_0，即认为科技文教人员与公司职员的平均假日支出无显著差异。那么，这两个值的差距多小时才能认为“无显著差异”？这两个值的差距多大时才能认为“有显著差异”？如果科技文教人员的平均假日支出是3625元，而公司职员的平均假日支出是3580元，是应该接受零假设还是拒绝零假设呢？

显著性（Significance），即零假设 H_0 发生的概率。在SPSS的输出结果中，显著性以Sig. 表示。

显著性水平就是拒绝零假设的标准。SPSS默认的显著性水平为0.05。

比如正态分布曲线，通常5%或1%的概率被习惯认为“不易发生”。因此，在5%点右边的值被认为不符合零假设，我们拒绝零假设；在5%点左边的值则认为接受零假设（图8－1）。

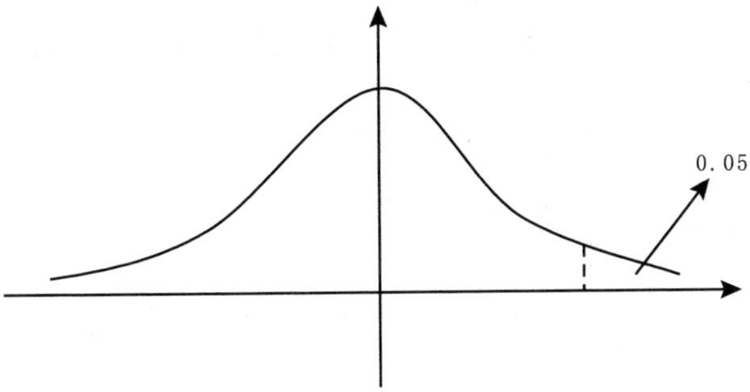

图8－1　标准正态分布

当Sig. <0.05时，拒绝零假设 H_0，即认为“有显著差异”。

当Sig. >0.05时，接受零假设 H_0，即认为“无显著差异”。

如果Sig. 小于0.0005，在SPSS的输出结果中，就会出现0.000，因为在SPSS中Sig. 只保留小数点后面三位数字。

（四）参数假设检验的两类错误

在假设检验中，是拒绝还是接受零假设是依赖抽样得到的样本而作出的判断，因为随机抽样数据会受到抽样误差的影响，所以假设检验的结果也具有随机性，那么就有可能作出与真实情况不符的决策。

接受零假设只是表明在给定的显著性水平下，样本数据不足以拒绝它，并不意味着它肯定是正确的；同理，拒绝零假设也只是表明在给定的显著性水平下，样本数据不足以接受它，并不意味着它肯定是错误的。

所以，假设检验就有可能发生两类错误。第一类错误，也称为弃真错误，是指零假设实际上是真实的，而检验结果却拒绝了它。第二类错误，也称为取伪错误，是指零假设实际上是不真实的，而检验结果却接受了它。

显著性水平就是弃真错误发生的概率。

对于数学基础薄弱的读者来说，掌握了什么是原假设及显著性的作用这两点，就可以做出恰当的假设和正确的判断。

二、均值的假设检验

（一）单个样本的 T 检验

单个样本的 T 检验目的是推断总体均值与检验值之间是否存在显著差异。

例 8－9 在职人员接受教育的平均年限是否可以认定为 16 年？即受教育程度是否可以达到本科水平？

H_0：接受教育的平均年限与 16 年无显著差异。

H_1：接受教育的平均年限与 16 年有显著差异。

使用 SPSS 的操作步骤：

- 选择菜单 Analyze（分析）→ Compare Means（比较均值）→ One－Sample T Test（单样本 T 检验），出现主对话框；
- 把变量“教育年限”选入 Test Variable（s）（检验变量）框中；
- Test Value（检验值）框中输入检验值 16；
- 单击 OK（确定），结果输出见表 8－13。

表 8－13 接受教育平均年限的 T 检验结果（一）

	Test Value 检验值 =16					
	T	df	Sig.（2－tailed）Sig.（双侧）	Mean Difference 均值差值	95% Confidence Interval of the Difference 差分的 95% 置信区间	
					Lower 下限	Upper 上限
教育年限	－3.905	99	0.000	－1.120	－1.69	－0.55

表 8－13 表明，Sig. ＝0.000＜0.05，拒绝零假设 H_0，认为接受教育的平均年限与 16 年有显著差异。进一步分析，这个"有显著差异"的结论并没有体现接受教育的平均年限是高于 16 年，还是低于 16 年。表 8－13 中的第五列，是样本均值与检验值 16 的差，其值为－1.120，小于 0，说明样本均值（平均教育年限）小于 16。也就是说在职人员的平均受教育程度达不到本科水平。

下面，把检验值改为 15，重复上面 SPSS 的操作，其输出结果见表 8－14。

表 8－14　接受教育平均年限的 T 检验结果（二）

	Test Value 检验值＝15					
	T	df	Sig.（双侧）	Mean Difference 均值差值	95％Confidence Interval of the Difference 差分的 95％置信区间	
					Lower 下限	Upper 上限
教育年限	－0.418	99	0.677	－0.120	－0.69	0.45

表 8－14 表明，Sig. ＝0.677＞0.05，接受零假设 H_0，认为接受教育的平均年限与 15 年无显著差异。也就是说在职人员的平均受教育程度可以达到专科水平。

（二）独立样本的 T 检验

独立样本的 T 检验目的是推断两个独立总体的均值是否存在显著差异。

例 8－10　科技文教人员与公司职员的平均娱乐花费是否存在显著差异？

两个独立总体：科技文教人员和公司职员。

均值：平均娱乐花费。

H_0：科技文教人员与公司职员的平均娱乐花费无显著差异。

H_1：科技文教人员与公司职员的平均娱乐花费有显著差异。

使用 SPSS 的操作步骤：

- 选择菜单 Analyze（分析）→ Compare Means（比较均值）→ Independent-Sample T Test（独立样本 T 检验），出现主对话框；
- 把变量"娱乐花费"选入 Test Variable（检验变量）框中；
- 把变量"职业"选入 Grouping Variables（分组变量）框中；
- 单击 Define Groups（定义组）按钮，进入子对话框；
- 在 Group（组）1 框中输入"科技文教人员"的标签值：2；
- 在 Group（组）2 框中输入"公司职员"的标签值：3；

- 单击 Continue（继续），返回主对话框；
- 单击 OK（确定），结果输出见表 8－15 及表 8－16。

表 8－15　科技文教人员与公司职员的平均娱乐花费的基本描述统计

职　业		N	Mean 均值	Std. Deviation 标准差	Std. Error Mean 均值的标准误差
娱乐花费/月	科技文教人员	22	723.64	607.654	129.552
	公司职员	22	972.73	560.129	119.420

表 8－15 说明，科技文教人员的平均娱乐花费为 723.64 元，公司职员的娱乐花费为 972.73 元。

表 8－16　科技文教人员与公司职员的平均娱乐花费的 T 检验结果

		Levene's Test for Equality of Variances 方差方程的 Levene 检验		T-test for Equality of Means 均值方程的 T 检验						
		F	Sig. 显著性	t	df 自由度	Sig. (2－tailed) 显著性（双侧）	Mean Difference 均值差值	Std. Error Difference 标准误差值	95% Confidence Interval of the Difference 差分的 95% 置信区间 Lower 下限	Upper 上限
娱乐花费/月	Equal variances Assumed 假设方差相等	0.552	0.462	－1.414	42.000	0.165	－249.091	176.196	－604.668	106.486
	Equal variances not assumed 假设方差不相等			－1.414	41.724	0.165	－249.091	176.196	－604.738	106.556

在表 8－16 中，同时显示了两个 T 检验的结果，分别是 Equal variances assumed（假设方差相等）的结果和 Equal variances not assumed（假设方差不相等）的结果。究竟以哪个结果为准呢？这需要参照 Levene's Test for Equality of Variances（方差齐性检验）的结果。在表 8－16 中的第三列，Sig. ＝0.462＞0.05，说明假设方差相等成立。因此，T 检验的结果应该以 Equal variances assumed（假设方差相等）的结果为准。

所以，T 检验的结果为：Sig. ＝0.165＞0.05，接受零假设 H_0，说明科技文教人员与公司职员的平均娱乐花费无显著差异。

例 8－11 分析月薪在 3500 元以下和 3500 元及以上在职人员的平均娱乐花费是否存在显著差异。

使用 SPSS 的操作步骤：

- 选择菜单 Analyze（分析）→ Compare Means（比较均值）→ Independent-Sample T Test（独立样本 T 检验），出现主对话框；
- 把变量"娱乐花费"选入 Test Variable（检验变量）框中；
- 把变量"月薪"选入 Grouping Variables（分组变量）框中；
- 单击 Define Groups（定义组）按钮，进入子对话框；
- 单击 Cut Point（割点），在其框内输入"3500"；
- 单击 Continue（继续），返回主对话框；
- 单击 OK（确定），结果输出见表 8－17 及表 8－18。

表 8－17 月薪在 3500 元以下和 3500 元及以上在职人员的平均娱乐花费的基本描述统计

	月 薪	N	Mean 均值	Std. Deviation 标准差	Std. Error Mean 均值的标准误差
娱乐花费/月	≥3500	68	1423.53	1213.550	147.165
	＜3500	32	436.56	446.041	78.850

表 8－17 说明，月薪在 3500 元以下在职人员的平均娱乐花费为 436.56 元，月薪在 3500 元及以上在职人员的娱乐花费为 1423.53 元。

在表 8－18 中，Levene's Test for Equality of Variances（方差齐性检验）的结果 Sig. ＝0.000＜0.05，说明假设方差相等不成立。因此，T 检验的结果应该以 Equal variances assumed（假设方差不相等）的结果为准。

所以，T 检验的结果为：Sig. ＝0.000＜0.05，拒绝零假设 H_0，说明月薪在 3500 元以下和 3500 元及以上在职人员的平均娱乐花费存在显著差异。

表 8-18　月薪在 3500 元以下和 3500 元及以上在职人员的平均娱乐花费的 T 检验结果

		Levene's Test for Equality of Variances 方差方程的 Levene 检验		T-test for Equality of Means 均值方程的 T 检验						
		F	Sig. 显著性	t	df 自由度	Sig. (2-tailed) 显著性（双侧）	Mean Difference 均值差值	Std. Error Difference 标准误差值	95% Confidence Interval of the Difference 差分的 95%置信区间 Lower 下限	Upper 上限
娱乐花费/月	Equal variances Assumed 假设方差相等	14.329	0.000	4.451	98.000	0.000	986.967	221.727	546.957	1426.977
	Equal variances not assumed 假设方差不相等			5.912	94.209	0.000	986.967	166.957	655.479	1318.455

（三）配对样本的 T 检验

配对样本 T 检验的目的是推断两个总体的均值是否存在显著差异。配对样本可以是同一个变量在“前与后”“新与旧”两种状态下的两组抽样数据，也可以是对某一问题两个不同侧面的表述。配对样本与独立样本的差异在于配对样本的抽样不是相互独立的，而是相互关联的。

例 8-12　分析在职人员的假日出行偏好，比较人们在“探亲访友”与“旅行”和“剧院展览”与“国家公园”的选择上是否有显著差异。

使用 SPSS 的操作步骤：

- 选择菜单 Analyze（分析）→ Compare Means（比较均值）→ Paired-Sample T Test（配对样本 T 检验），出现主对话框；
- 分别把变量“探亲访友”和“旅行”选入 Paired Variables（成对变量）框 Pair（对）1 中；
- 分别把变量“剧院展览”和“国家公园”选入 Paired Variables（成对变

量）框 Pair（对）2 中；

- 单击 OK（确定），结果输出见表 8－19。

表 8－19 假日出游偏好配对样本 T 检验结果

		Paired Differences 成对差分					t	df	Sig.（双侧）(2－tailed)
		Mean 均值	Std. Deviation 标准差	Std. Error Mean 均值的标准误差	95% Confidence Interval of the Difference 差分的 95% 置信区间				
					Lower 下限	Upper 上限			
Pair（对）1	探亲访友—旅行	0.110	1.270	0.127	－0.142	0.362	0.866	99	0.389
Pair（对）2	剧院展览—国家公园	－0.680	1.294	0.129	－0.937	－0.423	－5.255	99	0.000

表 8－19 说明，人们在“探亲访友”与“旅行”的选择上无显著差异，其 Sig. ＝0.389＞0.05。在“剧院展览”和“国家公园”的选择上有显著差异，其 Sig. ＝0.000＜0.05。

三、χ^2 一致性检验

单个样本均值的 T 检验可以推断总体均值与检验值之间是否存在显著差异。这是针对 Scale（度量）型变量，比如，“教育年限”“月薪”“假日支出”等。如果是 Ordinal（有序）型或 Nominal（名义）型变量，比如，“受教育程度”“收入水平”“职业”等，就不能使用对样本均值进行比较的 T 检验，而要使用对样本比率进行比较的 χ^2 一致性检验。χ^2 一致性检验是考察样本构成比与总体构成比之间是否存在显著差异的统计分析方法。

在对单个样本均值进行比较的 T 检验中，有一个关键因素，即“检验值”，也就是进行均值比较的参照值。在对样本比率进行比较的 χ^2 一致性检验中，同样不能缺少这个关键因素，也就是要有一个已知的比率，即总体构成比。这个总体构成比可以是一个先验的或者是预期的比率。

例 8－13 已知全国的“收入水平”构成比为 15%、25%、30%、20%、10%。检验抽样样本所在地区“收入水平”的构成比与全国的是否一致。

H_0：本地区的“收入水平”构成比与全国一致。

H_1：本地区的“收入水平”构成比与全国不一致。

使用 SPSS 的操作步骤：

- 选择菜单 Analyze（分析）→ NonparametricTests（非参数检验）→ Chi-Square（卡方），出现主对话框；
- 把变量"收入水平"选入 Variable Test List（检验变量列表）框中；
- 在 Expected Values（期望值）框中选择 Values（值）：输入 0.15，单击 Add；输入 0.25，单击 Add；……输入 0.10，单击 Add；
- 单击 OK（确定），结果输出见表 8－20 及表 8－21。

表 8－20　不同收入水平实际频数和期望频数

收入水平	Observed N 观察数	Expected N 期望数	Residual 残差
2000 元以下	16	15.0	1.0
2001～3500 元	18	25.0	-7.0
3501～5500 元	25	30.0	-5.0
5501～8500 元	21	20.0	1.0
8501 元及以上	20	10.0	10.0
Total 总数	100		

在表 8－20 中，分别输出了 Observed N（实际频数）和根据总体构成比计算出的 Expected N（期望频数），及实际频数与期望频数之差 Residual（残差）。

表 8－21　收入水平的一致性检验

	收入水平
Chi-Square 卡方	12.910[a]
df	4
Asymp. Sig. 渐近显著性	0.012

a. 0 cells（0.0%）have expected frequencies less than 5. The minimum expected cell frequency is 10.0.
0 个单元（0.0%）具有小于 5 的期望频率；单元最小期望频率为 10.0

表 8－21 输出的是 χ^2 检验的结果，其 Sig. ＝0.012＜0.05，拒绝 H_0，即本地区的"收入水平"构成比与全国不一致，有显著差异。

在一致性检验中，χ^2 值表示的是实际值与理论值之间的偏离程度。实际频数与期望频数越接近，两者之间的差异就越小，χ^2 值也就越小；反之，实际频数与期望频数之差越大，两者之间的差异就越大，χ^2 值也就越大。所以，如果 χ^2 值小，就倾向于接受 H_0；如果 χ^2 值大，就倾向于接受拒绝 H_0。

第三节 方差分析

一、方差分析的概念

在独立样本的 T 检验中，曾检验过科技文教人员与公司职员这两个职业人群的平均娱乐花费是否存在显著差异，见例 8－10。但是，如果要考察 5 个不同职业人群的平均娱乐花费是否存在显著差异，是否需要进行若干个独立样本 T 检验加以比较呢？当然不是，方差分析就可以解决在多个水平下均值比较的问题。

二、单因素方差分析

单因素方差分析就是检验一个因素（控制变量）在多个不同水平下因变量的均值是否存在显著差异。

例如，在不同职业人群的平均娱乐花费是否存在显著差异这个问题中，因素（控制变量）：“职业”，职业有 5 个不同水平（即有 5 个不同职业）；因变量：“娱乐花费”。

注意：在方差分析中，因变量应该是 Scale（度量）型，比如，“月薪”“娱乐花费”“假日支出”，或者是 Ordinal（有序）型变量，比如，“满意度”。因素（控制变量）一般是 Nominal（名义）型变量，比如，“职业”“婚姻状况”等，或者是 Ordinal（有序）型变量，比如“收入水平”“受教育程度”等。

零假设 H_0 与备择假设 H_1：

H_0：不同水平下的因变量的均值无显著差异。

H_1：不同水平下的因变量的均值有显著差异。

拒绝法则：

当 Sig. <0.05 时，拒绝零假设 H_0，即认为“有显著差异”。

当 Sig. >0.05 时，接受零假设 H_0，即认为“无显著差异”。

（一）单因素方差分析

例 8－14 分析不同职业人群的平均娱乐花费是否存在显著差异。

H_0：不同职业人群的平均娱乐花费无显著差异。

H_1：不同职业人群的平均娱乐花费有显著差异。

使用 SPSS 的操作步骤：

- 选择菜单 Analyze（分析）→ Compare Means（比较均值）→ One-Way AVOVA（单因素方差分析），出现主对话框；
- 把变量“娱乐花费”作为因变量选入 Dependent List（因变量列表）框中；
- 把变量“职业”作为控制变量选入 Factor（因子）框中；
- 单击 OK（确定），结果输出见表 8－22。

表 8－22　不同职业人群的平均娱乐花费的方差分析

	Sum of Squares 平方和	df	Mean Square 均方	F	Sig. 显著性
Between Groups 组间	4.520E7	4	1.130E7	13.280	0.000
Within Groups 组内	8.084E7	95	850908.338		
Total 总数	1.260E8	99			

从表 8－22 可见，Sig. ＝0.000＜0.05，拒绝零假设 H_0，即不同职业人群的平均娱乐花费有显著差异。

SPSS 还可以输出不同职业人群的娱乐花费的均值折线图。在把变量“职业”作为控制变量选入 Factor（因子）框中之后：

- 单击 Options（选项）按钮，出现子对话框，选择 Means Plot（均值图）；
- 单击 Continue（继续），返回主对话框；
- 单击 OK（确定），结果输出见图 8－2。

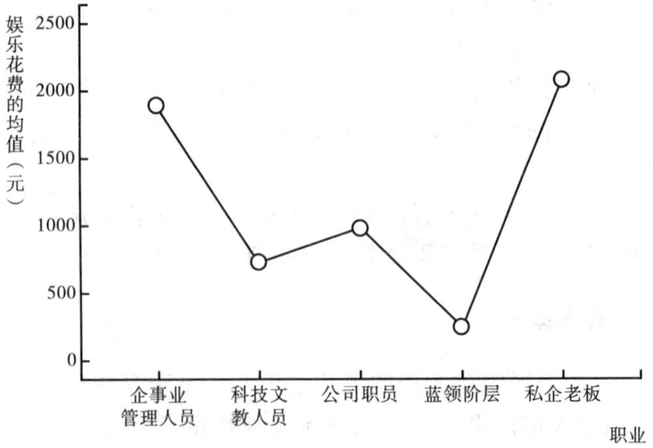

图 8－2　不同职业人群平均娱乐花费

（二）均值间的多重比较

在例 8－14 中，得到了不同职业人群的平均娱乐花费存在显著差异的结论，但这样的结论过于简单，研究所需要的分析往往不止这些。研究者还需要知道是 5 个不同职业人群之间的平均娱乐花费都存在显著差异，还是某两个职业人群之间的平均娱乐花费存在显著差异。这就需要通过多重比较（两两比较）来完成。

例 8－15　分析哪些职业人群的平均娱乐花费存在显著差异。

在进行两两比较之前，首先要做方差齐性检验，就像独立样本 T 检验的步骤一样。在确定了方差齐性成立或是不成立之后，才能选择两两比较的计算方法。

使用 SPSS 进行方差齐性检验的操作步骤：

- 选择菜单 Analyze（分析）→ Compare Means（比较均值）→ One-Way AVOVA（单因素方差分析），出现主对话框；
- 把变量“娱乐花费”作为因变量选入 Dependent List（因变量列表）框中；
- 把变量“职业”作为控制变量选入 Factor（因子）框中；
- 单击 Options（选项）按钮，出现子对话框，选择 Homogeneity of variance test（方差同质性检验）；
- 单击 Continue（继续）按钮，返回主对话框；
- 单击 OK（确定），方差齐性检验的结果输出见表 8－23。

表 8－23　不同职业人群的娱乐花费的方差齐性检验

Levene Statistic 统计量	df1	df2	Sig. 显著性
7.511	4	95	0.000

由表 8－23 可知，Sig. $=0.000<0.05$，应拒绝 H_0，即方差齐性不成立。那么，在进行两两比较时，应该选择在方差齐性不成立的条件下的计算方法。

使用 SPSS 进行两两比较的操作步骤：

- 在主对话框内，单击 Post Hoc（两两比较）按钮，出现子对话框：在 Equal variances not assumed（未假定方差齐性）框内选择：Tamhane's T2；
- 单击 Continue（继续）按钮，返回主对话框；
- 单击 OK（确定），两两比较的结果输出见表 8－24。

表 8－24　不同职业人群娱乐花费均值的两两比较

(I)职业	(J)职业	Mean Difference (I－J) 均值差(I－J)	Std. Error 标准误差	Sig. 显著性	95% Confidence Interval 95%置信区间	
					Lower 下限	Upper 上限
企事业管理人员	科技文教人员	1140.364*	369.360	0.049	3.66	2277.07
	公司职员	891.273	365.930	0.206	－238.53	2021.08
	蓝领阶层	1627.333*	350.969	0.002	524.95	2729.72
	私企老板	－216.000	461.205	1.000	－1599.37	1167.37
科技文教人员	企事业管理人员	－1140.364*	369.360	0.049	－2277.07	－3.66
	公司职员	－249.091	176.196	0.835	－769.83	271.65
	蓝领阶层	486.970*	142.547	0.019	55.70	918.24
	私企老板	－1356.364*	331.437	0.006	－2404.21	－308.52
公司职员	企事业管理人员	－891.273	365.930	0.206	－2021.08	238.53
	科技文教人员	249.091	176.196	0.835	－271.65	769.83
	蓝领阶层	736.061*	133.405	0.000	333.82	1138.30
	私企老板	－1107.273*	327.609	0.032	－2148.51	－66.04
蓝领阶层	企事业管理人员	－1627.333*	350.969	0.002	－2729.72	－524.95
	科技文教人员	－486.970*	142.547	0.019	－918.24	－55.70
	公司职员	－736.061*	133.405	0.000	－1138.30	－333.82
	私企老板	－1843.333*	310.809	0.000	－2860.41	－826.26
私企老板	企事业管理人员	216.000	461.205	1.000	－1167.37	1599.37
	科技文教人员	1356.364*	331.437	0.006	308.52	2404.21
	公司职员	1107.273*	327.609	0.032	66.04	2148.51
	蓝领阶层	1843.333*	310.809	0.000	826.26	2860.41

*. The mean difference is significant at the 0.05 level. 均值差的显著性水平为 0.05

当某两个职业间的 Sig. <0.05 时，即表明这两个不同职业人群的娱乐花费存在显著差异。表 8－24 说明，“蓝领阶层”与其他四个职业之间都存在显著差异；“企事业管理人员”与“科技文教人员”存在显著差异；“科技文教人员”还与“私企老板”存在显著差异；“公司职员”也与“私企老板”存在显著差异。

注意：

在进行方差分析时，Post Hoc（两两比较）用来实现两两比较检验：当方差齐性成立时，在 Equal variances assumed（假定方差齐性）框内选择“LSD”；当方差齐性不成立时，在 Equal variances not assumed（未假定方差齐性）框内选择“Tamhane's T2”。

在进行方差分析时，Option（选项）用来实现方差分析的前提条件的检验，并可选择输出其他的统计量。“Homogeneity of variance test”提供方差齐性检验；“Descriptive”选项输出观测变量的基本描述统计量；“Means Plot”选项输出因素在各水平下自变量的均值折线图。

表 8－22、表 8－23、表 8－24 和图 8－2 构成一个完整的单因素方差分析的输出结果。

三、多因素方差分析

多因素方差分析就是研究两个或者两个以上因素（控制变量）是否对因变量产生显著影响。两个或者两个以上因素（控制变量）被称为多因素。在多因素方差分析的过程中，不仅可以分析每一个因素的作用，还可以分析不同因素之间的交互作用。

例如，在分析性别、婚姻状况和受教育程度是否对娱乐花费产生显著影响的问题中，有 3 个因素（控制变量）：“性别”“婚姻状况”“受教育程度”；因变量：“娱乐花费”。

注意：与单因素方差分析一样，在多因素方差分析中，因变量应该是 Scale（度量）型，比如，“月薪”“娱乐花费”“假日支出”，或者是 Ordinal（有序）型变量，比如“满意度”。因素（控制变量）一般是 Nominal（名义）型变量，比如，“性别”“婚姻状况”等，或者是 Ordinal（有序）型变量，比如，“受教育程度”“收入水平”等。

例 8－16　“性别”“婚姻状况”“受教育程度”是否对“娱乐花费”具有显著影响？

使用 SPSS 的操作步骤：

- 选择菜单 Analyze（分析）→ General Linear Model（一般线性模型）→ Univariate（单变量），出现主对话框；
- 把“娱乐花费”选入 Dependent Variable（因变量）框中；
- 把“性别”“婚姻状况”“受教育程度”作为控制变量选入 Fixed Factor (s)（固定因子）框中；

- 单击 Model（模型）按钮，出现子对话框：选择 Custom（设定）；
- 在 Factors & Covariates（因子与协变量）框中：分别选中“性别”“婚姻状况”“受教育程度”放入右边 Model（模型）框中，再同时选中“性别”“婚姻状况”一起放入右边 Model（模型）框中；
- 在 Build Term（s）（构建项）选项下选定 Interaction（交互）；
- 单击 Continue（继续）按钮，返回主对话框；
- 单击 Options（选项）按钮，出现子对话框；
- 选择“性别”“婚姻状况”“受教育程度”分别放入右边 Display Means for（显示均值）框中；
- 单击 Continue（继续）按钮，返回主对话框；
- 单击 Post Hoc（两两比较）按钮，出现子对话框：选择“受教育程度”放入右边 Post Hoc Tests for（两两比较检验）框中，在 Equal variances assumed（假定方差齐性）框内选择“LSD”；
- 单击 Continue（继续）按钮，返回主对话框；
- 单击 OK（确定），结果输出见表 8－25 至表 8－29。

表 8－25 娱乐花费的多因素方差分析

Dependent Variable 因变量：娱乐花费/月

Source 源	Type III Sum of Squares Ⅲ型平方和	df	Mean Square 均方	F	Sig.
Corrected Model 校正模型	3.244E7	7	4634373.960	4.555	0.000
Intercept 截距	4.948E7	1	4.948E7	48.633	0.000
性别	9526277.146	1	9526277.146	9.364	0.003
婚姻状况	9051435.017	1	9051435.017	8.897	0.004
受教育程度	1.712E7	4	4279488.639	4.207	0.004
性别 * 婚姻状况	1222455.796	1	1222455.796	1.202	0.276
Error 误差	9.359E7	92	1017332.101		
Total 总计	2.487E8	100			
Corrected Total 校正的总计	1.260E8	99			

a. R Squared = 0.761 (Adjusted R Squared = 0.707).　R 方 = 0.761（调整 R 方 = 0.707）

表 8－25 表明，“性别”“婚姻状况”“受教育程度”的 Sig. 均小于 0.05，说明“性别”“婚姻状况”“受教育程度”对“娱乐花费”的影响显著，即不同

性别人群的娱乐花费有显著差异；不同婚姻状况人群的娱乐花费有显著差异，不同受教育程度人群的娱乐花费也有显著差异。“性别”和“婚姻状况”对“娱乐花费”的交互影响不显著，其 Sig. =0.276 >0.05。

表 8 – 26　不同性别下娱乐花费的均值比较

Dependent Variable 因变量:娱乐花费/月

性　别	Mean 均值	Std. Error 标准误差	95% Confidence Interval 95%置信区间	
			Lower 下限	Upper 上限
女	758.336	190.634	379.720	1136.952
男	1393.688	181.182	1033.845	1753.531

表 8 – 27　不同婚姻状况下娱乐花费的均值比较

Dependent Variable 因变量:娱乐花费/月

婚　姻	Mean 均值	Std. Error 标准误差	95% Confidence Interval 95%置信区间	
			Lower 下限	Upper 上限
单身	1388.950	199.417	992.892	1785.009
已婚	763.074	172.802	419.874	1106.273

表 8 – 28　不同受教育程度下娱乐花费的均值比较

Dependent Variable 因变量:娱乐花费/月

受教育程度	Mean 均值	Std. Error 标准误差	95% Confidence Interval 95%置信区间	
			Lower 下限	Upper 上限
高中及以下	567.895	191.772	187.020	948.770
中专或大专	1329.805	336.897	660.698	1998.912
本科	1401.425	151.606	1100.323	1702.527
硕士	1620.351	268.178	1087.726	2152.975
博士	460.585	585.897	-703.058	1624.227

表 8 – 26、表 8 – 27 和表 8 – 28 是“性别”“婚姻状况”“受教育程度”3 个因素在其不同水平下，因变量“娱乐花费”的均值比较。是在 Options（选项）中，由 Display Means for（显示均值）所实现的。

表 8-29　不同受教育程度人群娱乐花费均值的两两比较

(I)受教育程度	(J)受教育程度	Mean Difference (I-J) 均值差(I-J)	Std. Error 标准误差	Sig. 显著性	95% Confidence Interval 95%置信区间	
					Lower 下限	Upper 上限
高中及以下	中专或大专	-748.10	386.484	0.056	-1515.69	19.50
	本科	-755.43*	242.777	0.002	-1237.60	-273.25
	硕士	-892.76*	322.731	0.007	-1533.73	-251.79
	博士	68.57	612.735	0.911	-1148.37	1285.52
中专或大专	高中及以下	748.10	386.484	0.056	-19.50	1515.69
	本科	-7.33	368.299	0.984	-738.81	724.14
	硕士	-144.67	425.275	0.735	-989.30	699.97
	博士	816.67	672.419	0.228	-518.82	2152.15
本科	高中及以下	755.43*	242.777	0.002	273.25	1237.60
	中专或大专	7.33	368.299	0.984	-724.14	738.81
	硕士	-137.33	300.715	0.649	-734.58	459.91
	博士	824.00	601.430	0.174	-370.49	2018.49
硕士	高中及以下	892.76*	322.731	0.007	251.79	1533.73
	中专或大专	144.67	425.275	0.735	-699.97	989.30
	本科	137.33	300.715	0.649	-459.91	734.58
	博士	961.33	637.913	0.135	-305.62	2228.28
博士	高中及以下	-68.57	612.735	0.911	-1285.52	1148.37
	中专或大专	-816.67	672.419	0.228	-2152.15	518.82
	本科	-824.00	601.430	0.174	-2018.49	370.49
	硕士	-961.33	637.913	0.135	-2228.28	305.62

Based on observed means.. 基于观测到的均值。

The error term is Mean Square (Error) = 1017332.101 误差项为均值方（错误）= 1017332.101。

*. The mean difference is significant at the 0.05 level. 均值差的显著性水平为 0.05

表 8-29 是不同受教育程度人群娱乐花费均值的两两比较。从表 8-29 可见，“高中及以下”与“本科”，“高中及以下”与“硕士”之间，其娱乐花费的均值存在显著差异。

对于因素水平小于 3 的控制变量，比如，“性别”“婚姻状况”不能在 Post Hoc（两两比较）选项中实现均值检验。读者可使用独立样本 T 检验，分别对不同“性别”、不同“婚姻状况”人群的“娱乐花费”进行均值比较。可以发现，不同性别人群的平均娱乐花费具有显著差异，不同婚姻状况人群的平均娱乐花费也具有显著差异。即“性别”“婚姻状况”对“娱乐花费”的影响显著，这与多因素方差分析的结果相同。

第四节　相关分析

一、相关关系与相关系数

（一）相关关系

在自然界和经济领域中，许多现象之间存在着相互依存、相互制约的关系。如果用变量与变量之间的关系来描述，通常可以分为两种类型：函数关系和相关关系。

函数关系，即确定性关系，两个变量之间可以用函数 $y = f(x)$ 来描述。例如，圆的半径 R 和圆的周长 L，对于一个给定的半径 R 都有一个确定的周长 L 与之对应：$L = 2\pi R$，圆的半径 R 和周长 L 之间就是函数关系，即确定性关系。

相关关系，即不确定关系，两个变量之间的关系不能用确定的数学表达式来描述，也就是对于一个给定的 X 值，不能找到唯一确定的 Y 值与之对应。但两个变量之间存在着相互依赖的内在联系。例如：家庭的支出与收入；商品的销售量与广告费用；子女的身高与父母的平均身高。

具有相关关系的变量，虽然它们的关系具有不确定性，但可以从大量的试验数据中找出它们的统计规律性，相关分析就是用定量的方法来描述这种相关关系。

（二）相关系数

相关系数就是以数值的方式定量地反映两个变量之间线性相关的强弱程度。

- 相关系数 R 的取值范围在 $-1 \sim 1$，即 $-1 \leqslant R \leqslant 1$。
- $|R|$ 越大，两变量之间的线性关系越显著。
- $R > 0$ 时，称两变量正相关。说明当一个随机变量的数值增加时，另一个随机变量的数值也呈现增加的趋势。
- $R < 0$ 时，称两变量负相关。说明当一个随机变量的数值增加时，另一个随机变量的数值却呈现减小的趋势，或者说当一个随机变量的数值减小时，另一个随机变量的数值却呈现增加的趋势。

- 当 $|R| = 1$ 时，两变量完全线性相关。当 $R = 1$ 时，称两变量完全正相关。当 $R = -1$ 时，称两变量完全负相关。说明两个随机变量之间就是确定性的关系，即函数关系。这时所有的样本点都在一条直线上。
- $R = 0$ 时，说明两变量不存在线性相关关系。
- 相关系数仅限于度量两变量之间的线性关系，不是度量非线性关系的有效工具。

SPSS 中涉及的有 Pearson 相关系数、Spearman 相关系数、Kendallτ 相关系数。

- Pearson 相关系数是常用的描述线性相关程度的指标。适用于两个为正态分布的 Scale（度量）型变量的相关性分析。
- Spearman 相关系数是用来度量两个 Ordinal（有序）型变量间的线性相关关系。也适用于不满足正态分布假设的 Scale（度量）型变量的相关性分析。
- Kendallτ 相关系数也是采用非参数检验的方法来度量两个 Ordinal（有序）变量间的线性相关关系。

二、简单相关分析

例 8－17 分析“娱乐花费”与“月薪”“受教育程度”之间是否存在线性相关关系。

使用 SPSS 的操作步骤：

- 选择菜单 Analyze（分析）→ Correlate（相关）→ Bivariate（双变量），出现主对话框；
- 把变量“月薪”“受教育程度”“娱乐花费”都选入 Variable（s）（变量）框中；
- 在 Correlation Coefficents（相关系数）框中选中所需要的相关系数：Pearson；
- 选中 Flag significance Correlations（标记显著相关）选项；
- 单击 OK（确定），结果输出见表 8－30。

其中选中 Flag significance Correlations（标记显著相关）选项，表示在输出结果中，将以星号标志标明变量间的线性相关性是否显著。在相关系数右上角星号标志为“**”，表明变量间的线性相关性在 0.01 的水平下显著，这时，Sig. <0.01；若星号标志为“*”，表明变量间的线性相关性在 0.05 的水平下显著，这时，Sig. <0.05。

表 8－30 是使用 Pearson 相关系数的检验结果。可知，“娱乐花费”与“月薪”间的相关系数 $R = 0.812$，Sig. $= 0.000 < 0.01$，在 0.01 的水平下线性关系显著。说明“娱乐花费”与“月薪”存在正相关关系。

表 8-30　娱乐花费与月薪、受教育程度的相关关系（一）

		月　薪	受教育程度	娱乐花费（每月）
月　薪	Pearson Correlation 相关性	1	0.143	0.812**
	Sig.（2-tailed）（双侧）		0.155	0.000
	N	100	100	100
受教育程度	Pearson Correlation 相关性	0.143	1	0.235*
	Sig.（2-tailed）（双侧）	0.155		0.018
	N	100	100	100
娱乐花费/月	Pearson Correlation 相关性	0.812**	0.235*	1
	Sig.（2-tailed）（双侧）	0.000	0.018	
	N	100	100	100

**. Correlation is significant at the 0.01 level（2-tailed）. 在 0.01 水平（双侧）上显著相关；

*. Correlation is significant at the 0.05 level（2-tailed）. 在 0.05 水平（双侧）上显著相关

"娱乐花费"和"月薪"都是 Scale（度量）型变量，但"受教育程度"是 Ordinal（有序）型变量，不符合使用 Pearson 相关系数的条件。所以，应该选用 Spearman 相关系数进行相关性分析。因此，在使用 SPSS 的操作过程中，在 Correlation Coefficents（相关系数）框中选中所需要的相关系数 Spearman，输出结果如表 8-31 所示。

表 8-31　娱乐花费与月薪、职业的相关关系（二）

			月　薪	受教育程度	娱乐花费（每月）
Spearman's rho	月　薪	Correlation Coefficient 相关系数	1.000	0.479**	0.761**
		Sig.（2-tailed）（双侧）		0.000	0.000
		N	100	100	100
	受教育程度	Correlation Coefficient 相关系数	0.479**	1.000	0.412**
		Sig.（2-tailed）（双侧）	0.000		0.000
		N	100	100	100
	娱乐花费（每月）	Correlation Coefficient 相关系数	0.761**	0.412**	1.000
		Sig.（2-tailed）（双侧）	0.000	0.000	
		N	100	100	100

**. Correlation is significant at the 0.01 level（2-tailed）. 在置信度（双测）为 0.01 时，相关性是显著的

在表8－31中，“月薪”与“娱乐花费”间的Spearman相关系数$R=0.761$，Sig. =0.000<0.01，存在线性相关关系，在0.01的水平下线性关系显著。与Pearson相关系数的检验结果相同。

比较表8－30和表8－31，“月薪”与“娱乐花费”间的Spearman相关系数比Pearson相关系数有所降低。探究其中的原因还要从Spearman相关系数谈起。

Spearman相关系数也称为秩相关系数，是利用两变量的秩次大小进行线性相关分析。所以，Spearman相关系数不仅适用于Ordinal（有序）型变量，也适用于Scale（度量）型变量。在计算Spearman相关系数时，并不是直接采用原始数据，而是利用数据的秩。但是，在秩变换的过程中或者数据按有序分类处理时，会导致信息损失。这就是Spearman相关系数小于Pearson相关系数的原因。

表8－31还表明，“月薪”与“受教育程度”间的Spearman相关系数$R=0.479$，Sig. =0.000<0.01，在0.01的水平下线性关系显著。说明“月薪”与“受教育程度”存在线性相关关系。而在表8－30中，“月薪”与“受教育程度”的Pearson相关系数$R=0.143$，Sig. =0.155>0.05，不存在线性相关关系。与Spearman相关系数的检验结果不同，也与社会现实情况不符。其中的原因就是Pearson相关系数只适用于Scale（度量）型变量，比如“月薪”“娱乐花费”“假日支出”，对Ordinal（有序）型变量“受教育程度”不适用。

两变量之间是否线性相关还可由“散点图”做直观的观察。两变量的每一组数据都对应平面直角坐标系上的一个点，描绘出所有的点，就得到了一个“散点图”。从散点图中可以对两个变量之间的线性相关程度做一个初步的判断。

使用SPSS制作散点图的操作步骤：

- 选择菜单Graphs（图形）→Legacy Dialogs（旧对话框）→Scatter（散点图）；
- 选中simple Scatter（简单散点图），单击Define（定义）按钮，出现主对话框；
- 把变量“娱乐花费”选入Y Axis框中；
- 把变量“月薪”选入X Axis框中；
- 单击OK（确定），结果输出见图8－3。

综合例8－17的分析可以发现，在对两个变量进行相关分析时，如果两个变量都是Scale（度量）型变量，选用Pearson相关系数；如果两个变量中至少有一个是Ordinal（有序）型变量时，则选用Spearman相关系数。

这里特别提醒读者注意的是，Pearson相关系数的适用条件是两个服从正态分布的Scale（度量）型变量。所以，即便是两个Scale（度量）型变量的相关分

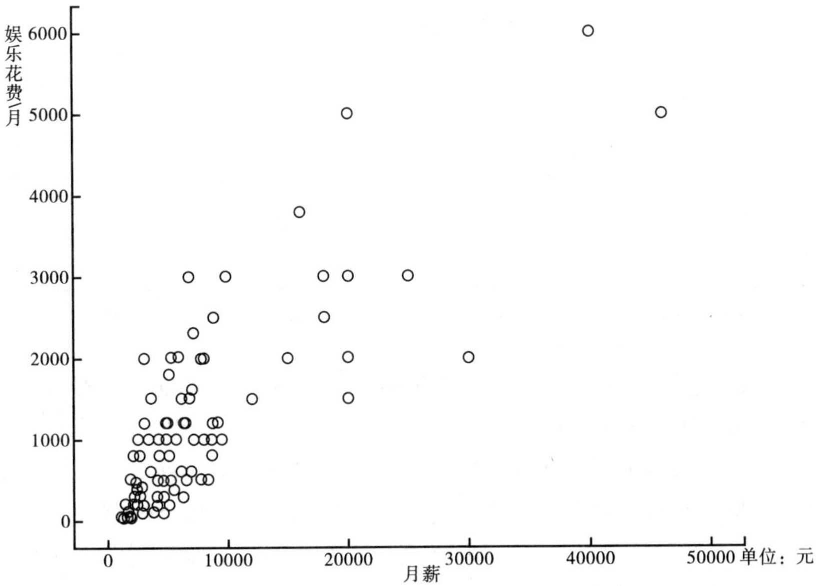

图 8－3　“娱乐花费”与“月薪”的结果输出

析，在选用 Pearson 相关系数时也需要慎重。

例如，“月薪”与“教育年限”都是 Scale（度量）型变量，选用 Pearson 相关系数进行相关分析时，就出现了与现实不符的结果，如表 8－32 所示。

表 8－32　娱乐花费与教育年限的相关关系（一）

		月　　薪	教育年限
月　　薪	Pearson Correlation 相关性	1	0.137
	Sig.（2－tailed）(双侧)		0.175
	N	100	100
教育年限	Pearson Correlation 相关性	0.137	1
	Sig.（2－tailed）(双侧)	0.175	
	N	100	100

在表 8－32 中，“月薪”与“教育年限”间的 Pearson 相关系数 $R=0.137$，Sig. $=0.175>0.05$，不存在线性相关关系。但是，如果选用 Spearman 相关系数，就会得到截然不同的结论（表 8－33）。

表 8－33　娱乐花费与教育年限的相关关系（二）

			月　　薪	教育年限
Spearman's rho	月　　薪	Correlation Coefficient 相关系数	1.000	0.481**
		Sig.（2－tailed）（双侧）		0.000
		N	100	100
	教育年限	Correlation Coefficient 相关系数	0.481**	1.000
		Sig.（2－tailed）（双侧）	0.000	
		N	100	100

**. Correlation is significant at the 0.01 level（2－tailed）. 在置信度（双侧）为 0.01 时，相关性是显著的

表 8－33 表明，“月薪”与“教育年限”间的 Spearman 相关系数 $R=0.481$，Sig. $=0.000<0.01$，在 0.01 的水平下线性相关关系显著。

那么，为什么会出现上述问题呢？读者可以查阅一下附件 2 中关于“教育年限”这个变量，其取值都集中在 9、12、15、16 和 18 这几个数字。很显然这个“教育年限”不是严格意义上的 Scale（度量）型变量，在对其进行分析时，应视为 Ordinal（有序）型变量。

所以，再次强调，Spearman 相关系数也适用于不满足正态分布假设的 Scale（度量）型变量的相关性分析。

三、χ^2 独立性检验

χ^2 检验可以用来推断两个 Nominal（名义）型变量或者一个 Nominal（名义）型变量与一个 Ordinal（有序）型变量之间是相互关联还是相互独立。还可以用来推断总体的分布与期望分布是否存在显著差异，例如 χ^2 一致性检验。

χ^2 独立性检验的目的是检验交叉列联表中的行变量与列变量是否相互独立。其零假设和备择假设为：

H_0：行变量与列变量相互独立（无关）。

H_1：行变量与列变量不相互独立（有关）。

注意：在这里行变量与列变量中至少有一个是 Nominal（名义）型变量，而行变量和列变量都不能是 Scale（度量）型变量。

例 8－18　分析不同性别的人群在选择“咖啡厅或酒吧”时有无差异。

H_0：性别与选择无关。

H_1：性别与选择有关。

在这个问题里，“性别”和“咖啡厅或酒吧”都是 Nominal（名义）型变量。

使用 SPSS 的操作步骤：

- 选择菜单 Analyze（分析）→ Descriptive Statistics（描述统计）→ Crosstabs（交叉表），出现主对话框；
- 把变量“性别”作为行变量选入 Row（s）（行）框中；
- 把变量“咖啡酒吧”作为列变量选入 Column（s）（列）框中；
- 单击 Statistics（统计量）按钮，出现子对话框，选择 Chi - square（卡方）选项；
- 单击 Continue（继续）按钮，返回主对话框；
- 单击 OK（确定），结果输出见表 8 - 34 和表 8 - 35。

注意，在主对话框中，还可以选择 Display clustered ber charts（显示复式条形图）。

表 8 - 34 性别与选择咖啡厅或酒吧的交叉列联表

		咖啡厅或酒吧（上月）		Total 合计
		没去过	去过	
性别	女	31	18	49
	男	20	31	51
Total 合计		51	49	100

注意：在 cells（单元格）按钮下的子对话框中，还可以选择行、列或总计百分比

表 8 - 35 性别与选择咖啡厅或酒吧的独立性检验

	Value 值	df	Asymp. Sig. (2 - sided) 渐进 Sig.（双侧）	Exact Sig. (2 - sided) 精确 Sig.（双侧）	Exact Sig. (1 - sided) 精确 Sig.（单侧）
Pearson Chi - Square 卡方	5.784[a]	1	0.016		
Continuity Correction[b] 连续校正	4.862	1	0.027		
Likelihood Ratio 似然比	5.842	1	0.016		
Fisher's Exact Test Fisher 的精确检验				0.018	0.013
Linear - by - Linear Association 线性和线性组合	5.726	1	0.017		
N of Valid Cases[b] 有效案例中的 N	100				

a. 0 cells（0.0%）have expected count less than 5. The minimum expected count is 11.04.
0 单元格（0.0%）的期望计数少于 5。最小期望计数为 24.01

b. Computed only for a 2 × 2 table
仅对 2 × 2 表计算

表 8－35 表明，χ^2 检验的 Sig. ＝0.016＜0.05，拒绝零假设 H_0，认为性别与选择咖啡厅或酒吧有关。“Fisher's Exact Test” 为 Fisher's 精确检验，Sig. ＝0.018＜0.05，拒绝零假设 H_0，与 χ^2 检验的结果相同。Fisher's 精确检验通常只适用于 2×2 的交叉列联表。

例 8－19 分析“婚姻状况”与“对休闲状况的整体满意度”的相关性。

H_0：婚姻状况与满意度无关。

H_1：婚姻状况与满意度有关。

在这个问题中，“婚姻状况”是 Nominal（名义）型变量，而“对休闲状况的整体满意度”是 Ordinal（有序）型变量。分析这样两个变量是相互关联还是相互独立，同样要使用 χ^2 检验。

具体操作过程同例 8－19，输出结果见表 8－36 和表 8－37。

表 8－36 婚姻状况与休闲满意度的交叉列联表

		对休闲状况的整体满意程度					Total 合计
		非常不满意	不满意	一般	满意	非常满意	
婚姻	单身	9	10	5	12	4	40
	已婚	14	9	17	15	5	60
Total 合计		23	19	22	27	9	100

表 8－37 婚姻状况与休闲满意度的独立性检验

	Value 值	df	Asymp. Sig. (2－sided) 渐进 Sig.（双侧）
Pearson Chi－Square 卡方	4.302[a]	4	0.367
Likelihood Ratio 似然比	4.483	4	0.345
Linear－by－Linear Association 线性和线性组合	0.000	1	1.000
N of Valid Cases 有效案例中的 N	100		

a. 1 cells (10.0%) have expected count less than 5. The minimum expected count is 3.60.
1 单元格（10.0%）的期望计数少于 5。最小期望计数为 3.60

表 8－37 表明，χ^2 检验的 Sig. ＝0.367＞0.05，接受零假设 H_0，认为“婚姻状况”与“对休闲状况的整体满意度”无关。

这里要特别注意的是，应用 χ^2 检验时，不能有多于 20% 的单元格的期望频数（expected count）小于 5，不能存在期望频数小于 1 的单元格。SPSS 的输出结果图表的下方将注明是否有这样的单元格存在。如果有这样的情况出现，应该改用其他检验方法。还可以采用增大样本容量，或者合并邻近的行或列、删除无意义的行或列的方法，使数据符合上述要求。

χ^2 独立性检验只能判断交叉列联表中的行变量与列变量是相互关联还是相互独立，但是不能反映关联的强弱程度。

四、偏相关分析

偏相关分析仍然是度量两个变量间的线性相关程度，但是排除了第三方变量对两个分析变量的影响。在 SPSS 中，第三方变量被称为 Control Variable（控制变量）。偏相关分析就是在排除了控制变量的影响的条件下分析两个变量间的线性相关关系。

例 8－20　在排除“受教育程度”影响的条件下，分析“月薪”和“娱乐花费”间的线性相关关系。

使用 SPSS 的操作步骤：

- 选择菜单 Analyze（分析）→ Correlate（相关）→ Partial（偏相关），出现主对话框；
- 把变量“月薪”“娱乐花费”选入 Variable（变量）框中；
- 把控制变量“受教育程度”选入 Controlling for（控制）框中；
- 单击 OK（确定），结果输出见表 8－38。

表 8－38　月薪与娱乐花费的偏相关分析

Control Variables 控制变量			月　薪	娱乐花费/月
受教育程度	月　　薪	Correlation 相关性	1.000	0.809
		Significance（2－tailed）显著性（双侧）		0.000
		df	0	97
	娱乐花费/月	Correlation 相关性	0.809	1.000
		Significance（2－tailed）显著性（双侧）	0.000	
		df	97	0

表 8－38 表明，在排除“受教育程度”影响的条件下，“月薪”和“娱乐花费”之间的偏相关系数 $R=0.809$，Sig. $=0.000<0.01$，在 0.01 的水平下线性关系显著。其显著性较没有排除“受教育程度”影响时稍有降低。由表 8－30 的结果可知，“娱乐花费”与“月薪”的 Pearson 相关系数 $R=0.812$。

如果需要，还可以把相关分析及偏相关分析的结果同时输出，以便于统计分析。但是，这个功能仅能显示 Pearson 相关系数的结果。

使用 SPSS 的操作步骤：

- 选择菜单 Analyze（分析）→ Correlate（相关）→ Partial（偏相关），出现主对话框；
- 把变量“月薪”“娱乐花费”选入 Variable（变量）框中；
- 把控制变量“受教育程度”选入 Controlling for（控制）框中；
- 单击 Options（选项）按钮，出现子对话框；
- 在 Statistics（统计量）框中选择 Zero – order correlation（零阶相关系数）；
- 单击 Continue（继续）按钮，返回主对话框；
- 单击 OK（确定），结果输出见表 8 – 39。

注意：选择 Zero – order correlation（零阶相关系数）选项是要求输出没有控制变量的相关系数。

表 8 – 39　娱乐花费与月薪的相关分析及偏相关分析的比较

Control Variables			月　薪	娱乐花费/月	受教育程度
– none – [a]	月　薪	Correlation 相关性	1.000	0.812	0.143
		Significance (2 – tailed) 显著性(双侧)		0.000	0.155
		df	0	98	98
	娱乐花费/月	Correlation 相关性	0.812	1.000	0.235
		Significance (2 – tailed) 显著性(双侧)	0.000		0.018
		df	98	0	98
	受教育程度	Correlation 相关性	0.143	0.235	1.000
		Significance (2 – tailed) 显著性(双侧)	0.155	0.018	
		df	98	98	0
受教育程度	月　薪	Correlation 相关性	1.000	0.809	
		Significance (2 – tailed) 显著性(双侧)		0.000	
		df	0	97	
	娱乐花费/月	Correlation 相关性	0.809	1.000	
		Significance (2 – tailed) 显著性(双侧)	0.000		
		df	97	0	

a. Cells contain zero-order (Pearson) correlations. 单元格包含零阶（Pearson）相关

第五节　回归分析

一、回归分析的概念

（一）被解释变量与解释变量

被解释变量和解释变量的术语经常在统计分析中使用。如果被解释变量和解释变量之间有显著性关系，也就是说后者的改变会引起前者的改变：解释变量可以影响被解释变量。

比如，如果“娱乐花费”受到“月薪”影响，那么“娱乐花费”是被解释变量，而“月薪”是解释变量。尽管，“月薪”和“娱乐花费”没有严格的一一对应关系，但收入水平会促使或制约娱乐花费的说法，很容易被人们接受。所以娱乐花费依赖于收入的水平。有时一个被解释变量会依赖于多个解释变量，如图 8－4 所示，假设娱乐花费依赖于收入、婚姻和年龄。

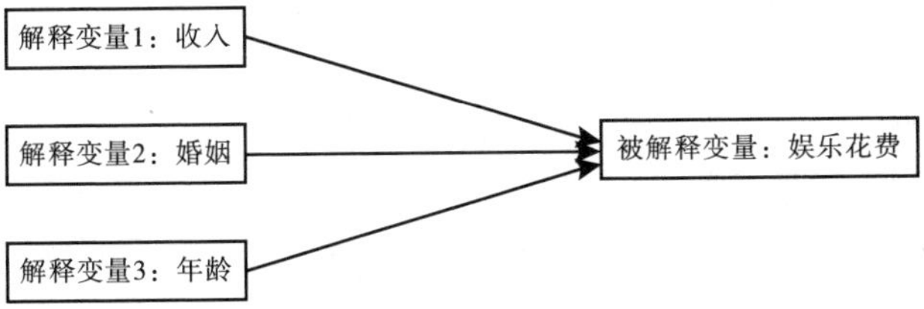

图 8－4　娱乐花费与收入、婚姻和年龄的关系

（二）回归分析

“回归”是英国统计学家 F. Galton 最先提出的。F. Galton 在大量的父亲身高及其成年儿子的身高的数据中，发现了一条贯穿其中的直线，它能够描述父亲身高及其成年儿子的身高的关系。F. Galton 将这种现象称为“回归”，将贯穿于数据点中的直线称为“回归线”。

回归分析就是探究被解释变量如何随解释变量的变化而变化，并通过回归模型的形式描述和反映这种关系。

二、一元线性回归分析

"一元"是指只有一个解释变量，"线性"是指被解释变量和解释变量之间存在线性关系。一元线性回归分析，是在不考虑其他因素的条件下，分析一个解释变量对被解释变量如何产生线性影响。

（一）一元线性回归的散点图与回归直线

已知 $(x_1,y_1),(x_2,y_2),\cdots,(x_n,y_n)$ 为一组样本观测值，其中自变量 X 为解释变量，因变量 Y 为被解释变量。上述的每一组数据都对应平面坐标系上的一个点，描绘出所有的样本点，就得到一个"散点图"（图 8－5）。

这些样本点并不一定严格地落在一条直线上，但如果这些点都在一条直线附近，我们就用这条直线来拟合所有的散点 $(x_i,y_i)(i = 1,2,\cdots,n)$，这条直线就称为"回归直线"（图 8－5）。回归直线的方程：

$$\hat{y} = a + bx$$

该方程又被称为"回归模型"，其中 $\hat{y}$ 为 y 的预测值，a,b 为回归系数。

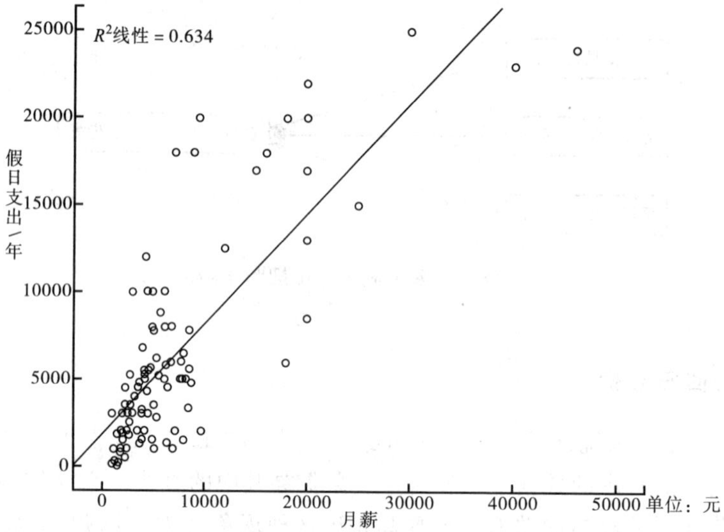

图 8－5　散点及回归直线

一元线性回归分析，就是要寻找被解释变量随解释变量的变化而变化的直线趋势，在散点图上找到这样一条直线，并确定这条直线的方程。

（二）一元线性回归

例 8－21 分析“月薪”对“假日支出”的影响，并确定其回归模型。

在这个问题中，“假日支出”为被解释变量 y，“月薪”为解释变量 x。

使用 SPSS 的操作步骤：

- 选择菜单 Analyze（分析）→ Regression（回归）→ Linear（线性），出现主对话框；
- 把被解释变量“假日支出”选入 Dependent（因变量）框中；
- 把解释变量“月薪”选入 Independent（s）（自变量）框中；
- 单击 OK（确定），结果输出见表 8－40、表 8－41 及表 8－42。

表 8－40 回归统计

Model 模型	R	R Square R 方	Adjusted R Square 调整 R 方	Std. Error of the Estimate 标准估计的误差
1	0.796[a]	0.634	0.631	3685.494

a. Predictors：(Constant)，预测变量：(常量)，月薪

表 8－41 方差分析

Model 模型		Sum of Squares 平方和	df	Mean Square 均方	F	Sig.
1	Regression 回归	2.310E9	1	2.310E9	170.058	0.000[a]
	Residual 残差	1.331E9	98	1.358E7		
	Total 总计	3.641E9	99			

a. Predictors：(Constant)，预测变量：(常量)，月薪。

b. Dependent Variable：因变量：假日支出/年

表 8－42 回归系数

Model 模型		Unstandardized Coefficients 非标准化系数		Standardized Coefficients 标准系数	t	Sig.
		B	Std. Error 标准误差	Beta 试用版		
1	(Constant)(常量)	1734.352	505.073		3.434	0.001
	月薪	0.635	0.049	0.796	13.041	0.000

a. Dependent Variable：因变量：假日支出/年

在回归统计结果中，“R Square”称为决定系数，即 Pearson 相关系数的平方。决定系数反映了被解释变量的变异中由解释变量所导致部分的比例。决定系数的取值为 0～1，取值越大说明解释变量对被解释变量的影响越显著。

在表 8－40 中，$R^2 = 0.634$，表示在“假日支出”的变异中有 63.4% 是由“月薪”所引起的。说明解释变量与被解释变量的线性相关关系显著。

方差分析是对回归方程的显著性进行假设检验，其假设为 $H_0: b = 0$，$H_1: b \neq 0$，即检验回归系数 b 与零有无显著差异。显然，当 $b = 0$ 时，无论解释变量 x 如何变化都不会对被解释变量 y 产生影响，被解释变量与解释变量之间完全没有线性相关关系。在表 8－41 中，其方差分析的结果为 Sig. $= 0.000 < 0.05$，拒绝零假设，说明解释变量对被解释变量的影响显著。

在回归系数表中，输出了回归系数，还有回归系数显著性检验的结果。是对回归系数 b 进行单个样本的 T 检验，其假设同样为 $H_0: b = 0$，$H_1: b \neq 0$。在表 8－42中，“月薪”的 T 检验结果为 Sig. $= 0.000 < 0.05$，拒绝零假设，说明解释变量“月薪”对被解释变量“假日支出”的影响显著。

在一元线性回归中，回归方程的显著性检验与回归系数的显著性检验的作用是相同的，两者可以互相替代。

从表 8－42 中可知，$a = 1734.352$，$b = 0.635$，其回归模型为：

$$\hat{y} = 1734.352 + 0.635x$$

三、多元线性回归

在多元线性回归分析中，被解释变量受众多因素的影响，其变异是多个解释变量共同影响的结果，也就是一个被解释变量会依赖于多个解释变量。

在例 8－5 中，分析过不同收入水平、不同婚姻状况人群每月娱乐花费的状况，发现除 2001～3500 元这一组之外，其余各组单身人群的平均娱乐花费大大高于已婚人群的平均娱乐花费，说明娱乐花费的高低不仅与收入水平有关，其中婚姻状况也起着决定性的作用。所以，在分析“娱乐花费”时，仅考虑“月薪”的影响是不够的，还要考虑“婚姻状况”的作用。事实上，通过相关分析可以看到，“娱乐花费”还与“教育年限”线性相关，而“娱乐花费”与“年龄”无关，那么就把“教育年限”“年龄”都作为解释变量，参与对“娱乐花费”的回归分析，看看得到什么样的结果。

例 8－22 分析“月薪”“婚姻状况”“年龄”“教育年限”对“娱乐花费”的影响，并确定其回归模型。

在这个问题中，"娱乐花费"为被解释变量 y，"月薪"为解释变量 x_1，"婚姻状况"为解释变量 x_2，"年龄"为解释变量 x_3，"教育年限"为解释变量 x_4。

使用 SPSS 的操作步骤：

- 选择菜单 Analyze（分析）→ Regression（回归）→ Linear（线性），出现主对话框；
- 把被解释变量"娱乐花费"选入 Dependent（因变量）框中；
- 把解释变量"月薪""婚姻状况""年龄""教育年限"选入 Independent (s)（自变量）框中；
- 单击 OK（确定），结果输出见表 8－43、表 8－44 和表 8－45。

表 8－43　回归统计

Model 模型	R	R Square R 方	Adjusted R Square 调整 R 方	Std. Error of the Estimate 标准　估计的误差
1	0.863[a]	0.745	0.734	581.932

a. Predictors：(Constant)，预测变量：（常量），教育年限，婚姻，月薪，年龄

表 8－44　方差分析

Model 模型		Sum of Squares 平方和	df	Mean Square 均方	F	Sig.
1	Regression 回归	9.386E7	4	2.347E7	69.294	0.000[a]
	Residual 残差	3.217E7	95	338644.551		
	Total 总计	1.260E8	99			

a. Predictors：(Constant)，预测变量：（常量），教育年限，婚姻，月薪，年龄；

b. Dependent Variable：因变量：娱乐花费/月

表 8－45　回归系数

Model 模型		Unstandardized Coefficients 非标准化系数		Standardized Coefficients 标准系数	t	Sig.
		B	Std. Error 标准误差	Beta 试用版		
1	(Constant)（常量）	－181.198	347.119		－0.522	0.603
	月薪	0.121	0.009	0.814	13.414	0.000
	婚姻	－474.885	170.365	－0.207	－2.787	0.006
	年龄	－6.628	7.991	－0.067	－0.829	0.409
	教育年限	64.623	20.802	0.164	3.107	0.002

a. Dependent Variable：因变量：娱乐花费/月

在多元线性回归分析中，决定系数和相关系数反映的是被解释变量与全体解释变量之间的线性相关程度。在表 8－43 中，$R^2=0.745$，表示在“娱乐花费”的变异中有 74.5%是由“月薪”“年龄”“教育年限”“婚姻状况”所引起的。偏相关系数 $R=0.863$。二者都说明全体解释变量与被解释变量的线性相关关系显著。

在多元线性回归分析中，方差分析仍是对回归方程的显著性进行假设检验，但其零假设 H_0 为偏回归系数同时为零，即检验所有偏回归系数 b_i 与零有无显著差异。在表 8－44 中，其方差分析的结果为 Sig. $=0.000<0.05$，拒绝零假设，即认为偏回归系数不同时为零。说明全体解释变量对被解释变量的影响显著，可以用线性模型描述它们之间的关系。

在多元线性回归分析中，回归系数的显著性检验，是对偏回归系数 b_i 逐一进行单个样本的 T 检验。其假设为 $H_0: b_i=0$，$H_1: b_i \neq 0$，即检验第 i 个偏回归系数 b_i 与零有无显著差异。显然，当 $b_i=0$ 时，无论解释变量 x_i 如何变化都不会对被解释变量 y 产生影响，被解释变量 y 与解释变量 x_i 之间完全没有线性相关关系，x_i 就不应该保留在回归方程之中。

在多元线性回归分析中，回归方程的显著性检验与回归系数的显著性检验其作用不尽相同。回归方程的显著性检验是检验所有偏回归系数是否同时为零。如果所有偏回归系数不同时为零，并不能说明方程中不存在偏回归系数为零的解释变量。而回归系数的显著性检验正是对每个偏回归系数 b_i 是否为零逐一进行 T 检验，以保证保留在方程中每一个解释变量 x_i 对被解释变量 y 的影响都是显著的。

表 8－45 显示，“月薪”的 T 检验结果为 Sig. $=0.000<0.05$，“婚姻状况”的 T 检验结果为 Sig. $=0.006<0.05$，“教育年限”的 T 检验结果为 Sig. $=0.002<0.05$，说明解释变量“月薪”“婚姻状况”“教育年限”对被解释变量“娱乐花费”的影响都显著。而“年龄”的 T 检验结果为 Sig. $=0.409>0.05$，说明“年龄”对“娱乐花费”没有显著影响，“年龄”就不应该保留在回归方程之中。

下面，把“年龄”从解释变量中剔除，再看一下回归分析的输出结果，见表 8－46、表 8－47 和表 8－48。

表 8－46　回归统计

Model 模型	R	R Square R 方	Adjusted R Square 调整 R 方	Std. Error of the Estimate 标准　估计的误差
1	0.862[a]	0.743	0.735	580.985

a. Predictors：(Constant)，预测变量：(常量)，教育年限，婚姻，月薪

在表 8－46 中，$R^2=0.743$，表示在“娱乐花费”的变异中有 74.3% 是由“月薪”“婚姻状况”“教育年限”所引起的。

表 8－47 回归统计

Model 模型		Sum of Squares 平方和	df	Mean Square 均方	F	Sig.
1	Regression 回归	9.363E7	3	3.121E7	92.463	0.000[a]
	Residual 残差	3.240E7	95	337543.264		
	Total 总计	1.260E8	99			

a. Predictors：(Constant)，预测变量：(常量)，教育年限，婚姻，月薪

b. Dependent Variable：因变量：娱乐花费/月

在表 8－47 中，其方差分析的结果为 Sig. ＝0.000＜0.05，拒绝零假设，即认为偏回归系数不同时为零，说明全体解释变量对被解释变量的影响显著。

表 8－48 回归系数

Model 模型		Unstandardized Coefficients 非标准化系数		Standardized Coefficients 标准系数	t	Sig.
		B	Std. Error 标准误差	Beta 试用版		
1	(Constant)(常量)	－303.530	313.708		－0.968	0.336
	月薪	0.117	0.008	0.789	15.099	0.000
	婚姻	－576.030	118.760	－0.251	－4.850	0.000
	教育年限	62.296	20.578	0.158	3.027	0.003

a. Dependent Variable：因变量：娱乐花费/月

表 8－48 显示，“月薪”的 T 检验结果为 Sig. ＝0.000＜0.05，“婚姻状况”的 T 检验结果为 Sig. ＝0.000＜0.05，“教育年限”的 T 检验结果为 Sig. ＝0.003＜0.05，说明解释变量“月薪”“婚姻状况”“教育年限”对被解释变量“娱乐花费”的影响都显著。

从表 8－48 中可知，$a=-303.530$，$b_1=0.117$，$b_2=-576.030$，$b_3=62.296$ 其回归模型为：

$$\hat{y}=-303.530+0.117x_1-576.030x_2+62.296x_3$$

说明已婚人群的每月娱乐花费比未婚人群要低 576 元，而教育年限每增加 1 年每月的娱乐花费就增加 62.3 元。

如果忽略“婚姻状况”和“教育年限”因素，只考虑“月薪”对“娱乐花费”的影响，做一元线性回归分析，其回归统计结果见表8－49。

表8－49　回归统计表

Model 模型	R	R Square R 方	Adjusted R Square 调整 R 方	Std. Error of the Estimate 标准　估计的误差
1	0.812[a]	0.659	0.656	661.976

a. Predictors：(Constant)，预测变量：(常量)，月薪

表8－49表明，决定系数 $R^2=0.659$，相关系数 $R=0.812$，而前述多元线性回归分析的结果为 $R^2=0.743$，$R=0.862$，其线性相关程度有所降低。说明一元线性回归分析的效能低于多元线性回归分析。

从理论上讲，可以继续向这个多元回归模型中增加解释变量。不过要谨慎行事，因为这样做经常会发生“多重共线性”的现象。所谓“多重共线性”，就是有两个或更多的解释变量之间存在线性相关关系。这样解释变量之间会削弱各自对被解释变量的影响。这时，虽然回归方程整体显著，但解释变量的偏回归系数都会下降，同时标准误差增大。因此，在多元线性回归分析中，为了避免“多重共线性”的现象发生，每个解释变量之间应该相互独立。比如，“月薪”与“收入水平”与“职业”之间，“教育年限”与“受教育程度”之间就不相互独立，不能同时选作解释变量。

在SPSS中有多种方法来检验解释变量的多重共线性是否显著。这里不进行更加详细的分析，只是提示读者注意，在选择解释变量时，这些变量应该尽可能相互独立。

四、非线性回归介绍

在现实问题中，许多变量之间不是线性相关关系，使用线性模型并不能很好地描述被解释变量和解释变量之间的联系。

在例8－21中，分析了“月薪”对“假日支出”的影响，并确定了其线性回归模型。从图8－5（散点及回归直线）中，可以发现，用线性关系描述“月薪”对“假日支出”的影响并不十分准确。下面，使用非线性回归的方法再分析一下“月薪”对“假日支出”的影响，以比较其效果。

使用SPSS的操作步骤：

- 选择菜单 Analyze（分析）→ Regression（回归）→ Curve Estimation（曲线估计），出现主对话框；

- 把被解释变量“假日支出”选入 Dependent（因变量）框中；
- 把解释变量“月薪”选入 Variable（自变量）框中；
- 在 Models（模型）框中选中“Linear”（线性）和“Cubic”（二次项）选项；
- 选中“Include constant in equation”（在等式中包含常量）选项；
- 选中“Plot models”（根据模型绘图）选项；
- 单击 OK（确定），其部分输出结果见表 8－50 及图 8－6。

表 8－50　线性回归与非线性回归分析结果比较

Dependent Variable 因变量：假日支出/年								
Equation 方程	Model Summary 模型汇总					Parameter Estimates 参数估计值		
	R Square R 方	F	df1	df2	Sig.	Constant 常数	b1	b2
Linear 线性	0.634	170.058	1	98	0.000	1734.352	0.635	
Cubic 二次	0.671	98.905	2	97	0.000	146.160	1.026	－1.099E－5

The independent variable is 月薪．自变量为月薪

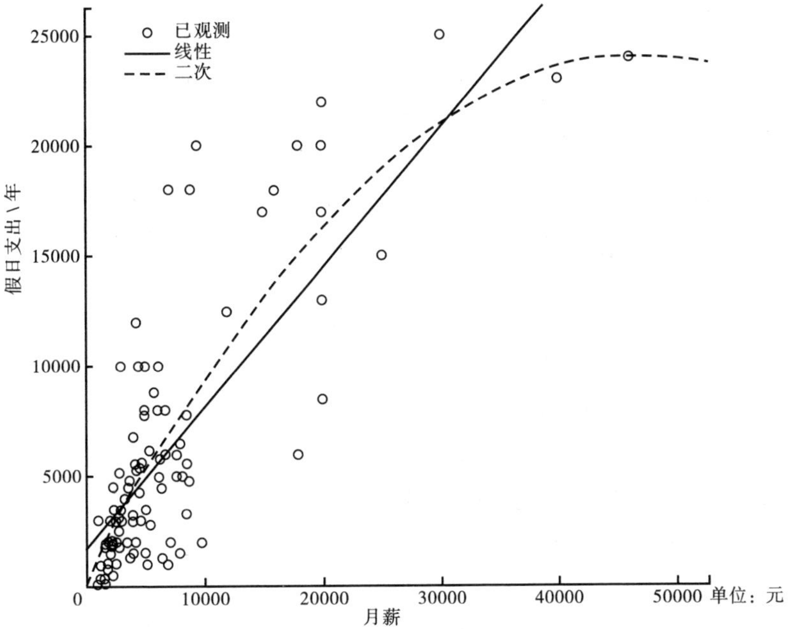

图 8－6　线性回归与非线性回归比较

表 8－50 中的“Linear”这一行是线性回归分析的结果，$R^2=0.634$，表示在“假日支出”的变异中有 63.4% 是由“月薪”所引起的。“Cubic”这一行是非线性回归分析的结果，$R^2=0.671$，表示在“假日支出”的变异中有 67.1% 是由“月薪”所引起的。说明非线性回归分析的效果好于线性回归分析。

对图 8－6 中线性回归线与非线性回归线的比较也能发现，对散点的拟合程度曲线要好于直线。

在进行回归分析之前，最好先用图形探索一下被解释变量随解释变量变化的趋势，从直观上分析是否可以用线性模型来描述变量之间的关系，以确定是使用线性回归还是使用非线性回归。因此，散点图的作用不容忽视。

在多元线性回归分析和非线性回归分析中，还有许多复杂的问题需要探讨，这里不再进行更为深入的讲解。读者如有需要，可参阅各种统计分析和 SPSS 使用的专业书籍。

【思考题】

1. 在使用 SPSS 进行区间估计时，使用的是假设检验中的什么方法？
2. 均值的假设检验有几种方法？分别可以解决什么问题？
3. 什么是零假设？使用 SPSS 时，拒绝零假设的法则是什么？
4. χ^2 独立性检验可以解决什么问题？针对的是什么类型的变量？
5. χ^2 一致性检验的目的是什么？
6. 相关分析中有哪几种常用的方法？各针对什么类型的变量？
7. 偏相关分析的优势是什么？
8. 利用方差分析可以解决什么问题？
9. 两变量间的相关系数的数值范围是什么？负相关系数反映了两变量间的什么关系？
10. 相关分析和回归分析的联系和区别是什么？
11. 在多元线性回归分析中，回归模型的显著性检验与回归系数的显著性检验的作用有什么不同？分别采用了什么检验法？
12. 在多元线性回归分析中，为了避免“多重共线性”现象的发生，应该注意什么问题？

【练习题】

1. 分析不同收入水平不同性别人群的平均假日支出。
2. 比较不同职业人群的受教育程度。
3. 在95%的置信水平下，估计在职人员的平均年龄的置信区间，并检验其平均年龄是否为37岁。
4. 比较收入水平为2001～3500元和3501～5500元人群的娱乐花费有无显著差异。
5. 比较在“对休闲状况的整体满意程度”中“满意及以上”和“满意以下”人群的假日支出有无显著差异。
6. 分析不同“婚姻状况”下，在选择“电影”时有无显著差异。
7. 不同收入水平人群的假日支出是否存在显著差异？要求输出基本描述统计、方差分析和多重比较的结果，并制作均值折线图。
8. 求“月薪”与“假日支出”的相关系数，并制作其散点图。
9. 控制性别因素，比较“月薪”与“假日支出”的相关关系。
10. 分析“娱乐花费”“教育年限”“婚姻”“年龄”对“假日支出”的影响，找出显著的解释变量，并确定回归模型。
11. “月薪”对“娱乐花费”的影响是趋于线性的还是趋于非线性的？分别用数据和图形两种方法说明。

附件1　关于在职人员的娱乐花费与假日支出的调查问卷

Q1. 您的性别：

A. 男　　B. 女

Q2. 您的年龄是____________或您的年龄段：

A. 22岁及以下　　B. 23～30岁　　C. 31～40岁　　D. 41～50岁

E. 51岁及以上

Q3. 您的婚姻状况：

A. 已婚　　B. 单身

Q4. 您的职业：

A. 企事业管理人员　　B. 科技文教人员　　C. 公司职员

D. 蓝领阶层　　E. 私企老板

Q5. 您的月薪是____________元或您的收入水平：

A. 2000元及以下　　B. 2001～3500元　　C. 3501～5500元

D. 5501～8500元　　E. 8501元及以上

Q6. 您接受教育的年限是____________年或您的受教育程度：

A. 高中及以下　　B. 中专及大专　　C. 本科　　D. 硕士　　E. 博士

Q7. 您每月的娱乐花费为____________元。

Q8. 您上月进行过下列哪些休闲娱乐活动？（可多选）

A. 去咖啡厅或酒吧　　B. 去KTV歌厅　　C. 外出就餐

D. 去影院看电影　　E. 运动健身

Q9. 您去年的假日支出是____________元。

Q10. 您去年去过____________次剧院和展览馆？

Q11. 您去年去过____________次国家公园？

Q12. 您去年有过____________次外出旅行？

Q13. 您去年有过____________次远途探亲访友？

Q14. 您对本人休闲状况的整体满意程度：

A. 非常不满意　　B. 不满意　　C. 一般　　D. 满意　　E. 非常满意

附件 2　SPSS 数据“在职人员的娱乐花费与假日支出”

一、变量信息

见附表 8－1。

附表 8－1　变量信息

变　　量	位置	标　　签	量度水平	角色	列宽	对齐方式	打印格式	书写格式
编号	1	编号	Ordinal	输入	8	右	F5	F5.2
性别	2	性别	Nominal	输入	8	右	F5	F5.2
年龄	3	年龄	Scale	输入	8	右	F5	F5.2
年龄段	4	年龄段	Ordinal	输入	8	右	F5	F5
婚姻状况	5	婚姻	Nominal	输入	8	右	F5	F5.2
职业	6	职业	Nominal	输入	8	右	F5	F5.2
月薪	7	月薪	Scale	输入	8	右	F5	F5.2
收入水平	8	收入水平	Ordinal	输入	8	右	F5	F5.2
受教育年限	9	受教育年限	Scale	输入	8	右	F5	F5.2
受教育程度	10	受教育程度	Ordinal	输入	8	右	F5	F5
娱乐花费	11	娱乐花费/月	Scale	输入	8	右	F5	F5.2
娱乐花费与月薪之比	12	比率	Scale	输入	8	右	F5.2	F5.2
Q8 咖啡厅或酒吧	13	咖啡厅或酒吧(上月)	Nominal	输入	8	右	F5	F5.2
Q8KTV	14	KTV 歌厅(上月)	Nominal	输入	8	右	F6	F6.2
Q8 餐厅	15	外出就餐(上月)	Nominal	输入	8	右	F5	F5.2
Q8 电影	16	去电影院看电影(上月)	Nominal	输入	8	右	F5	F5.2
Q8 运动健身	17	运动健身(上月)	Nominal	输入	8	右	F5	F5.2
假日支出	18	假日支出/年	Scale	输入	8	右	F5	F5.2
剧院展览	19	剧院展览(次/年)	Scale	输入	8	右	F5	F5.2
国家公园	20	国家公园(次/年)	Scale	输入	8	右	F5	F5.2
旅行	21	旅行(次/年)	Scale	输入	8	右	F5	F5.2
探亲访友	22	探亲访友(次/年)	Scale	输入	8	右	F5	F5.2
休闲满意度	23	对休闲状况的整体满意程度	Ordinal	输入	8	右	F5	F5

二、变量的值标签

见附表 8－2。

附表 8－2　变量的值标签

值		标　　签	值		标　　签
性　别	0	女	婚姻状况	0	单身
	1	男		1	已婚
年龄段	1	22 岁及以下	职业	1	企事业管理人员
	2	23～30 岁		2	科技文教人员
	3	31～40 岁		3	公司职员
	4	41～50 岁		4	蓝领阶层
	5	51 岁及以上		5	私企老板
收入水平	1	2000 元及以下	受教育程度	1	高中及以下
	2	2001～3500 元		2	中专或大专
	3	3501～5500 元		3	本科
	4	5501～8500 元		4	硕士
	5	8501 元及以上		5	博士
Q8 咖啡厅或酒吧	0	没去过	Q8 运动健身	0	没去过
	1	去过		1	去过
Q8KTV	0	没去过	对休闲状况的满意程度	1	非常不满意
	1	去过		2	不满意
Q8 餐厅	0	没去过		3	一般
	1	去过		4	满意
Q8 电影	0	没去过		5	非常满意
	1	去过			

三、数据

见附表 8 – 3。

附表 8 – 3 关于在职人员的娱乐花费与假日支出的调查数据

序号	性别	年龄	年龄段	婚姻状况	职业	月薪	收入水平	受教育年限	受教育程度	娱乐花费	娱乐花费与月薪	Q8 咖啡厅或酒吧	Q8 KTV	Q8 餐厅	Q8 电影	Q8 运动健身	假日支出	剧院展览	国家公园	旅行	探亲访友	对休闲状况的满意程度
1	0	45	4	1	2	4500	3	18	4	300	0.07	0	0	1	1	0	4300	0	1	1	3	3
2	1	50	4	1	1	5500	3	16	3	380	0.07	0	1	1	0	0	2800	0	2	0	2	2
3	1	30	2	0	3	3300	2	16	3	1000	0.30	1	1	1	1	0	4000	2	1	1	0	3
4	0	25	2	0	3	3000	2	16	3	1200	0.40	1	1	1	1	1	3000	3	1	1	0	3
5	1	35	3	1	2	5200	3	20	5	500	0.10	1	0	1	0	1	1000	2	1	0	0	1
6	0	42	4	1	5	8000	4	12	1	1000	0.13	0	1	1	0	0	1500	0	1	0	2	1
7	1	56	5	1	5	20000	5	13	1	2000	0.10	1	1	1	0	1	8500	2	2	1	0	4
8	0	20	1	0	4	1500	1	12	1	100	0.07	0	1	0	0	0	100	0	1	0	0	1
9	1	27	2	1	4	1800	1	12	1	50	0.03	0	0	1	0	0	1000	0	0	0	2	1
10	1	30	2	0	1	6800	4	18	3	3000	0.44	1	1	1	1	1	8000	2	1	2	0	4
11	0	40	3	1	2	4000	3	20	5	200	0.05	0	0	1	0	0	3200	0	1	1	2	3
12	0	28	2	1	3	3500	2	16	3	1000	0.29	0	1	1	1	0	2000	2	1	0	1	3
13	1	35	3	1	5	6500	4	9	1	500	0.08	1	0	1	0	0	1300	0	0	0	1	1
14	1	40	3	0	5	18000	5	16	3	2500	0.14	1	1	1	0	1	6000	0	2	1	1	4
15	0	44	4	0	5	20000	5	16	3	3000	0.15	0	1	1	0	1	13000	0	2	3	2	5
16	1	58	5	1	1	8200	4	16	3	500	0.06	1	0	1	0	0	5000	1	0	1	2	3
17	0	28	2	1	2	2800	2	16	3	400	0.14	0	1	1	1	0	5200	1	2	1	1	3
18	0	23	2	0	3	2300	2	15	2	350	0.15	1	1	1	1	0	4500	0	4	1	1	4
19	1	50	4	1	2	4600	3	16	3	100	0.02	0	0	1	0	0	5500	0	2	1	2	3
20	1	30	2	1	2	3800	3	18	4	120	0.03	0	0	1	1	0	4800	0	2	1	1	3
21	1	36	3	1	4	1200	1	9	1	20	0.02	0	0	1	0	0	1000	0	0	0	1	1

续表

序号	性别	年龄	年龄段	婚姻状况	职业	月薪	收入水平	受教育年限	受教育程度	娱乐花费	娱乐花费与月薪	Q8 咖啡厅或酒吧	Q8 KTV	Q8 餐厅	Q8 电影	Q8 运动健身	假日支出	剧院展览	国家公园	旅行	探亲访友	对休闲状况的满意程度
22	0	32	3	1	4	1000	1	12	1	50	0.05	0	0	1	0	0	3000	0	1	1	1	1
23	1	33	3	1	3	4300	3	18	4	500	0.12	1	1	1	0	0	5000	1	0	2	1	3
24	0	38	3	1	4	2800	2	13	1	100	0.04	0	0	1	0	0	3500	0	1	1	1	2
25	1	25	2	0	4	1300	1	12	1	200	0.15	1	0	1	0	0	1000	0	0	0	1	1
26	0	38	3	0	5	8000	4	12	1	1000	0.13	1	1	1	0	0	6500	0	4	1	1	4
27	1	30	2	0	3	8800	5	16	3	2500	0.28	1	1	1	1	1	4800	2	1	0	0	3
28	1	50	4	1	2	4200	3	16	3	300	0.07	0	0	1	1	0	5500	0	3	1	2	4
29	1	45	4	1	5	9800	5	16	3	3000	0.31	1	1	1	0	1	2000	0	1	0	2	4
30	0	39	3	1	4	1000	1	12	1	40	0.04	0	0	1	0	0	100	0	1	0	0	1
31	0	35	3	1	1	7000	4	18	4	1600	0.23	1	0	1	0	1	1000	1	2	0	0	2
32	0	49	4	1	5	20000	5	16	3	1500	0.08	0	0	1	0	1	17000	0	1	4	1	4
33	0	40	3	1	1	4000	3	16	3	500	0.13	0	1	0	0	1	1500	0	4	0	1	3
34	1	45	4	1	1	2300	2	15	2	200	0.09	0	0	1	0	0	500	0	1	0	2	2
35	0	22	1	0	3	2000	1	16	3	800	0.40	1	1	1	1	0	1500	0	2	1	0	2
36	1	48	4	1	5	46000	5	9	1	5000	0.11	1	1	1	0	0	24000	2	0	3	2	5
37	1	48	4	1	5	25000	5	18	4	3000	0.12	1	0	1	0	1	15000	0	4	2	3	5
38	0	46	4	1	3	6200	4	16	3	600	0.10	1	0	0	1	1	8000	0	4	2	1	4
39	0	28	2	0	2	3600	3	18	4	1500	0.42	1	1	1	1	0	4500	1	4	1	0	4
40	0	36	3	1	3	2500	2	15	2	300	0.12	0	0	1	0	0	2000	0	3	0	1	2
41	0	45	4	1	4	1600	1	9	1	50	0.03	0	0	1	0	0	200	0	0	0	1	1
42	1	46	4	1	4	1200	1	9	1	30	0.03	0	0	1	0	0	300	0	0	0	1	1
43	1	19	1	0	4	1800	1	9	1	30	0.02	0	0	0	1	0	800	0	1	0	1	1
44	1	50	4	1	2	7200	4	16	3	2300	0.32	1	1	1	0	0	2000	2	3	0	0	3
45	0	24	2	0	2	2100	2	16	3	300	0.14	0	1	1	1	0	1500	0	3	0	1	2
46	1	23	2	0	4	1800	1	13	1	500	0.28	1	1	1	0	0	1800	0	0	1	2	2
47	1	31	3	0	3	7800	4	16	3	2000	0.26	1	1	1	0	1	5000	1	0	2	1	4

续表

序号	性别	年龄	年龄段	婚姻状况	职业	月薪	收入水平	受教育年限	受教育程度	娱乐花费	娱乐花费与月薪	Q8 咖啡厅或酒吧	Q8 KTV	Q8 餐厅	Q8 电影	Q8 运动健身	假日支出	剧院展览	国家公园	旅行	探亲访友	对休闲状况的满意程度
48	0	54	5	1	2	5100	3	16	3	200	0.04	0	0	1	0	0	3500	0	1	0	3	2
49	0	46	4	1	1	4000	3	15	2	300	0.08	0	0	1	0	0	6800	0	1	3	1	2
50	1	30	3	0	2	5000	3	20	5	800	0.16	0	0	0	1	1	1500	0	0	0	1	2
51	1	35	3	1	3	6500	4	16	3	1200	0.18	1	1	0	0	0	4500	0	1	0	1	3
52	0	27	2	0	3	4300	3	16	3	1000	0.23	1	0	1	1	0	5300	1	0	1	1	3
53	0	37	3	1	2	6800	4	18	4	600	0.09	0	0	1	1	0	8000	1	1	0	2	4
54	1	56	5	1	2	7800	4	16	3	500	0.06	0	0	1	0	1	6000	0	1	1	2	4
55	1	46	4	1	1	8600	5	18	4	1000	0.12	1	0	1	0	1	7800	0	2	1	2	4
56	0	22	1	0	3	2300	2	16	3	800	0.35	0	1	1	1	0	2000	0	0	0	1	2
57	1	25	2	0	3	8000	4	16	3	2000	0.25	1	1	1	1	0	5000	0	1	2	0	3
58	1	19	1	0	4	2500	2	12	1	800	0.32	0	0	1	1	0	3000	0	0	0	2	1
59	0	52	5	1	4	2700	2	9	1	100	0.04	0	0	1	0	0	1800	0	0	0	3	1
60	0	34	3	0	5	18000	5	15	2	3000	0.17	1	0	1	0	0	20000	0	0	2	1	4
61	1	56	5	1	3	4500	4	12	1	500	0.11	0	0	1	0	1	10000	0	2	4	0	4
62	0	20	1	0	4	2800	2	12	1	200	0.07	0	0	1	1	0	2500	0	0	0	2	1
63	1	22	1	0	4	4000	3	15	2	300	0.08	0	1	1	0	0	3000	0	0	1	2	2
64	1	40	3	1	5	20000	5	18	4	2000	0.10	1	0	1	0	0	22000	0	1	2	2	5
65	0	45	4	1	1	15000	5	16	3	2000	0.13	0	0	1	0	1	17000	0	2	2	1	4
66	0	54	5	1	1	12000	5	16	3	1500	0.13	0	0	1	1	1	12500	0	3	2	0	5
67	0	22	1	0	3	2000	1	15	2	800	0.40	0	1	1	1	0	3000	0	1	1	0	2
68	0	40	3	1	4	1600	1	9	1	100	0.06	0	1	0	0	0	1800	0	0	0	1	1
69	1	19	1	0	4	4200	3	9	1	1000	0.24	0	1	1	0	0	2000	0	0	0	1	2
70	0	23	2	0	3	2500	2	16	3	800	0.32	1	0	1	1	0	3000	0	1	1	0	2
71	1	49	4	0	1	16000	5	16	3	3800	0.24	1	0	1	0	1	18000	0	0	2	1	5
72	1	51	5	1	5	5000	3	16	3	1000	0.20	1	0	1	0	1	10000	0	1	1	0	3
73	1	51	5	0	1	30000	5	16	3	2000	0.07	1	0	1	0	1	25000	0	1	2	0	5
74	0	50	4	1	2	9500	4	18	4	1000	0.11	1	0	1	1	0	20000	0	0	2	0	4
75	0	53	5	1	2	6200	4	16	3	300	0.05	0	0	1	0	0	10000	0	0	1	2	3

续表

序号	性别	年龄	年龄段	婚姻状况	职业	月薪	收入水平	受教育年限	受教育程度	娱乐花费	娱乐花费与月薪	Q8 咖啡厅或酒吧	Q8 KTV	Q8 餐厅	Q8 电影	Q8 运动健身	假日支出	剧院展览	国家公园	旅行	探亲访友	对休闲状况的满意程度
76	0	28	2	1	2	3000	2	16	3	2000	0.67	1	0	1	1	0	10000	0	1	1	1	4
77	1	30	2	0	1	20000	5	18	4	5000	0.25	1	1	1	0	0	20000	0	1	1	1	5
78	0	26	2	0	3	5000	3	16	3	1200	0.24	1	1	1	1	0	8000	1	1	1	0	4
79	1	18	1	0	4	2000	1	9	1	500	0.25	0	1	1	0	0	2000	0	0	0	1	1
80	1	27	2	1	4	3800	3	9	1	100	0.03	0	0	1	0	0	1300	0	0	0	1	1
81	1	49	4	1	2	9000	5	16	3	1200	0.13	1	0	1	0	0	18000	0	1	1	1	4
82	1	55	5	1	3	4300	3	12	1	800	0.19	1	0	1	0	0	12000	0	0	2	1	3
83	0	24	2	0	3	2500	2	16	3	1000	0.40	1	1	1	1	0	1000	0	0	1	0	2
84	1	43	4	0	1	40000	5	15	2	6000	0.15	1	1	1	0	0	23000	0	0	1	1	4
85	0	51	5	1	2	8600	5	18	4	800	0.09	1	1	0	0	1	3300	1	1	0	0	1
86	1	36	3	1	3	3500	2	15	2	600	0.17	0	1	1	0	0	2000	0	0	1	0	1
87	0	52	2	1	2	7200	3	16	4	1000	0.14	1	1	1	0	0	18000	1	0	1	0	5
88	0	20	1	0	4	2000	1	12	1	200	0.10	0	0	1	0	0	2000	0	0	0	1	1
89	0	32	3	1	2	4600	3	16	3	300	0.07	0	0	1	1	0	3000	0	0	1	0	2
90	1	18	1	0	4	1800	1	9	1	500	0.28	0	1	1	0	0	2000	0	0	0	1	1
91	0	21	1	0	3	2400	2	12	1	450	0.19	0	1	1	0	0	3500	0	1	0	1	1
92	1	28	2	1	1	4800	3	16	3	1200	0.25	1	1	1	0	0	5600	0	1	1	0	4
93	1	38	3	1	5	6800	4	18	4	1500	0.22	1	0	1	0	0	6000	1	1	0	0	2
94	0	42	4	1	1	5600	4	16	3	1000	0.18	0	0	1	1	1	5200	1	0	1	0	3
95	0	49	4	1	5	6300	4	16	3	12100	0.19	0	0	1	1	1	5800	1	1	0	1	3
96	1	33	3	0	1	5800	4	18	4	2000	0.34	1	1	1	1	0	8800	1	0	2	1	4
97	1	38	3	1	1	6200	4	16	3	1500	0.24	1	1	1	0	0	5000	0	1	1	0	3
98	0	32	3	0	1	5400	3	16	3	2000	0.37	1	1	1	0	1	6200	0	1	1	1	4
99	0	28	2	0	1	5100	3	16	3	1800	0.35	1	0	1	1	1	7800	1	1	1	1	4
100	1	56	5	1	2	8600	5	16	3	1200	0.14	0	0	1	0	1	5600	1	1	0	1	4

第九章

旅游接待业指标体系及其分析

【本章导读】

在一些发达国家，他们并不简单地把我们现在研究的这个行业称为旅游业，而是将其放在一个更大的视角范围内，即称之为接待业。因为在很多时候，造访某地的访问者中，是不易区分谁是纯粹的旅游者，但毫无疑问，他们却都需要得到接待。所以本章从一个较为中观的行业角度进行探讨。首先，作为目的地，旅游资源的数量的多少及其种类的丰富程度，决定了某国（或某地）的旅游价值。旅游者是旅游接待业的第一要素，研究旅游者及其特征统计有着重要意义。然而无论我们从哪个角度去研究旅游者，归根结底还是要关注其消费能力的高低，而与之相对应的便是旅游接待业的创收能力，两者相互关联、相互作用、相辅相成。旅游收入统计成为旅游统计学研究的重要课题。本章从旅游价格论述入手，讲述了旅游收入统计的意义、概念及构成；最后阐述了旅游收入统计的效益指标分析。掌握旅游收入统计，对指导旅游业协调发展与提高效益具有重要作用。最后一节，关于旅游接待能力，从旅游目的国接待能力统计出发，进而讲述旅游城市（或地区）接待能力统计，并细分至各旅游接待元素的接待能力统计。掌握接待能力统计分析及其和谐配置，是评测旅游目的地接待行业发展的重要途径。

In some developed countries, they do not simply call the industry we are studying now "tourism". Instead, they call it "hospitality industry" from a more extensive perspective. Because in many cases, it is difficult to distinguish pure tourists from the other visitors visiting a certain place. However, undoubtedly, all the visitors need hospitality. Therefore, this chapter is related from a middle view. The quantity and the richness in variety of a destination's tourism resources determine its tourism value. The tourist is the chief element of tourist hospitality industry. Thus studying the tourists and their feature statistics is of great significance. No matter we study the tourists from what angles, in the final analysis, we must concern about their consuming capacity, which corresponds with the income - generating capacity of the tourist hospitality industry. These two kinds of capacities are interrelated, interacting and complementary to each other. Tourism revenue statistics has become the key survey subject of tourism statistics. Beginning with the price theory of tourism, this chapter gives an account of the significance, concept and composition of tourism revenue statistics; then it introduces the analysis of performance indicators of tourism revenue statistics. Mastering the method of tourism revenue statistics is very crucial in guiding coordinated development and improving efficiency. The last section of this chapter is about the reception capacity of tourism. It introduces the reception capacity of tourist destinations, countries at first, then cities and regions, finally tourist reception spots. To grasp the statistical analysis of reception capacity and its harmonious allocation is an important way to evaluate the development of hospitality industry of tourist destinations.

第一节　旅游资源的构成分析

旅游资源是指供旅游者旅行和游览的地点、场所，这是一个国家发展旅游的基础条件，是构成旅游的基本要素之一。若没有旅游资源，就不能吸引旅游者，也就不可能产生旅游业。旅游者之所以不惜金钱、时间，不被距离、生活习惯、宗教信仰、语言所阻隔，是由于旅游资源对他们的吸引，诱发了他们的旅游动机。

一、旅游资源的构成

一个国家或地区旅游业发展的规模，取决于其旅游资源的丰富以及对它的合理开发利用与保护的情况。中国是世界上旅游资源十分丰富的国家，吸引着国内外众多的旅游者。据统计，2016 年上半年，我国国内旅游人数达 22.36 亿人次，比上年同期增长 10.47%；出入境旅游人数 1.27 亿人次，增长 4.1%；上半年实现旅游总收入 2.25 万亿元，增长 12.4%。若想了解旅游资源的状况及其分布，首先要对其进行分类。

（一）按旅游资源的性状划分

2003 年，由中国科学院地理科学与资源研究所、国家旅游局规划发展与财务司起草，国家旅游局颁布实施的《旅游资源分类、调查与评价》，是目前我国在旅游资源分类方面所依据的国家标准。该标准是以旅游资源的性状作为分类依据的。

1. 分类原则

依据旅游资源的性状，即现存状况、形态、特性、特征划分。

2. 分类对象

- 稳定的、客观存在的实体旅游资源。
- 不稳定的、客观存在的事物和现象。

3. 分类结构

分为主类、亚类、基本类型共三个层次。

4. 分类内容

八大主类：地文景观、水域风光、生物景观、天象与气候景观、遗址遗迹、建筑与设施、旅游商品和人文活动。

在八大主类下设亚类，共计31个亚类。如在天象与气候景观主类下，分为树木、草原与草地、花卉地和野生动物栖息地四个亚类。

在每一亚类下又设基本类型，共计155个基本类型。如在遗址遗迹主类下，分史前人类活动场所和社会经济文化活动遗址遗迹两个亚类；在史前人类活动场所亚类下，分人类活动遗址、文化层、文物散落地和原始聚落四个基本类型。

（二）按旅游资源的管理级别划分

在我国，旅游资源又可以划分为世界级、国家级、省级和市（县）级共四类。这些级别类型，都是在各地层层申报和专家考察评价的基础上，分别由联合国教科文组织、国务院和省级人民政府审定批准的，具有较高的权威性和较强的代表性。通过这样按管理级别的划分，可以反映旅游资源的价值大小与品位高低。

二、旅游资源的量化指标分析

（一）旅游城市（或地区）数

旅游城市（或地区）数：是指某一国家已正式对外开放的，并具备一定规模接待能力的城市（或地区）个数。该指标数值的大小，在一定程度上反映了某一国家旅游资源丰富与否及开发利用的情况。

（二）旅游资源数

旅游资源数，首先是指旅游区数量，以“处”计量。在旅游区下设旅游景点，以“个”计量。此外，还有旅游项目，主要是指可供观赏的独立资源项目。

（三）报告期内平均新增旅游资源量

$$\text{报告期内平均新增旅游资源量} = \frac{\text{新增旅游资源数} \times \text{自新增之日起至报告期期末止的累计天数}}{\text{报告期日历天数}}$$

（公式 9－1）

（四）旅游资源密度

$$\text{旅游资源密度} = \frac{\text{某旅游城市(或地区)旅游资源数}}{\text{该地区标准面积}}$$（公式 9－2）

（五）旅游资源完整率

计算旅游资源完整率指标，以反映旅游资源的保护情况。

$$\text{旅游资源完整率} = \frac{\text{完整旅游资源数}}{\text{全部旅游资源数}} \times 100\%$$（公式 9－3）

（六）旅游资源容纳能力利用程度指标

旅游资源容纳能力利用程度指标能够衡量旅游资源容纳能力在实际经营中被利用的程度。当这个指标数值超过 100% 时，表明该旅游资源在超负荷使用，应尽快采取有效措施，以保护旅游者的安全、旅游资源的安全与完整以及旅游环境的安全（比如说，旅游环境的安全应包括旅游环境不被旅游废弃物等污染）。如果这个指标的数值通常在 100% 以下，说明该旅游资源未能得到充分利用。

然而，从今天旅游业可持续发展的角度出发，旅游资源的利用则不应再强调充分性，而应适度利用与开发。

$$\text{旅游资源容纳能力利用程度} = \frac{\text{报告期实际接待人数}}{\text{报告期容纳能力}} \times 100\%$$（公式 9－4）

（七）旅游资源利用率

$$\text{旅游资源利用率} = \frac{\text{实际开放的旅游资源数}}{\text{实际开发的旅游资源数}} \times 100\%$$（公式 9－5）

（八）旅游资源开发率

$$旅游资源开发率=\frac{实际开发的旅游资源数}{可供旅游的全部旅游资源数}\times 100\% \quad （公式9-6）$$

其中可供旅游的全部旅游资源数包括已开发的旅游资源数、正在开发的旅游资源数和未来开发的旅游资源数。同时，未来开发的旅游资源数也会随着拓展旅游新思路、观念更新而数量增加。通过旅游资源开发率指标，可以反映旅游资源的开发程度和潜力。

第二节 旅游者及其特征统计分析

一、旅游者的人数及其构成

（一）旅游者人数指标的概念

所谓旅游者人数，是指一定时期内到达某一国家、某一旅游城市、某一旅游企业或某一游览点的旅游者人数，也就是指某一国家、某一旅游城市、某一旅游企业或某一游览点在一定时期内所接待的旅游者人数。

应该指出的是，旅游者人数属于综合指标中的总量指标。若依社会经济统计学原理的说法，将总量指标分成时期指标和时点指标两类的话，那么旅游者人数当属时期指标。它应是某一国家、某一旅游城市、某一旅游企业或某一游览点在一定时期内所有到达的（或所有接待的）旅游者人数之和。例如，某一游览点在一天内先后接待了五批旅游者，则该游览点在这一天接待的旅游者人数是这五批人数相加的总和。

（二）影响旅游者人数的因素

同其他社会经济现象一样，一个国家或一个地区的年旅游者人数，会因其影响因素的变动而发生上下波动。影响旅游者人数变动的因素很多，也很复杂，可以说它涉及政治、经济、文化等方方面面，概括起来主要有以下三个方面。

1. 旅游者方面的因素

这主要是指旅游需求方面的因素。一个人能否产生对旅游的需求或者能否成为旅游者，取决于多种社会经济因素的影响，归结起来可以分成两类：

客观条件主要是指可自由支配的收入和闲暇时间。可自由支配的收入决定了旅游者在旅游活动中的支付能力，是决定一个人能否成为旅游者的物质条件，闲暇时间是旅游活动的必要条件，它影响着人们对旅游活动类型的选择及其旅游停留时间的长短。当然，还有一些其他影响旅游需求的因素，诸如，一个人的身体能力状况、家庭人口状况等。

主观因素，一个人能否成为旅游者，除了需要具备上述客观条件外，还需要具备主观条件——旅游动机。简言之，旅游动机就是触发、激励人们有意于旅游，以及到何处去、何时去旅游的内在的心理原因，常以愿望、兴趣、爱好、猎奇等形式表现出来，从而促使其产生旅游行为。旅游动机通常被分为社会动机、文化动机、身心动机、经济动机四种。

2. 旅游目的地方面的因素

这主要是指旅游价格、旅游资源、旅游设施的完善程度与旅游服务质量。只有适宜的旅游价格、具有吸引力的旅游资源、完备的旅游设施和优质的旅游服务质量，才能招徕更多的旅游者，才能获得更多的旅游收入。

3. 其他方面的因素

在其他方面的因素中，最主要的是政府对旅游采取的态度与货币汇率。政府对旅游采取的态度对旅游者人数的影响是显而易见的。若政府对旅游业采取支持、引导的态度，通过各项措施满足人们的旅游需要，重视旅游业的市场营销工作，利用各种推销宣传手段，就会激发人们对旅游的兴趣，促使其产生旅游动机。再如，在外汇控制上放宽，提高出国旅游者所带外汇限额；简化旅游者的出入境手续、便于其出入等。这些无疑会使旅游者人数增加。反之，势必会使旅游者人数减少，货币汇率对国际旅游者人数的变化影响极大。货币汇率是用另一国货币来表示的某一国货币的价格，它反映了不同国家货币之间的比价。当旅游者常住国的货币相对旅游目的地国家的货币升值，而旅游价格又未相应提高时，旅游者旅游时支付的货币数就会减少，从而使旅游目的地的旅游者人数增加；反之，则会使旅游者人数减少。

（三）对旅游者人数的分类

1. 按是否跨越国界划分

旅游者人数包括国际旅游者人数和国内旅游者人数。其中，国际旅游者人数又包括外国旅游者入境人数及本国旅游者出境人数。

2. 按国籍划分

旅游者人数包括国际旅游者人数和国内旅游者人数。其中，国内旅游者人数又包括本国人的国内旅游人数及本国人的出境旅游人数。

目前我国多采用按国籍分类。

（四）对旅游者人数的派生指标

在对旅游者作进一步分析的过程中，还往往需要了解和计算下列派生指标：

1. 日最高人数与日最低人数

日最高人数是指报告期内接待人数最多一天的旅游者人数，它反映的是报告期内旅游者人数达到的最高水平。日最低人数则是指报告期内接待人数最少一天的旅游者人数，它反映的是报告期内旅游者人数达到的最低水平。通常，日最高人数和日最低人数均是以年确定，即表明的是一年内旅游者人数波动的高峰与低谷。

2. 日平均人数

日平均人数是指报告期内平均每天接待的旅游者人数，它反映的是报告期内旅游者人数的一般水平。日平均人数的计算可用公式表示如下：

$$报告期日平均人数=\frac{报告期接待旅游者人数}{报告期日历日数} \qquad （公式9-7）$$

这个指标可按年计算，也可按季或按月计算。计算范围可大可小，既可以是一个国家，也可以是一个地区、一个企业。此外，还可以分别计算旅游旺季、旅游淡季与旅游平季的日平均人数，用以说明一年中不同时期旅游者人数变动的一般水平。

3. 旅游密度

旅游密度是指报告年内一国或一地区接待入境旅游者人数与该国或该地区居民人口总数的比率，表明对外旅游在该国或该地区发展的普遍程度。该指标的计算用公式表示如下：

$$旅游密度=\frac{接待的入境旅游者人数}{人口总数} \qquad （公式9-8）$$

例如，2011年我国香港有707.16万人口，一年却接待了访港游客4192万人次，则：

$$香港旅游密度=4192/707.16=5.9$$

即香港当年平均每一当地居民一年接待5.9位旅游者。

4. 旅游市场占有率

旅游市场占有率是指报告年内一国接待入境旅游者人数（或其中某国的旅游者人数）与世界各国出国旅游人数（或其中某国的出国旅游人数）之比率，它表明该国在国际旅游市场上所占的份额。它是从国际范围上来反映一国旅游业发展水平的相对指标。

$$\text{旅游市场占有率} = \frac{\text{一国接待入境旅游者人数}}{\text{世界各国出国旅游人数}} \quad (\text{公式 }9-9)$$

$$\text{或，旅游市场占有率} = \frac{\text{一国接待的某国旅游者人数}}{\text{该国的出国旅游人数}} \quad (\text{公式 }9-10)$$

二、旅游者人数变动分析

（一）旅游者人数变动统计的意义

旅游者人数的变动是客观存在的，之所以这样说，原因之一是旅游资源本身是有季节性的。一些旅游资源在某个季节对旅游者的吸引力最大，能取得最佳的旅游感受；而在其余季节则旅游功能及价值有所下降，气象景观尤为如此。可以说，绝大多数的旅游资源都具有这种季节性，这是由于地球上绝大部分地区的气候状况都有季节变化。原因之二是旅游者本身对出游活动的安排所致。即旅游者出游的安排，除了要考虑目的地的季节性之外，还有时间的选择问题，如工人选择在公休日、节假日，教师和学生则往往选择在寒暑假。原因之三是旅游者的流向与流量也会受其历史原因与经济条件等的限制，而体现在对旅游目的地的选择上也会有所不同。

因此，研究旅游者人数的增减变动、流向变动、旺淡季的变动等，有助于旅游景点的合理开发与布局，有利于最大限度地利用各种旅游设施，促进旅游接待组织工作的科学化与合理化，对于满足旅游者的游览观光要求、增加国家旅游收入都有重要的意义。

（二）旅游者总人数变动

旅游者总人数变动统计也称旅游者流量变动统计。旅游流量是指在一定时期内前往同一旅游目的地的旅游者的数量。这里所指的旅游目的地，大者可指某一个国家，小者可指某一个旅游城市。

旅游者总人数变动指标可以表现为以下几种：

1. 旅游人数动态指标

即旅游人数动态相对数，它表明两个不同时期旅游者规模的变动情况或者发展速度，其指标计算可用下面的公式表示：

$$旅游人数动态指标 = \frac{报告期旅游人数}{基期旅游人数} \times 100\% \qquad (公式9-11)$$

在这里，旅游者人数动态指标也可以因对比基期的选择不同，而分为定基发展速度和环比发展速度两种。

2. 旅游人数增长速度

旅游人数增长速度是上一指标的延续，可直接从上述指标数值减去100%而得到，其计算公式如下：

$$\begin{aligned}报告期旅游人数增长速度 &= \frac{报告期旅游人数增加量}{基期旅游人数} \times 100\% \\ &= 报告期旅游人数发展速度 - 100\%\end{aligned} \qquad (公式9-12)$$

同时，还可计算报告期旅游人数变动的绝对量——旅游人数增长量。

3. 旅游人数增长（减少）量

$$报告期旅游人数增长量 = 报告期旅游人数 - 基期旅游人数 \qquad (公式9-13)$$

旅游者人数增长量可分为逐期、累计增长量两种而分别计算。

上述三种旅游人数变动指标，既可以计算全部旅游者、国际旅游者及国内旅游者的相应指标，也可以计算某地区乃至某企业接待的全部旅游者及其国际旅游者、国内旅游者人数的相应指标。

（三）旅游者人数季节变动分析

前面讲过，旅游活动是有季节性的，因此对不同季节的旅游者人数的变动情况进行分析，可以掌握旅游人数在年内的淡、旺季，以便搞好客流的预测工作，为组织和安排好接待服务工作做好充分的准备。

旅游者人数季节变动统计分析，是运用“季节变动法”原理进行的。季节变动分析可以分别按全部旅游人数、国际旅游者人数和国内旅游者人数进行，预测和估价其人数的变动态势。

三、旅游者出游分析

旅游者的出游是指人们从居住地到旅游目的地的旅行，它是由旅游动机和经济条件决定的。由于公众的群体化心理，旅游者的经济条件的相似性，以及对舒适、便利、安全等需要的共同追求，旅游出游往往可体现出某些一致性和规律性。

（一）出游指标

1. 出游率

出游率是反映某客源地居民出游状况的最基本指标，表明当地居民出外旅游的普遍程度。它也是进一步计算旅游驱动力的重要依据。

$$出游率 = \frac{出游人数}{同期当地人口总数} \quad （公式 9-14）$$

2005 年中国居民国内旅游出游率仅为 92.7%，而欧洲国家平均出游率已经达到了 300%，美国甚至已达到 400%。

2. 出国旅游者比重

由于科技进步使得生产率大大提高，劳动时间缩短，闲暇时间相应增多，这就为旅游活动的开展提供了时间保障。我国及欧洲、北美等国家实行每周 5 天工作日或带薪休假制度。如德国每年的带薪假期是 24 天，每年假日总和超过 150 天，其出国人数居欧洲各国之首，出游密度高居世界前列。充足的闲暇时间增加了出境旅游的机会，延长了境外滞留的时间。

目前，在我国，公民出境旅游发展迅速，因此有必要对其进行指标分析。

$$出国旅游者比重 = \frac{出国旅游人数}{国内旅游人数} \times 100\% \quad （公式 9-15）$$

$$出国旅游者比例 = \frac{出国旅游人数}{非出国旅游人数} \quad （公式 9-16）$$

（二）出游动机分析

旅游者外出旅游除了经济、政治、时间等影响因素外，更重要的是旅游动机。旅游动机是产生旅游的最基本因素，历来受旅游促销国的重视。2000 年日本的一项关于海外旅行动机的调查显示，到海外旅游 25.9% 的人是出于对目的地的向往；20.1% 的人是出于家庭或朋友的邀请；19.4% 的人拥有假期；15.7% 的人经常旅行。出于对目的地向往的人中以老年人为最多，占 40%；其次是男学生、中年妇女和单身妇女，占 30%。拥有假期是单身女性、职业女性和单身男性的主要出游动机；学生和中年妇女受家庭或朋友邀请的比例较高。不同的细分市场显示出不同的出游动机。欧洲人出境旅游的动机主要有度假、商务、探亲访友和私人性质的其他旅游。

我国对旅游者的旅游动机分类包括：观光游览、休闲度假、探亲访友、商务活动、参加会议、宗教朝拜、文体科技交流等。

除了上述我们介绍的旅游者出游动机分类以外，旅游者的旅游往往还是多重动机的，即其不可能仅仅被一种动机所影响，在任何时候，他们都是受到多重动机的影响。绝大多数人们的度假活动都意味着他们在多重动机中实现了一种妥协。要么是因为其中的一种动机变成最为重要，并且占据了“统治”地位，要么是因为旅游者购买的度假产品，至少能够保证他们多重动机中的一部分可以得到满足。

四、旅游者停留时间指标分析

（一）分析旅游者停留时间的意义

一个国家或地区旅游活动的规模，一方面表现在旅游者人数的多少上，另一方面则表现在旅游者停留的时间上。也就是说，要想扩大一个国家或地区的旅游活动的规模，则招徕吸引的旅游者越多越好，已经到达的旅游者停留的时间越长越好。以后者为例，若旅游者人数不变，而到达的旅游者平均停留时间增加一倍的话，那么，就相当于人数增加了一倍。所以，从这个意义上说，对旅游者停留时间的统计意义重大，具体来说，旅游者停留时间的长短，可以反映出一个国家或地区旅游活动规模的大小。

旅游者停留时间的长短，可以说明一个国家或地区旅游资源的游览价值的大小，旅游设施、旅游服务质量以及接待安排等各方面工作对旅游者的吸引程度的强弱，反映旅游者的需求程度，为旅游管理部门加强管理、监督和检查服务质量提供了依据。

旅游者停留时间的长短，决定着旅游者消费支出的多少，从而影响着旅游业的经济收入。对外国旅游者而言，其在一国停留时间的长短，关系着该国从旅游业取得外汇收入的多少；就国内旅游者而言，则与该国回笼货币的多少有直接的联系。

（二）旅游者停留时间的概念

从广义上讲，是指在一国境内全部旅游活动过程中所停留的时间；从狭义上讲，是指在某一旅游城市进行旅游活动所停留的时间。

显然，广义的停留时间包括有狭义的停留时间在内，但它并非狭义停留时间的简单加总，它还应该包括旅游者从一个城市到另一个城市的旅途所占用的时间。对于外国旅游者来说，通常既要统计广义的停留时间，又要统计狭义的停留时间，而且无论是从理论上还是实践上，这两个停留时间的统计既是可能的又是必要的。而对于国内旅游者来说，因其条件所限，现在还只能是统计其狭义的停留时间，即其在某一旅游城市的停留时间。

目前在统计上，为了保持该指标时间上的可比性，通常入境旅游者在我国的停留时间是以入境之时起，以离境之时止；在操作上，往往是以办完入境和离境登记手续的时间为准。而无论是入境旅游者还是国内旅游者，其在某一旅游城市的停留时间，则都是以到达该城市之时起，离开该城市之时止；在操作上，往往是以到达和离开饭店、旅馆的时间为准。

（三）旅游者停留时间的计量单位

1. 过夜人天数

旅游者停留时间，通常是以旅游者在一国或一地的过夜天数来表示的。因为对于旅游者来说，只有过夜才牵扯到对饭店、旅馆设备的使用，其所在饭店、旅馆才会因其消费而有相应的经济收入。所以，在实际工作中，往往把停留时间直接称为“过夜天数”。不过，“过夜天数”只是相对于一位旅游者而言的，若接待的是团体旅游者则应分别对每人进行计算，即以“过夜人天数”作为旅游者停留时间总量的计量单位。

2. 平均停留天数

平均停留天数是研究旅游者停留时间的重要指标，可以进行不同的分类、分组，常见的除上述提到的按国籍分组外，还可以按旅游者的性别、年龄、身份、职业、收入水平、旅游目的分组，按旅游方式（团体、散客）分组，按接待方式、接待单位等进行分组，而且对同一时期平均停留时间还可以进行地区间的对比，以反映地区间的旅游价值和旅游资源丰富程度的差异性，反映各地区接待水平、服务质量的高低。

对国内旅游者同样可以进行不同的分类，如按其收入水平、职业、年龄、来自地区等进行分组，这样做既可以反映国内人民生活水平的高低，反映出国内旅游业的发展现状，又可以帮助旅游部门，针对国内旅游者的不同情况抓住重点，改进工作，开展更加丰富多彩、适合国内旅游者需求的旅游活动，同时也可以增加国内旅游收入。

3. 旅游者平均停留时间的变动研究

研究旅游者平均停留天数的变动，对于观察各旅游地的旅游价值变化，旅游资源的开发与利用，旅游服务设施及服务质量的变化是大有裨益的。另外，对于如何扩大旅游收入及对其发展趋势的评估，也需研究旅游者平均停留时间的变动情况。常用的研究旅游者平均停留时间的变动的方法如下：

（1）时间序列法

即将旅游者平均停留时间按时间先后顺序排列，编制成时间数列，再以时间数列法进行分析。因为旅游地的旅游价值是有季节性的，故旅游者在一年中的不同时期，停留天数也会因此而不尽相同。对于某旅游地来说，不能用一年中各时期的旅游者平均停留天数而简单地进行时间数列分析，而应先计算全年的旅游者平均停留时间。

一个单位接待的旅游者，其平均停留时间除了可进行年度内各月份的变动分析外，还可以对连续几年的（一般为三年以上）各月资料进行季节变动分析，这一点同前面提到的旅游者人数变动的季节分析相似，故不赘述。此外，还可以对某旅游地的各年旅游者平均停留时间进行时间数列分析（详见第六章）。

（2）因素分析法

想方设法延长旅游者的停留时间，是提高旅游设施利用程度的重要途径，其大小取决于旅游者平均停留时间的长短。这里，我们就可以从旅游收入的影响因素入手进行分析，分别研究旅游者平均停留时间的变动对客房、餐厅、车队、景区等部门收入的影响（详见第七章）。

第三节　旅游消费与旅游收入统计分析

一、旅游者消费支出指标分析

（一）旅游者消费支出研究的意义

旅游者的消费支出是衡量旅游需求的最有意义的一把尺子，它是用货币来反映旅游的需求量，其大小可以说明旅游者在价值上的需求规模，其构成可以表明旅游者对每一项旅游商品与旅游服务的需求份额。旅游者消费支出的总额与构成直接决定着旅游业经济收入的大小及其构成。因此，旅游者消费支出总额及其构成的统计是旅游者统计的一项重大内容。尤其是西方各国的旅游统计，由于经济上的考虑，对此项内容特别重视；其主要体现在旅游卫星账户（详见第一章）的使用上。

（二）旅游者消费支出的概念

旅游者的消费支出是指旅游者在某一国家或某一旅游城市，为了取得旅游商品或旅游服务而支付的金额。它包括旅游者为满足自己的旅游需要而支付的一切住宿、膳食、交通运输、文化娱乐、购物等开支。

（三）旅游者消费支出指标分析

1. 旅游者消费支出总额

旅游者消费支出总额是指某一时期内所接待的全体旅游者消费支出金额的总和，它反映该时期内旅游者对旅游的总需求量，也是该时期内全体旅游者所购得旅游商品和旅游服务的总价值量。

在核算旅游者消费支出总额时，应注意以下几点：

其一，对于外国旅游者而言，其支付给我国客运机构的有关其到达和离开我国的旅途运输费用，才计入其在我国的旅游消费支出，而付给国际运输机构的此项费用应除外。

其二，对于某旅游城市来说，不论接待的是外国旅游者还是国内旅游者，其支付给该城市客运机构的有关其到达和离开该旅游城市的旅途运输费，才计入其在该市的旅游消费支出之列，否则也应除外。

其三，由上述两个原因可见，从旅游者消费支出额的定义出发所计算的旅游者消费支出额，对于旅游者来说，并非其在一次出游中所支付的全部旅游费用。因此，若研究目的在于全面地反映旅游者的消费支出，则可以把上述排除在外的支出项加进来，但此时必须清楚二者之间的区别。

其四，出于国际收支平衡的考虑，入境旅游者为离境时所带的出口货物所支付的费用，按国际旅游统计的规定，不应计入其消费支出总额中。因为，入境旅游者出境时所带的出口货物，海关在登记上往往是登记为出口商品，其销售收入也就因此而列入外贸收入了。若再作为旅游消费支出总额计算，在国际收支平衡上就出现了重复计算。但是，若研究目的在于分析旅游者消费支出在经济上的影响，则可以把它包括在旅游消费支出总额中。

旅游者消费支出总额直接影响着旅游业的营业收入额，从下式不难看出：

$$\text{旅游业的营业收入额} = \text{接待的旅游者人数} \times \text{每一位旅游者的消费支出额}$$

（公式 9 - 17）

即旅游业的营业收入额受接待的旅游者人数和每一位旅游者消费支出额双重因素的影响。接待的旅游者人数的增加，又要受到旅游资源、旅游设施等各方面接待能力的限制。而每一位旅游者的消费支出额的增加，相对于接待的旅游者人数的增加来说，就要容易得多了。只要增加旅游商品和旅游服务，吸引旅游者尽可能多地消费就可以了。所以，从这个意义上讲，增加每一位旅游者消费支出的水平，才是增加旅游者消费支出总额、增加旅游业营业收入的主要途径。

2. 旅游者平均消费支出额

前面提到了，旅游者消费支出总额的大小，不但受旅游者人数多少的影响，而且还受每一位旅游者消费支出额的影响。而每一位旅游者消费支出额又受其每天的消费支出水平与停留时间长短的影响。因此，在旅游者消费支出的统计中，需要分别统计计算以下三个指标：

$$\begin{matrix}\text{旅游者平均每人每天}\\\text{消费支出额}\end{matrix}=\frac{\sum\text{报告期旅游者消费支出}}{\text{报告期旅游者过夜人天数}}\qquad\text{（公式 9-18）}$$

该指标是指一定时期内，平均每一位旅游者每天的消费支出额。反映旅游者的一般消费水平，相当于该时期旅游者为购买“一日旅游”而支付的价格。它不受旅游者人数多少与停留时间长短的影响。

$$\begin{matrix}\text{旅游者平均每人}\\\text{消费支出额}\end{matrix}=\frac{\sum\text{报告期旅游者消费支出}}{\text{报告期旅游者人数}}\qquad\text{（公式 9-19）}$$

该指标是指一定时期内，平均每一位旅游者在整个停留时间内的消费支出额，它反映旅游者在整个停留时间内的一般消费水平，相当于该时期旅游者为购买“旅游”而支付的价格。

该指标与“旅游者平均每人每天的消费支出额”的关系可用公式表示如下：

$$\begin{matrix}\text{旅游者平均每人}\\\text{消费支出额}\end{matrix}=\begin{matrix}\text{报告期旅游者平均}\\\text{每人每天消费支出额}\end{matrix}\times\begin{matrix}\text{报告期平均}\\\text{停留时间}\end{matrix}\qquad\text{（公式 9-20）}$$

$$\begin{matrix}\text{旅游者平均每天}\\\text{消费支出额}\end{matrix}=\frac{\sum\text{报告期旅游者消费支出额}}{\text{报告期日历日数}}\qquad\text{（公式 9-21）}$$

该指标是指一定时期内，平均每一天旅游者的消费支出额。这里的“旅游者”不是指一个人，而是指该时期的日平均人数，它反映每天的所有旅游者共同支付的金额。

二、旅游收入指标分析

（一）旅游价格指标分析

1. 旅游价格的确定

旅游，作为一种产品具有与其他产品完全不同的许多特性，因此在确定旅游价格时，首先应从旅游市场的角度，充分考虑其自身的一些特点。

第一，无形性。旅游是无形产品，它不能在商店里用手拿起来看，也不能试一试，只有在消费以后，才能断定其产品的效果。

第二，不能库存。构成旅游产品的饭店客房和交通工具的座位都不能储存，在规定时间内不消费，便自行取消。

第三，季节性、周期性变化大。旅游产品的需求，多集中在周末、夏季或连休日等时间，旅游效果又多决定于天气的好坏。

第四，个人需求不同，评价产品的效果差别也不同。旅游产品的价值评定，多取决于旅游者主观的标准。同一次旅游，有的人把品尝风味餐当作重点，有的人喜欢欣赏自然风光，所以很难有统一的客观评定标准。

第五，一个旅游者不能同时消费双份产品。

第六，产品的质量差别不易区分。旅游产品的一部分是由客房、交通工具的座位构成的，它很少能反映旅游商之间的不同之处。不同的旅游商虽然用不同的商标，但是其产品构成都可能是同一饭店或同一种交通工具。所以说，旅游产品与其他产品比较，不易区分它的质量差别。

决定旅游价格的因素有很多，其中主要受来自以下四个方面因素的影响。

（1）旅游时间

旅游时间越长，价格越高。

（2）旅游距离

旅游距离越远，价格越高。

（3）季节

旅游与季节变动关系很大。饭店和交通部门为了增加销售额，求得旅游需求的均衡，采取旺季涨价、淡季降价的措施。比如避暑娱乐地的饭店住宿费，随着季节的不同，变化幅度不同。同一路线、同一旅游项目的旅游价格，由于季节变动而不同，平日与周末的价格也不一样。

（4）旅游产品各部分的内容

旅游产品各部分的内容各不相同，价格也有变化。比如住宿设备的等级不同、交通工具不同、餐饮标准不同、团体规模不同、游览地的多少和时间长短不同，以及行程安排是否紧凑等，都直接影响了旅游价格。

长期以来，我国旅游业存在价格调整的无秩序性和混乱状况，部门之间的协作较差，价格调整大多突然出台，并且很少给旅游业务部门一个缓调期，使旅游报价从年初到年末总要被迫多次修改。我国旅游报价由于在国际市场上很难有稳定性和连续性，使很多做中国生意的海外旅行商在技术上难以操作，经营上又要承担较大的风险，一些旅行商便被迫放弃中国市场。

我国旅游报价体系经过十几年的努力探索，经历了一个不断发展、完善的过程，在政府管理部门和具体操作企业的共同努力下，终于建立起一套适应国际市场、符合国际惯例的较完善的体系。我国旅游包价主要由四个内容构成，即交通费、房费、旅行社费用（也叫综合服务费）和专项附加费，其中交通费又由民航、铁路、海运、内陆水运价格构成；旅行社费用由市内交通费、餐费、接团社手续费等项目构成；专项附加费则包括保险、汽车超公里、游江湖费、游览点门票费、风味餐费、文娱活动费等项目。

2. 旅游价格的分类

旅游价格是旅游产品通过销售过程与旅游者进行交换，旅游者为了达到吃、住、行、游、购、娱的目的，支付相应数量的货币，这种货币的数量即表现为旅游价格。

从旅游企业的角度来划分，有旅行社价格、旅游饭店房价、旅游交通价格、旅游餐饮价格、旅游景点门票价格、旅游商品价格和旅游文娱活动价格等。

从旅游产品的销售角度来划分，有旅游包价和旅游单项价格。旅游包价通常是指旅游者在一定时间内到某地旅游所需主要旅游项目的全部价格，其中包括了房、餐、车、杂各项费用，是目前大多数团体旅游的价格形式，也叫全包价。除此之外，还有包括部分主要旅游项目的半包价和小包价，这种价格形式方便、灵活，便于旅游者挑选。旅游单项价格是指各个旅游项目内容每一项的价格，采用单项旅游价格的购买形式，多为个体旅游者。

从旅游经营者的经营对象不同来看，有国际旅游者价格（又叫外宾价）和国内旅游者价格（也叫内宾价）。国际旅游者价格主要是外国人、华侨、港澳同胞和台湾同胞在我国的旅游价格。国内旅游者价格主要是指国内旅游者在国内旅游的价格和国内旅游者出境旅游的价格。

从季节变化的角度来划分，旅游价格又可以分为旅游旺季价和旅游淡季价。不同国家、不同地区、不同旅游地，其旅游的淡季、旺季时间不同，淡季价与旺季价变动的幅度也不同。通常，各项旅游活动内容的价格在淡季都要较旺季低一些，甚至低很多。

从旅游者需求程度的角度来看，旅游价格可以分为基本消费价格和附加消费价格。基本消费价格是指完成整个旅游活动所必不可少的旅游项目价格，包括旅游住宿、交通、餐饮、游览娱乐活动的费用。而附加消费价格，包括购买旅游纪念品的价格，以及一些其他的旅游服务项目的价格。从推销的角度来划分，旅游价格又可以分为旅游正常价（又叫门市价）与旅游推销价（又叫优惠价）。旅游正常价的对象是门市客人，主要包括旅行社、饭店的门市价格，是一种标准价格。旅游推销价的对象是旅游企业，通常是旅游企业之间的优惠，比如饭店对旅行社的房价优惠。

目前各旅游企业也纷纷推出对旅游者的优惠措施，比如某些航空公司、饭店对旅游者发放优惠卡，旅行社可以允许旅游者分期付款或贷款旅游，等等。

3. 旅游价格的计算

（1）时点价格指标

它是反映旅游产品在一定地区与价格形式下某个时点上的价格水平。时点价格水平是一个绝对数，它在不同时间上具有不同的价格水平。随着时间的推移，价格也相应发生变化，因此常用来观察旅游产品在某一瞬间的价格水平。

（2）平均价格计算

它是反映旅游产品在一定范围和一定时期内价格的平均水平。据《2011 中国饭店业务统计》调查各类客源市场的房价变化，五星级饭店市场中，国内商务客源的平均房价水平已从 2005 年的 708 元增至 2013 年的 727 元，此类客源在四星级饭店市场中实现的房价水平则从 446 元提升至 503 元。尽管过去 8 年国内商务客源市场的平均房价水平实现了积极增长，但增幅微乎其微。与此相反，国际商务客源市场的平均房价水平则在过去 8 年历经大幅下滑。在五星级饭店市场中，该客源市场的平均房价水平从 2005 年的 1134 元降至 2013 年的 850 元，降幅达 25%；此类客源在四星级饭店市场中的房价水平也从 2005 年的 750 元降至 2013 年的 610 元。

①在同一时间条件下，不同商品价格的平均，即静态平均（详见公式9－22及公式 9－23）。

$$\overline{P}=\frac{\sum p}{n} \qquad \text{（公式 9－22）}$$

或 $$\overline{P}=\frac{\sum pf}{\sum f} \qquad \text{（公式 9－23）}$$

②同一商品在不同时间条件下的平均，即动态平均（详见公式9－24）。

$$\overline{P}=\frac{\frac{p_1+p_2}{2}f_1+\frac{p_2+p_3}{2}f_2+\cdots+\frac{p_{n-1}+p_n}{2}f_{n-1}}{f_1+f_2+\cdots+f_{n-1}}$$ （公式9－24）

式中，p 代表各时点或地点的价格；n 代表价格的项数；f 为权数。

（3）差价

差价额是指同一旅游产品两个有差异的价格之间的绝对差额，简称为差价。

$$差价额=比较价格水平-基础价格水平$$ （公式9－25）

$$差价率=\frac{差价额}{基期价格水平}\times 100\%$$ （公式9－26）

价比率是指同种旅游产品在不同条件下，两种有联系的价格相比的相对指标，用以说明一种价格为另一种价格的比例。

$$价比率=\frac{比较价格水平}{基期价格水平}\times 100\%$$ （公式9－27）

（4）比价

旅游产品比价是指同一时间、同一市场、不同旅游产品价格之间的比率。通过旅游产品比价，可以研究不同旅游产品的价格比例是否合理，以促进旅游业的发展，增加旅游收入。计算旅游产品的比价时，应注意其分子、分母的可比性，即在同一时间、同一市场上不同旅游产品的价格相比。比如餐饮、住宿与交通费用的比价。

$$\begin{matrix}餐饮、住宿与交通\\费用的比价\end{matrix}=\frac{\sum\begin{matrix}旅游者人均每天\\餐饮、住宿费\end{matrix}\times 平均行程天数}{\sum 往返交通费}$$ （公式9－28）

（5）价格指数

旅游价格指数是反映旅游市场价格水平的变动程度的。根据不同的研究目的，可以从不同侧面对旅游价格指数进行分类。按指数所反映的不同内容分为饭店价格指数、旅行社价格指数、机票价格指数、旅游汽车价格指数、餐饮价格指数和专项附加价格指数等；按指数所包含项目价格个数的多少分为个体价格指数和综合价格指数两类；按包括的时间长短不同，旅游价格指数可分为月指数、季指数和年指数等；按采用的对比基期不同，旅游价格指数又可以分为定基指数和环比指数两种。计算旅游价格指数的基本公式见公式9－29。

$$I=\frac{\sum p_1q_1}{\sum p_oq_1} \quad \text{（公式 9-29）}$$

式中，p_1 代表报告期价格；p_o 代表基期价格；q_1 代表报告期销售量。

（二）旅游收入指标分析

1. 旅游收入指标分析的意义

旅游业已是世界上发展最快和最大的行业，而且是各国经济部门之一。在经济上，旅游是投资少、收益多的行业，是国家创汇手段之一。世界上不少国家，旅游收入在国民经济收入中占首位或第二、第三位。

世界旅游理事会和世界经济与金融分析集团的研究，将旅游者消费的直接影响及其对资本投入、政府支出、外贸和商业销售相关的非直接影响量化了，其采用的处理办法与政府对其国家财产上其他各种工业所采用的处理办法是一致的。

（1）消费者支出

全世界的消费者在运输、旅游等有关服务业方面的支出。

（2）资本投入

旅游业用于建筑以及购置各种设备等各方面的资金投入。

（3）政府支出

政府用于开展旅游活动，从而使旅游成为可能的经营管理费用及资本投入。

（4）外贸

由国际旅客的消费支出和旅游商品的出售所生成的外贸。

（5）商务支出

为各公司及政府机构日常工作之需要，而用于旅游方面的支出。

旅游业无论在中国还是在全世界范围内，都创造了和正在创造着巨大的财富。旅游收入在国民生产总值中占有越来越重要的地位，并成为世界许多国家主要的税收来源。因此，对旅游收入的统计也就显得愈加必要和重要了。比如在2003年，旅游收入最多的国家——美国，其旅游收入占其国内生产总值（GDP）的比重为0.9%；而当年占其国内生产总值（GDP）比重最大的国家是马尔代夫，其值为57.8%。

2. 旅游企业收入指标

（1）营业收入

指企业各项经营业务的收入。饭店（宾馆）、写字楼、公寓、旅店的营业收入（总额），包括客房收入、餐饮收入、商品部收入、车队收入、其他收入等；

旅行社的营业收入（净额），包括综合服务收入、组团外联收入、零星服务收入、劳务收入、票务收入、旅游及加项收入、其他收入等；酒楼、餐馆等饮食企业的营业收入，包括餐费收入、冷热饮收入、服务收入、其他收入等；理发、浴池、照相、洗染、修理等服务企业的收入，包括各种服务收入等。从事咨询服务的咨询公司的服务收入，也计入本科目。

（2）营业成本

指企业各项经营业务的营业成本。饭店（宾馆）、写字楼、公寓、旅店的营业成本包括餐饮原材料成本、商品进价成本、车队的营业成本等；旅行社的营业成本包括各项代收代付费用，如代收的房费、餐饮费、交通费、文娱费、行李托运费、票务费、门票费、专业活动费、签证费、陪同费、劳务费、宣传费、保险费、机场费等。酒楼、餐馆的营业成本包括餐饮的原材料成本、商品的进价成本等；照相、洗染、修理等服务企业的营业成本主要指消耗的原材料成本。

（3）营业费用

指企业营业部门在营业中发生的各项费用，包括运输费、装卸费、包装费、保管费、保险费、燃料费、展览费、广告宣传费、邮电费、水电费、差旅费、洗涤费、物料消耗费、折旧费、修理费、低值易耗品摊销、营业部门人员的工资、福利费、工作餐费、服装费和其他营业费用。

（4）营业税金及附加

指企业与营业收入有关的，应由各项经营业务负担的税金及附加，包括营业税、城市维护建设税及教育费附加等。饭店（宾馆）、写字楼、公寓、旅店、酒楼、餐馆、理发、浴池、照相、洗染、修理等企业应按营业收入的一定比例计算缴纳营业税；旅行社应按营业收入净额（营业收入总额扣除代收代付的房费、餐费、交通费等费用）计算缴纳营业税。

（5）经营利润

指企业经营取得的收入，也可以理解成一种毛利润。经营利润等于营业收入减去营业成本、营业费用和营业税金及附加。

（6）管理费用

指企业管理部门为组织和管理企业经营活动而发生的各项管理费用。

（7）财务费用

指企业经营中发生的一般财务费用，包括利息支出（减利息收入）、汇兑损失（减汇兑收益）和金融机构手续费等。

（8）投资收益

指企业对外投资所取得的收入或发生的损失，包括分得的投资利润、债券投资的利息收入、认购的股票应得到的股利以及收回投资时发生的收益等。

(9) 营业外收支差

指企业按规定列作营业外收入和营业外支出的实际数之间的差额。凡收入大于支出的为“正数”，支出大于收入的为“负数”。

(10) 营业外收入

指企业发生的与企业经营业务无直接关系的各项收入，包括固定资产盘盈、处理固定资产净收益、罚款收入，确实无法支付而转作营业外收入的应付款项等。

(11) 营业外支出

指企业发生的与企业经营业务无直接关系的各项支出，包括固定资产盘亏、处理固定资产净损失、非常损失等。

(12) 利润总额

指企业营业利润加上投资收益、营业外收入，减去营业外支出以后的差额，即企业在报告期内实现的利润总额。

(13) 外资企业经营利润

报告期外资企业各营业部门盈利之和减去行政管理部门费用、推广部门费用以及维修、能源费用等共同开支后所得的盈余，也称企业经营管理者向投资者所交代的利润或主营业务收益。

(14) 直属企业营业收入

指旅行社和旅游涉外饭店投资或合资开办的工商、运输、服务及其他企业的企业营业收入。

(三) 旅游收入的增长分析

1. 旅游收入的计划完成指标

旅游企业应根据以往编制的旅游收入计划，逐项、及时地检查其执行情况，以确定旅游收入计划的完成程度并分析其完成与否的原因。

$$\begin{matrix}\text{旅游收入}\\\text{计划完成程度}\end{matrix} = \frac{\text{旅游收入实际数}}{\text{旅游收入计划数}} \times 100\% \qquad \text{（公式 9-30）}$$

2. 旅游收入增长量

旅游收入增长量是从绝对额的角度来反映旅游收入实际的动态发展状况。

$$\text{旅游收入增长量} = \text{报告期旅游收入额} - \text{基期旅游收入额} \qquad \text{（公式 9-31）}$$

其中，基期旅游收入额可以是与报告期旅游收入额相邻的那个时期的资料，这样计算出的便是旅游收入的逐期增长量，也可以用与报告期相隔几个时期以前的某个时期的旅游收入额作为基期资料，这样计算出的就是旅游收入的累积增长量。

3. 旅游收入增长速度

旅游收入增长速度是从相对量的角度来反映旅游收入实际的动态发展状况。

$$旅游收入增长速度 = \frac{报告期旅游收入增长量}{基期旅游收入额} \quad （公式 9-32）$$

与旅游收入增长量相似，旅游收入增长速度也可以分为环比增长速度和定基增长速度。此外，旅游收入增长速度还可以用旅游收入发展速度减100%的方法来计算。

4. 旅游收入增长的因素分析

旅游收入的增长，除了受到接待的旅游者人数的影响外，更重要的是受到从每位旅游者那里取得的旅游收入多少的影响。因此，旅游人数指数与旅游者人均收入指数便成为旅游收入增长的两个重要因素（具体方法详见第七章）。

第四节 旅游接待能力统计分析

一、旅游目的地国接待能力指标分析

旅游者离开居住地去一个或几个目的地游览、观光、探亲、休养、考察和从事贸易、体育、宗教、参加会议等活动，去外地或旅游目的地逗留一段时间后又返回原居住地，在这段时间内，旅游者需要一系列的吃、住、行、游、购、娱等方面的旅游产品，即与之相适应的旅游服务和旅游商品，这就必然涉及各个旅游部门的接待能力。而对旅游接待部门来说，则应努力使之与旅游者的需求相吻合。由此看来，做好旅游部门接待能力的统计，无论对旅游接待工作，还是对旅游招徕工作，都是十分重要和必要的。

关于旅游目的地国接待能力，主要体现在两个方面，即旅游目的地国旅游资源总量与种类，以及旅游目的地国的可进入性，也就是入境交通的总量与种类。

二、旅游城市（或地区）接待能力指标分析

一个国家的旅游吸引力及其接待能力，是由其诸多的旅游城市（或地区）所组成的。一个旅游城市（或地区）的接待能力，主要体现在对旅游者的接待安排、住宿及市内交通等方面的保障能力上。

（一）旅行社的规模指标

1. 旅行社的数量

指某一旅游城市（或地区）在报告期末所拥有的各类旅行社的总数。

2. 旅行社的种类

（1）旅行社按所有制类型划分

分为国有旅行社、股份制旅行社、民营旅行社、中外合资（合作）旅行社、外资旅行社等。

（2）旅行社按管理层次划分

分为总社、分社及支社。

（3）旅行社按经营业务范围不同划分

分为国际旅行社、国内旅行社。

（二）市内交通的规模指标

市内交通的规模与种类，体现了一个旅游城市（或地区）的旅游接待能力。

（三）饭店规模指标

1. 饭店的数量

旅游饭店数量是指一切为接待旅游者食宿或只供给住宿的独立或非独立的饭店、旅馆、招待所以及家庭旅店等的总数量。旅游饭店是独立核算的企业。有的旅游饭店设有分店，且各自独立核算、自负盈亏，在核算旅游饭店数量时，应把它们分为几家旅游饭店计算。若虽设分店，但不是各自独立核算、自负盈亏，则应视为一家旅游饭店。

2. 旅游饭店是旅游业的重要组成部分

旅游者到达目的地，旅游供给者必须保证旅游者有一个舒适的、满意的食宿条件。一般地说，在一定条件下，旅游饭店数的多少，可以大致反映一个旅游城市（或地区）旅游业接待能力的大小。旅游饭店数量是否充足，是决定旅游资源能否得以充分地利用，以及旅游经济收入增减的极其重要的因素之一。

（四）饭店的种类

1. 旅游饭店按不同的经济类型划分

（1）国有旅游饭店

指生产资料归国家所有的旅游饭店。

（2）集体经济旅游饭店

指生产资料归公民集体所有的旅游饭店，它可以再划分为城镇集体所有制旅游饭店和乡村集体所有制旅游饭店。

（3）民营旅游饭店

指生产资料归公民私人所有，以雇用劳动力为基础的旅游饭店，它包括所有按照《中华人民共和国私营企业暂行条例》规定登记注册的私营独资饭店、私营合伙饭店和私营有限责任公司所属饭店。

（4）个体旅游饭店

指生产资料归劳动者个人所有，以个体劳动为基础，劳动成果归劳动者个人占有和支配的旅游饭店，它包括所有按照《中华人民共和国民法通则》和《城乡个体工商户管理暂行条例》规定注册的个体工商户和个体合伙开办的旅游饭店。

（5）联营旅游饭店

指不同所有制的企业之间或者企业、事业单位之间共同投资组成新的经济实体的旅游饭店。

（6）股份制经济旅游饭店

指全部注册资本由全体股东共同出资，并以股份制形式投资开办的饭店。股份制经济主要有股份有限公司和有限责任公司两种组织形式。

（7）外商投资旅游饭店

指外国投资者根据中华人民共和国有关涉外经济的法律、法规，以合资、合作或独资的形式在中国大陆境内开办的饭店。外商投资饭店包括中外合资饭店、中外合作经营饭店和外资饭店三种。

（8）港、澳、台投资旅游饭店

港、澳、台地区投资者参照中华人民共和国有关涉外经济的法律、法规，以合资、合作或独资的形式在祖国大陆开办的旅游饭店。港、澳、台投资饭店可以分为合资经营饭店、合作经营饭店和独资经营饭店三种。

（9）其他经济类型旅游饭店

2. 旅游饭店按星级不同划分

所谓星级饭店是指根据2004年7月1日我国新修订的饭店星级标准，评定出星级（共分一星至五星、白金五星6个等级）的旅游饭店。

一般来讲，一星是设备简单，但能提供食、宿两项基本服务的旅馆。它符合经济能力较差的旅游者需要。

二星是指设备一般，除有客房、餐厅外，还有小卖部、邮电、理发等简易服务设施的旅馆。它的服务质量较好，能满足在经济方面属于中下等的旅游者的需要。

三星是指设备齐全，不仅提供食、宿，还有会议室、休息厅、酒吧、咖啡厅、宴会厅、美容室、舞厅等多种综合服务设施的旅馆，它的服务质量较高，收费标准也较高，能满足中等收入水平以上的旅游者需要。

四星是指设备豪华、服务设施完善、服务项目众多、服务质量优良、室内讲究环境艺术的旅馆，使旅游者在物质、精神上都能得到享受。它是豪华级饭店，收费标准高，可以满足经济地位较高的上层旅游者需要。

五星是最高等级，设备、设施、服务质量都比四星更令人满意，收费标准很高，以满足追求高档次消费的旅游者的需要。

“白金五星”酒店——酒店业金字塔的顶端，五个主要必备条件：

- 已具备两年以上五星级酒店资格；
- 地理位置处于城市中心商务区；
- 对行政楼层提供24小时管家式服务；
- 整体氛围豪华气派；
- 内部功能布局和装修装饰与所在地历史、文化、自然环境相结合。

3. 旅游饭店按其接待规模划分

主要是以旅游饭店拥有的客房数的多少为标准划分，共分为五等，详见图9－1。

饭店规模：
- 500间以上
- 499～300间
- 299～200间
- 199～100间
- 99间以下

图9－1　我国饭店规模分类标准

（五）饭店的分布

观察旅游饭店的分布状况，研究各旅游城市（或地区）饭店接待能力与旅游者需求是否相适应，为各地规划旅游设施的建设提供依据。详见图9－2。

可见，从饭店建设布局看，东南沿海省市，特别是旅游中心省市饭店较多，而西北、东北等边远省区拥有饭店数量则较少。因此，今后的饭店建设应加强宏观控制，特别是对东南沿海一些旅游中心城市则更应进行宏观调控。对中、西部及边远省区的饭店建设，可视旅游客源市场的潜力及前景，适当增加一些中、低

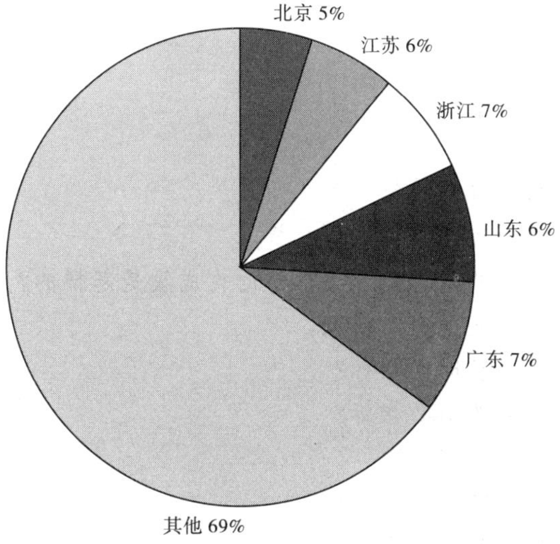

图 9-2 2014 年我国星级饭店地区分布情况

档的经济型旅游饭店。

三、旅游接待元素的接待能力指标分析

（一）旅游接待元素

旅游接待元素主要包括饭店的接待能力及其利用状况，旅行社的接待能力，汽车公司的接待能力，景区（景点）的接待能力及其利用状况，餐馆的接待能力及其利用状况，娱乐、健身、购物设施及场所的接待能力等。

（二）旅游接待元素的和谐配置

各旅游接待元素的接待能力只能说明旅游业某一方面或某一环节的接待能力，而不能代表整体的旅游接待能力。然而，考察一个国家、一个旅游城市（或地区）的旅游接待能力，则要包括各个旅游接待元素的接待能力在内的整个旅游业的接待能力，不仅包括旅游业内部各旅游接待元素，而且还涉及与旅游业相关的诸多方面。因此，应综合地考察某国或某地的旅游接待能力，根据当时当地的实际，经过协调和平衡，使各旅游接待元素紧密衔接，保持适当的比例关系，并依据客源量的情况，不断地进行调整。

【思考题】

1. 应该怎样对旅游资源进行分类?
2. 试对旅游资源的量化指标进行分析。
3. 旅游者人数研究的意义是什么?它的构成又是怎样的?
4. 试分析旅游者人数的变动情况。
5. 什么是旅游者停留时间指标?
6. 如何分析旅游者的消费指标?
7. 旅游价格是如何确定的?
8. 旅游价格的计算有哪几种方法?
9. 旅游收入指标分析的意义是什么?
10. 反映旅游城市（或地区）接待能力的指标是怎样的?
11. 什么是旅游接待元素?它包括哪些内容?

第十章

旅游企业统计

【本章导读】

统计作为决策的依据和管理的工具，这两大功能正在越来越有力地帮助旅游企业的发展。承接上一章，旅游接待能力统计是对旅游对象物的统计，本章则深入一步，从微观的企业视角，探讨了旅行社、旅游交通企业、饭店、旅游景区（景点）、餐饮企业和娱乐与购物企业的经营统计。分别从他们的接待能力指标、利用程度指标、运营指标、管理控制指标、成本效益指标等方面，构建了旅游企业的指标体系框架，并着重于这些指标的解释、计算、评价与分析。掌握上述经营指标，是相关旅游企业进行科学管理的前提与基础。

Serving as the basis of decision-making and instrument of management, statistics is supporting the development of tourism enterprises more and more effectively with these two functions. Following up the previous chapter, in which statistics of reception capacity targets at the objects of tourism, this chapter further discusses the operation statistics from the micro perspective of enterprises, such as transportation enterprises, hotels, tourist attractions, catering enterprises, entertainment and shopping enterprises in this industry. The Framework of index systems for the tourism enterprises is constructed in terms of the reception capacity index, utilization index, operation index, management control index, cost-effectiveness index and so on, focusing on the interpretation, calculation, evaluation and analysis of these indices. Good understanding of these operation indices lays a premise and foundation for the scientific management of tourism enterprises.

第一节　旅行社企业的经营统计

一、旅行社的接待能力分析

旅行社的接待能力主要是以导游人员的数量、种类和等级来反映的。除此之外，旅行社本身接待能力的扩大，还有赖于该旅游城市（或地区）导游人员队伍的总规模、总水平的扩大和提高，以及当地翻译导游公司兼职导游人员的储备状况。

二、旅行社行业指标分析

旅行社是旅游的组织者和经营者，它们把个别的游客按其兴趣与要求，组成一个旅游团，计划旅游地点与路线，规定一定的时间，安排各地食宿、空中与地面的交通，统一收费标准，并派导游翻译服务。这项工作既便利游客，又为旅游交通运输企业和饭店业招揽了生意，是受多方面欢迎的、旅游业中不可缺少的一个行业。作为一家大型的旅行社，应当通晓一些旅游胜地的知识，了解旅游市场的需求；应具备一定的财力，如预订饭店、订全程机票、支付广告宣传费用等，旅行社还应当多方面联系，能够适应旅游者的不同需求，组织他们到希望去的地方旅游。

（一）旅行社的机构设置

旅行社根据其经营规模、范围、特色不同，其机构设置也不尽相同。通常情况下，包括外联部门、内勤部门、接待部门、计划协调部门和财务部门等。

（二）旅行社质量保证金制度

旅行社质量保证金制度在国外已实行多年，是行之有效的旅行社服务质量监管制度。我国自 1995 年 7 月 1 日起施行《旅行社质量保证金赔偿暂行办法》。在此应注意统计旅行社质量保证金的上缴率、使用率及理赔率等有关指标。

$$\text{理赔率} = \frac{\text{报告期赔付金额}}{\text{报告期上缴金额}} \times 100\% \qquad \text{（公式 10－1）}$$

（三）旅行社的经营及其季节变动分析

1. 旅行社的接待人数统计

包括对海外旅游者人数的统计；对国内旅游者人数的统计；对团体旅游者人数的统计；对零星委托旅游者的统计；对过夜旅游者的统计和对不过夜旅游者的统计。

2. 旅行社的外联量统计

包括对预订团队数的统计；对外联团体旅游者人数的统计；对总社及地方社外联人数的统计；对外联实到人数的统计及对外联人数实现率的统计。

$$\text{外联人数实现率} = \frac{\text{报告期外联实到人数}}{\text{报告期外联总人数}} \times 100\% \qquad \text{（公式 10-2）}$$

3. 旅行社外汇收入统计

（1）本社外联收汇

指各外联主办单位开展外联业务而对旅行团或旅游者收取的外汇。一般意义上说，就是收取的包价费用。

（2）本社其他直接收汇

指各分、支社对旅行团或旅游者在华旅游过程中直接收取的外联包价以外的其他费用，如对新增加服务项目的收费等。

4. 旅行社经营的季节变动统计

旅行社经营的季节变动，是指旅行社的经营活动受自然界气候、风俗习惯和节假日等因素的影响，随着季节的更换而发生周而复始的变动，即人们的外出旅游活动随气候、节假日及风俗习惯的变动而变动，导致旅行社的接待人数随之而变动，进一步使旅行社的经营收入（其中包括外汇收入）也随之而发生变化。在统计工作中，研究季节变动的目的在于认识和掌握旅游者出游的规律，从而克服由于季节变动而产生的不良影响，适时、合理地调整其自身的经营活动。

（1）旅行社的季节差价

旅行社的季节差价通常是指旅游包价在旅游旺季与淡季之间的差额。

（2）旅行社经营的季节变动比率计算

旅行社经营的季节变动比率通常是指旅行社接待的旅游者人数的月平均数与总平均数的比值，或是旅行社经营收入的月平均数与总平均数的比值。

（四）旅行社的经济效益分析

1. 旅行社的营业收入

旅行社的营业收入是指根据制定的旅游服务收费标准，依照一定的程序收取的旅行团（或旅游者）进行旅游活动的全部服务性费用，以及旅行社所开展的其他旅游服务项目取得的全部收入。

2. 旅行社的外汇收入

外汇收入是反映旅行社为旅行团（或旅游者）提供劳务而换取的外汇（通常以美元为单位计算）。

3. 旅行社的利润

由于旅行社的收入中代收性质的收入占有相当大的比重，所以营业收入总额不可能确切地反映旅行社的实际经营情况。在营业收入净额的基础上计算的利润水平，往往要比在营业收入总额基础上计算的利润水平更准确些，更能反映旅行社的经营水平。营业收入净额是指营业收入总额扣除拨付的综合服务费（房、餐、车费和其他拨付费用）后净得的营业收入。同样，在计算外汇收入的利润时，也应用外汇收入的净额，即外汇收入总额扣除代收款支出和外汇支出数后的余额。

（1）资金利润率

资金利润率是一定时期内由企业取得的利润总额与同时期内所运用资金的数额之比。资金利润率越高，说明企业资金使用的经济效果越好。

$$资金利润率 = \frac{利润总额}{全部固定资产原值 + 流动资金平均余额} \times 100\% \quad （公式 10-3）$$

（2）人天利润

旅行社为了考核企业内部各部门的接待成绩和各团的经济效益以有利于旅行社的管理者经营决策，分析各种团队的结构状况，需要对旅行团的人天单位利润进行考核。

$$接团人天利润 = \frac{接团总利润}{接团总人天数} \quad （公式 10-4）$$

$$组团人天利润 = \frac{组团总利润}{组团总人天数} \quad （公式 10-5）$$

$$单团人天利润 = \frac{该团利润}{该团人天数} \quad （公式 10-6）$$

第二节　旅游交通企业的经营统计

一、旅游航空运输指标分析

作为旅游目的地国接待能力的体现，能帮助旅游者顺利到达旅游目的地的旅游交通。一般旅游城市（或地区）间的长途交通通常是采用航空运输、铁路运输及游船运输。随着需求的增长，上座率也在上升，航空业总的发展趋势是，成本不断降低的航空公司会继续降价，日益改善的经济将增加乘飞机旅行的数量。

中国航空运输与旅游业的发展有着共同的特点，即航空运输与旅游业都是新兴产业，发展快并初具规模；起步晚、基础差，与国外相比仍有很大差距，航空运输与旅游业发展相互依存。中国航空运输发展速度很快，从总体上看，民航运力是适应旅游业发展需要的。

航空运输具有速度快，节省时间，乘坐舒适，灵活性大，安全系数高等优点，因此无论是国际旅游者还是国内旅游者及旅行商，在长途交通工具中，都会越来越多地选择航空旅行。飞机航班通常有定期航班、临时航班、专线旅游航班和旅游包机等形式。

（一）定期航班

是按照指定的航行线路、机型、始终点停靠站、起飞和降落时间、班次数等规定，向旅客包括旅游者在内提供运输服务的航空交通，是民航交通运输的基本形式。现代旅游活动中的空中运输，主要是指此种将旅游者从客源地运送到目的地的方式。

（二）临时航班

是一种对定期航空班机的增补方式，其飞行线路、机型、始终点停靠站、日期、起飞和降落时间等均比较灵活易变，班次数可根据旅客对空中交通运输需求量的变化，在原定的班机基础上或增加或减少。这种班机主要用于旅游旺季或重大的文、体、政治、节庆活动，而且多用于中、长距离的旅游热点城市和大、中城市之间。

（三）专线旅游航班

是一种将旅游热点城市串联成一条线路，或连接成环形线路的空中交通形式，专门用以满足旅游者旅行游览的需要。此种形式在旅游旺季时尤被普遍采用，以避免重复往返和绕道飞行，使旅游者得以在最短时间内以最快捷的速度、最便利的方法、最低的成本参加最多的旅游活动，因而受到广泛的欢迎。

（四）旅游包机

是专门用来运载旅游者的一种空中交通形式。旅游包机可以在民航固定航线上或非固定航线上飞行，可连接旅游城市或飞越非旅游城市，是旅游旺季时用以补充运力不足的一种临时交通方式。

二、旅游铁路运输指标分析

铁路交通在很长一段时间里，曾经是人们外出旅行的主要交通方式，随着世界经济的发展，特别是航空等其他交通运输方式的完善与发展，铁路交通在旅游交通中的地位逐渐下降。然而，在发展中国家，铁路交通仍然是现代旅游活动中的主要交通方式，尤其是国内旅游者的主要交通运载方式。

铁路交通主要分为两类：一类是一般旅客列车。目前我国的旅客列车按编组内容、速度、运行要求的不同和旅程的长短，可以分为特别旅客快车、直通旅客快车、普通旅客快车、直通旅客列车、市郊列车等数种。另一类即为旅游列车，这是专门为运送旅游者而开设的旅客列车。此种列车运行于旅游客源地与旅游目的地之间，具有灵活性强、季节性明显、舒适等特点。

三、旅游船运输指标分析

乘船旅行具有安全性能好、设备完善、乘坐舒适、运价低廉等优点，在现代旅游活动中为运送游客发挥了很大的作用。

从分类看，旅游船运输大体可以分为远洋交通运输、沿海交通运输和内河交通运输三种。其中，远洋交通运输通常是指除沿海以外，在一个或数个大洋或一个大洋的部分水域航行的海上交通运输。远洋邮轮航行速度慢、时间长，但乘坐比较安逸舒适，非常适合老年旅游者的搭乘需要，特别是那些既有时间又有足够的支付能力的旅游者。

沿海交通运输是指船舶在一个国家或地区的沿海区域各港口之间的交通运输，是沿海港口之间城乡居民进行往来和物资交流的一种重要交通方式。

内河交通运输是指游船、汽船等水上运输工具，在可游览观赏的江河、湖泊、水库、人工水道等水域内的交通运输方式。

四、长途交通旅游运力指标分析

旅游运力是指旅游运输企业运送旅游者的能力。通过对旅游运输企业交通工具的数量、座位、种类进行统计，从而使现有的运力得到合理、充分的利用，以满足广大旅游者对客运能力日益增长的需求。

（一）期初客运能力

即报告期初企业实有交通工具数量、座位数和交通工具的类别等。

（二）期末客运能力

即报告期末企业最终拥有的交通工具数量、座位数和种类等。

（三）平均客运能力

即在报告期内的平均交通工具数量和座位数等。

五、汽车公司的接待能力分析

（一）车辆数

旅游车辆数是指一定时期内该旅游车队的各种旅游车辆的总数，其中包括运营车辆、维修车辆、停开车辆、库存车辆等。旅游车辆数有期末指标和平均指标两种。

（二）车型分类

1. 大型客车

33 客座以上。

2. 中型客车

13 ~ 32 客座各种面包车。

3. 小型客车

12 客座以下各类小型客车。

（三）座位数

指旅游车队所拥有的各类汽车的标定座位数的总和。计算座位数，能确切地反映某一旅游车队客车的接待能力。

（四）司机人数

报告期内能够上岗运营的司机总人数。在具有一定数量旅游车的车队当中，如何能充分发挥其车辆的接待能力，便取决于其拥有的司机人数。

六、旅游汽车公司经营管理指标分析

（一）司机个人运营情况统计

1. 次数

指每日的出车次数。

2. 行车公里

指每日的实际行驶公里数。

3. 营业公里

指每日的具有营业性质的行驶公里数（有营业收入的）。

4. 工作日

即制度工作日数，是报告期内按规定企业（或职工）应该使用的劳动时间，等于日历工日数减去制度公休工日数。

5. 里程利用率

又叫行程利用率，是反映车辆行驶里程利用情况的主要指标。它指的是车辆的载客行程在总行程中所占的比重。

（二）运营指标

1. 运营车数

该车队报告期用于运输营业的所有车辆数（只要运营过的车辆就算在内，而不论运营的时间长短）。

2. 完好车数

是指技术性能良好，不需要修理，随时可以投入运营的车辆。它包括正常运营的车辆、库存车辆以及因故停开而在技术性能方面完好的车辆，不包括正在修理和待修理的车辆。

3. 工作车数

报告期实际投入运营的车辆数。

4. 包干儿

车队将车包租给客户，是以实际包租天数来收取费用的。

5. 双班

指司机两班倒用一辆车，即所谓的人歇车不歇。

6. 运营车日

指报告期内运营车辆数与制度工作日数的乘积。

$$运营车日 = 运营车辆数 \times 制度工作日数 \quad （公式 10-7）$$

7. 完好车日

报告期内完好车辆数与制度工作日数的乘积。

$$完好车日 = 完好车辆数 \times 制度工作日数 \quad （公式 10-8）$$

8. 工作车日

报告期内工作车辆数与其实际出车的工作日数的乘积。

$$工作车日 = 工作车辆数 \times 实际工作日数 \quad （公式 10-9）$$

9. 完好车率

指完好车日数占运营车日数的比重。

$$完好车率 = \frac{完好车日数}{运营车日数} \times 100\% \quad （公式 10-10）$$

10. 工作车率

指工作车日数占运营车日数的比重。

$$工作车率 = \frac{工作车日数}{运营车日数} \times 100\% \quad （公式 10-11）$$

（三）车辆利用指标分析

1. 实有车辆可用率

表示旅游交通企业实际拥有的车辆中，完好车辆的构成。

$$实有车辆可用率 = \frac{完好车辆数}{实有车辆数} \times 100\% \quad （公式 10-12）$$

2. 实有车辆利用率

表示旅游交通企业拥有的车辆中，实际在从事运营的车辆所占的比重。

$$实有车辆利用率 = \frac{实际运营车辆数}{实有车辆数} \times 100\% \qquad （公式 10-13）$$

3. 完好车辆使用率

表示旅游交通企业所拥有的完好车辆中，实际投入运营的车辆占多少。

$$完好车辆使用率 = \frac{实际运营车辆数}{完好车辆数} \times 100\% \qquad （公式 10-14）$$

4. 客车出车率

这一指标是车数与时间相联系计量的，表示旅游交通企业的出车水平。

$$客车出车率 = \frac{实际工作车日数}{在册汽车日历车日数} \times 100\% \qquad （公式 10-15）$$

其中，实际工作车日数为实际运营车辆数与实际运营天数的乘积，在册汽车日历车日数为在册车辆数与日历日数的乘积。

5. 载客能力利用指标

载客能力利用指标用座位利用率（或称满载率）来表示，它反映了营运车辆载客能力的利用程度。

（四）旅游车队的成本指标

1. 营运总成本

营运总成本是指车队在一定时期内为完成一定的营运任务而发生的一切费用支出，包括车辆直接费用和车队经营管理费用两部分。

2. 单位营运成本

单位营运成本是指按营运里程计算的每公里的成本总额。

$$单位营运成本 = \frac{报告期营运成本总额}{报告期行驶总里程数} \qquad （公式 10-16）$$

3. 单位营业成本

通常表示平均每营业公里所消耗的成本多少。

$$单位营业成本 = \frac{报告期营运成本总额}{报告期营业总里程数} \qquad （公式 10-17）$$

其中，营业总里程即为在行驶总里程中扣除空驶里程后的行驶里程。

（五）旅游车队的安全指标

1. 行车事故总次数

是指旅游汽车企业从事营运的汽车在报告期内所发生的各类事故的次数总和。

2. 行车事故频率

通常是与营运车辆数或行驶公里数相联系的发生行车事故次数的对比，表示事故发生的频繁程度。

$$行车事故频率=\frac{行车事故次数}{平均营运车数}(次/百车) \quad （公式 10-18）$$

或

$$行车事故频率=\frac{行车事故次数}{总行程}(次/百万车公里) \quad （公式 10-19）$$

3. 行车事故受伤（或死亡）率

通常是与营运车辆数或行驶公里数相联系的发生伤亡事故次数的对比，表示伤亡事故发生的频繁程度。

$$行车事故受伤(或死亡)率=\frac{受伤(或死亡人数)}{平均营运汽车数}(人/百车) \quad （公式 10-20）$$

或

$$行车事故受伤(或死亡)率=\frac{受伤(或死亡)人数}{总行程}(人/百万车公里) \quad （公式 10-21）$$

第三节　饭店企业的经营统计

一、饭店接待能力及其利用指标

（一）客房指标分析

1. 客房数

指旅游饭店实际可用于接待旅游者的客房间数。

2. 客房出租率

指报告期内旅游饭店每天租出客房数之和除以该饭店实有客房数和日历天数

之积，反映住宿设施的使用情况。

3. 双倍开房率

一般两人客房合理的计价方法为两客住宿是单客住宿房价的3/4。如某双人间单人住房价为120元，双人住则应为160元，平均每位客人80元。双倍开房率的提高，可以进一步提高客房的利用程度，满足旅游者的需求，同时也增加了饭店的收入。

4. 客房设计能力实现率

一般来说，实有客房数与设计的接待能力应该是一致的，但在实际的经营活动当中，有的饭店为了提高经济效益，压缩了其他用房，以增加可出租的客房数，还有的饭店有时也会出现占用客房改为他用的情况。

$$\text{客房设计能力实现率} = \frac{\text{实有客房数}}{\text{客房设计数}} \qquad \text{（公式 10－22）}$$

5. 全部房间利用率

表明在全部营业时间之内，全部客房平均每天的利用状况。

$$\text{全部房间利用率} = \frac{\sum \text{报告期每天实际利用房间数}}{\sum \text{报告期每天全部房间数}} \times 100\% \qquad \text{（公式 10－23）}$$

6. 全部房间可接待率

表明在全部营业时间之内，全部客房中平均每天多少客房是可以用于接待客人的比率。

$$\text{全部房间可接待率} = \frac{\sum \text{报告期每天可接待房间数}}{\sum \text{报告期每天全部房间数}} \times 100\% \qquad \text{（公式 10－24）}$$

由于维修、改建、占为他用等情况，有时使客房全部用于接待。同时饭店的房间当中，自身就包含一部分饭店本身的办公等用房，因此这一指标是反映旅游饭店全部房间在报告期有可能被利用的程度。

（二）床位数指标分析

1. 床位数

指旅游饭店到达旅游目的地时可提供住宿的床位数。床位数中既要包括高档床位，又要包括中、低档床位和普通档次的床位。此外，床位数中还分为单人床和双人床两种计算。

2. 报告期饭店平均床位数

表明报告期饭店平均每天所拥有的床位数多少。

$$\text{报告期饭店平均床位数} = \frac{\sum \text{报告期每天床位数}}{\text{报告期日历日数}} \quad \text{（公式 10－25）}$$

3. 客房平均拥有床位数

表明饭店所拥有的床位数与客房数的对比。

$$\text{客房平均拥有床位数} = \frac{\text{床位总数（折单人床）}}{\text{客房总数}} \quad \text{（公式 10－26）}$$

4. 床位利用率

表明报告期饭店平均每天实际对可供接待床位的利用程度。

$$\text{床位利用率} = \frac{\text{报告期旅游者实际占用床位数}}{\sum \text{报告期每天可接待床位数}} \times 100\% \quad \text{（公式 10－27）}$$

二、饭店员工控制指标

（一）职工人数指标

1. 中方在职职工人数

指在全民、集体所有制饭店及合资饭店中工作，并由企业支付工资等劳动报酬的全体中方人员，不包括外籍职工和港、澳、台职工。

2. 外方（含港、澳、台）工作人员

由饭店招收支付工资的外籍人员、华侨和港、澳、台人员。

（二）职工薪酬指标

1. 年工资总额

指各饭店在一年内直接支付给其全部职工的劳动报酬总额。

2. 计时工资

指按计时标准和工作时间支付给个人的劳动报酬，包括对已做工作计时工资标准支付的工资，实行结构工资制的饭店支付给职工的基础工资和职务（岗位）工资、新参加工作职工的见习工资。

3. 职工工资的分类

全部职工工资包括固定职工工资、合同制职工工资、农民工工资、计划内临时工工资、计划外用工工资及其他职工工资。

4. 职工工资的构成

包括计时工资，含基础工资；各种奖金；各种津贴和补贴；加班工资和其他工资。

5. 工资效益指标

反映旅游企业工资支付效益的指标主要包括百元工资营业收入、百元工资外汇收入和百元工资实现利税。这类指标的数值越大，表明该旅游企业工资支付效益越高。

三、饭店经营效益指标

（一）反映劳动消耗的单项经济效益指标

1. 百元收入工资额

这个指标反映了活劳动消耗的经济效益，其指标数值越小，表明该旅游企业的经济效益越高。

2. 百元收入折旧额

这个指标是反映物化劳动中设备消耗经济效益的，它的数值越小，表明经济效益越高。引起每百元收入折旧额变动的因素，是接待能力利用率的变动。因此，对该指标的进一步研究，就要分析接待能力利用率的变动。

3. 百元收入物料消耗额

这个指标是反映物化劳动中各项物料消耗经济效益的，它的数值越小，表明经济效益越高。引起每百元收入物料消耗额变动的因素，是各项物料单位消耗量的变动。因此，对该指标的进一步研究，就要分析各项物料单位消耗量的变动。各项物料单位消耗量的指标也属于这一方面的效益指标。

（二）反映劳动占用的单项经济效益指标

1. 百元收入固定资金占用额

该指标反映了旅游企业固定资金被占用的效益状况，其数值越小，表明该企业的劳动占用效益越好。

2. 百元收入流动资金占用额

该指标反映了旅游企业流动资金被占用的效益状况，其数值越小，表明该企业的劳动占用效益越好。

3. 全部资金经营利润率

是指企业利润与全部资金（包括流动资金与固定资产之和）的比率，反映了旅游企业全部资金的使用效益状况，其指标数值越大，表明该企业的劳动占用效益越好。

4. 有关成本经营效益指标

（1）保本点

饭店保本点也叫盈亏平衡点，是饭店营业收入和支出刚好抵消，不亏也不盈利的临界点。运用保本点，饭店可以解决诸如饭店在接待多少客人及收入达到怎样的水平时才不盈利也不亏本、饭店要想达到预期的利润目标需接待多少旅游者并取得多少收入等问题。

（2）百元收入完全成本额

在营业收入一定的情况下，劳动消耗量的变动会使完全成本向同方向变动，从而引起该指标也向同方向变动。所以，它反映劳动消耗量变动的影响，是单独反映劳动消耗对完全成本影响的经济效益指标，该指标数值越小，表明劳动消耗越节省。

（3）完全成本经营利润率

该指标也是反映劳动消耗的经济效益指标。

第四节　旅游景区的经营统计

一、景区的接待能力指标

（一）面积

指在报告期景区内向旅游者开放的面积。

（二）容纳能力（极限接待能力）

指报告期内旅游景点在保障安全的条件下，最多可以接待的旅游者人数。

（三）接待人数（人次）

指报告期内实际接待的旅游者人次总和。

（四）容纳能力利用程度

可以用报告期实际接待的游客人数与容纳能力的对比关系来表示。

$$容纳能力利用程度 = \frac{报告期实际接待人数}{报告期容纳能力} \times 100\% \qquad （公式 10-28）$$

（五）单位面积接待旅游者人数

表明报告期景区内，每平方米所平均接待的游客次数。

$$\begin{array}{c}单位面积接待\\旅游者人数\end{array} = \frac{\begin{array}{c}报告期接待\\旅游者人数\end{array}(人次)}{报告期景区(点)面积(平方米)} \qquad （公式 10-29）$$

二、合理的接待密度指标

（一）接待密度系数

表明单位面积上，实际接待旅游者人数与标准人数的对比程度。当这一系数为 1 时，则表明是处在一种理想的合理状态。

$$接待密度系数 = \frac{\begin{array}{c}单位面积实际\\接待旅游者人数\end{array}}{\begin{array}{c}单位面积可接待旅游者\\的标准人数\end{array}} \qquad （公式 10-30）$$

旅游接待密度系数除像公式 10－30 一样外，还可以直接通过某地实际接待旅游者人数指标与其可接待标准人数的对比得出。该指标接近 1 时，表明是一种接待的理论理想状态；而这一指标小于 1 时，则表明该地的旅游接待能力理论上存在某种程度的荒废状况；当这一指标大于 1 时，表明该地的旅游接待能力理论上存在某种程度的不足状况，进而影响旅游者游览的舒适度，甚至安全。

（二）合理的接待密度

合理确定单位面积可接待旅游者的标准人数，是把握接待密度系数的关键。

在实际工作中，正确地确定单位面积可接待旅游者的标准人数，应考虑诸多来自各方面的影响因素，要具体景点具体分析。但从总体来看，应遵循这样三个原则：安全的原则、满足参观游览的原则和效益原则，其中安全的原则应为首位，是最主要的，是发展旅游业的保障；安全应该是双向的，即旅游者的人身与财务安全；旅游景观、景物、设施、环境保护的安全。满足参观游览的原则，就是让旅游者在买票入园之后，景点应能够兑现其所承诺的可以参观游览到的有关内容，而不要因维修或过于拥挤等原因使旅游者失望。效益原则就是在安全原则、满足参观游览原则的基础上，最大限度地接待旅游者，以提高景点的经济效益。

第五节　餐饮企业的经营统计

一、餐馆的接待能力指标

（一）餐馆的数量

指具备接待旅游者就餐能力的、经有关管理部门批准的旅游定点餐馆的数量。

（二）餐馆的营业面积

指某一旅游定点餐馆可供旅游者就餐的面积。该指标可以反映餐馆的最大就餐容量，即最多可以同时接待多少旅游者就餐，当然就餐容量还会受到厨师及服务人员数量的制约。

（三）餐位数

指报告期某一旅游定点餐馆内所设置的就餐座位数。该指标数值与同一时间的最多就餐人数是相一致的。

二、餐厅的利用分析指标

（一）餐位利用程度

指报告期内某一旅游定点餐馆每一餐位接待的就餐人数。

$$餐位利用程度 = \frac{\sum 报告期就餐人数}{报告期餐位数} \qquad （公式 10-31）$$

一般来说，餐位的利用程度越高越好，相对应的餐馆收入会越多。然而，对于一些中、高档餐馆来讲，则不适宜一味地追求过高的餐位利用程度，以免影响餐馆的就餐环境与气氛，因此就出现了餐馆理想就餐人数指标。

（二）餐馆理想就餐人数

是各餐馆自己根据其软硬件条件、档次、风格、品位、利润追求等方面的因素，进行综合测算的。

$$餐馆理想就餐人数 = 餐位数 \times 理想餐位利用程度 \times 每天营业时间 \qquad （公式 10-32）$$

（三）餐厅利用率

根据各自餐厅的定位不同，其餐厅利用率的差别可能会较大。若进行比较分析，最好是在其层级内部进行对比，这样更为合理。可以每个餐位接待客人量指标来反映。

$$餐位接待客人量 = \frac{\sum 报告期该餐厅接待用餐人数}{报告期该餐厅餐位数} \qquad （公式 10-33）$$

第六节　娱乐与购物企业的经营统计

一、娱乐、健身设施的接待能力指标分析

（一）娱乐、健身企业数量

指报告期内剧场、电影院、游乐场、夜总会、舞厅、卡拉 OK 厅、桑拿按摩、游泳馆、温泉康体中心、网球场、保龄球馆、健身俱乐部等娱乐、健身设施的数量。在统计时，既要统计设施的总数，又要统计各类设施的具体数量。

（二）接待人数

指报告期内某一娱乐、健身设施所接待的游客人数。

（三）接待容量

指同一时间内某一娱乐、健身设施所能同时接待的游客人数。

二、旅游购物场所的接待能力指标分析

（一）旅游购物企业数量

指报告期内某一旅游城市（或地区）所拥有的旅游购物中心、商场的数量。

（二）营业面积

指报告期内某一旅游购物场所可供旅游者购物的营业厅总面积。

（三）接待容量

指同一时间内某一旅游购物场所能同时接待的旅游者人数。

【思考题】

1. 旅行社在季节的变动有哪些方面要特别注意的?
2. 旅游景点的接待能力指标有哪几方面?
3. 旅游交通企业都包括哪些种类?
4. 应该从哪几方面入手来反映饭店的经营效益?
5. 在餐饮企业中，餐位的利用程度与餐馆的理想就餐人数之间应如何协调?

参考文献

[1] 张海燕. 旅游统计与旅游卫星账户 [J]. 中国统计，2007 (3).
[2] 黄潇婷，马修军. 基于GPS数据的旅游者活动节奏研究 [J]. 旅游学刊，2011 (12).
[3] 黄潇婷，柴彦威，赵莹，等. 手机移动数据作为新数据源在旅游者研究中的应用探析 [J]. 旅游学刊，2010 (8).
[4] 亢大麟，张君. 基于网格GIS的旅游统计数据可视化研究 [J]. 统计与信息论坛，2011 (12).
[5] 中华人民共和国国家旅游局. 中国旅游统计年鉴2015 [M]. 北京：中国旅游出版社，2015.
[6] 国家旅游局政策法规司，国家统计局城市社会经济调查司，国家统计局农村社会经济调查司. 旅游抽样调查资料2015 [M]. 北京：中国旅游出版社，2015.
[7] 中国旅游饭店业协会，浩华管理顾问公司. 2014中国饭店业务统计 [M]. 北京：中国旅游出版社，2014.
[8] 李洁明，祁新娥. 统计学原理 [M]. 4版. 上海：复旦大学出版社，2007.
[9] 卢纹岱. SPSS for Windows统计分析 [M]. 3版. 北京：电子工业出版社，2006.
[10] 世界旅游组织. 世界旅游统计概览2005 [M]. 国家旅游局政策法规司统计处，译. 北京：中国旅游出版社，2005.
[11] 孙允午. 统计学：数据的搜集、整理和分析 [M]. 上海：上海财经出版社，2006.
[12] 席唤民. 新编旅游统计学 [M]. 4版. 北京：旅游教育出版社，2006.
[13] 张文彤，闫洁. SPSS统计分析基础教程 [M]. 北京：高等教育出版社，2005.
[14] 郑家亨. 统计大辞典 [M]. 北京：中国统计出版社，1995.
[15] 薛薇. SPSS统计分析方法及应用 [M]. 北京：电子工业出版社，2006.
[16] 中国旅游饭店业协会，浩华管理顾问公司. 2007中国饭店业务统计 [M]. 北京：中国旅游出版社，2007.
[17] VEAL A J. Research Methods for Leisure and Tourism：A Practical Guide. Third edition [M]. Prentice Hall Jan，2006.
[18] DOUGLAS C. Frechtling Forecasting Tourism Demand-methods and strategies [M]. Butterworth Heinemann，2001.
[19] 邵琪伟. 中国旅游业发展对全球经济贡献有目共睹 [EB/OL]. (2012-03-16) [2016-08-30]. http：//finance. sina. com. cn/china/20120316/225311611240. shtml.